Sammlung Metzler
Band 325

Katrin Kohl

Friedrich Gottlieb Klopstock

Verlag J.B. Metzler Stuttgart · Weimar

Vorwort

»Sieh nur alle diese Werke, die sich für unsterblich hielten, und die nun, die meisten in früher Jugend hingerafft, um uns her schlafen« (SW XIII, 63). Wie eine Prophezeiung der Wirkungsgeschichte Klopstocks erscheint diese Charakterisierung einer Bibliothek in dem Spätwerk *Grammatische Gespräche*. Aber da lässt Herder in seinem Nachruf die Muse Klopstocks hervortreten: »Auf eine vorher ungeahnte Weise machte ich Euch Eure ganze Sprache melodisch. Was kümmerte mich, wofür Ihr meinen *Messias* haltet? Was er wirken sollte, hat er gewirkt und wird es wirken; nächst Luthers Bibelübersetzung bleibt er Euch das erste klassische Buch Eurer Sprache« (1803, 99). Die Wirkung des *Messias*, der Oden, der Dramen, der *Deutschen Gelehrtenrepublik* und noch der *Grammatischen Gespräche* verläuft unterschwellig, aber kontinuierlich: Goethe entwickelt seine dichterische Identität im Wettstreit mit dem etablierten Nationaldichter; Hölderlin strebt »nach Klopstoksgröße« (1943-1985, I/1, 28); Rilkes *Duineser Elegien* entstehen in Auseinandersetzung mit dem *Messias*; und Bobrowski bekennt sich zu Klopstock als seinem »Zuchtmeister« (1987ff., IV, 335).

In diesem Band geht es nicht nur um die Person und das Werk Klopstocks, sondern auch um den Dialog mit den Zeitgenossen und die Rezeption durch spätere Dichter sowie das literaturgeschichtliche Klopstock-Bild. Denn um Klopstocks Werke heute zu lesen, bedarf es zunächst der Erfassung des aristotelischen Maßstabs, der die Position seiner rhetorisch orientierten Dichtung in der Literaturgeschichte bestimmt hat und noch bestimmt. Für ein Verständnis dieses »sprach- und wirklichkeitsbesessenen Dichters« (Czechowski 1978, 91) ist es zudem notwendig, den ›Vorläufer‹ Klopstock hinter Goethe hervorzuholen. Wie kaum ein anderer Schriftsteller im 18. Jahrhundert verdeutlicht Klopstock die Notwendigkeit eines komplexen Literaturgeschichtsmodells, dass die ›andere Klassik‹ und ›doppelte Tradition der Moderne‹ sowie auch Wechselwirkungen, Nuancierungen, Rivalitäten und gegenseitige Profilierungen klassischer Traditionen zu erfassen vermag. Seine extreme Stellung forderte zum Dialog heraus und spornte zu Höchstleistungen an – innerhalb *einer* äußerst differenzierten und spannungsreichen Tradition.

Die Zitatgrundlage in diesem Band ist – wie allgemein in der Klopstock-Forschung – nicht einheitlich. Maßgebend ist die hervor-

ragende, aber noch auf lange Sicht unvollständige Hamburger Klopstock-Ausgabe (HKA, 1974ff.). Für die Oden ist man auf die historisch-kritische Ausgabe von Muncker/Pawel (1889) angewiesen. Am
vollständigsten ist gegenwärtig noch die Ausgabe *Sämmtliche Werke*
(SW, 1823-1830), von der jedoch nur wenige Exemplare existieren;
immerhin gibt es sie jetzt auch auf Mikrofiche. Werke, die noch
nicht in der HKA vorliegen, werden wenn möglich nach den *Ausgewählten Werken* zitiert (AW, hg. K.A. Schleiden, 1962); darin nicht
enthaltene Werke nach SW. Im Anhang findet sich als Arbeitshilfe
für die verstreuten Prosaschriften eine Übersicht zu verschiedenen
Ausgaben.

Danken möchte ich den Mitarbeitern der Taylor Institution Library, Oxford; British Library und Institute of Germanic Studies,
London; der Bayerischen Staatsbibliothek, München; des Deutschen
Literaturarchivs, Marbach. Für die Betreuung der Publikation und
kritisches Lesen danke ich Frau Ute Hechtfischer vom Metzler-Ver-
lag. Vor allem gilt mein Dank Dr. Elisabeth Höpker-Herberg, Dr.
Klaus Hurlebusch und den anderen Mitarbeitern in der Klopstock-
Arbeitsstelle an der Staats- und Universitätsbibliothek Hamburg sowie Dr. Kevin Hilliard und Professor T.J. Reed für anregende Ge-
spräche, hilfreiche Hinweise und konstruktive Kritik. Professor
Jeremy Adler verdanke ich die Anregung und Anleitung zur Beschäftigung mit Klopstock; Tristam Carrington-Windo gilt mein
Dank für seine Geduld und tatkräftige Unterstützung.

Abkürzungen

Vollständige Angaben finden sich im Literaturverzeichnis, Teil 2.

AW	*Ausgewählte Werke.* K.A. Schleiden (Hg.). 1962.
HKA	*Werke und Briefe. Historisch-kritische Ausgabe.* H. Gronemeyer, E. Höpker-Herberg, K. Hurlebusch und R.-M. Hurlebusch (Hgg.). 1974ff. Abteilungen: Werke, Briefe, Addenda. (Hamburger Klopstock-Ausgabe).
KN	Klopstock-Nachlass. Staats- und Universitätsbibliothek Hamburg.
SW	*Sämmtliche Werke.* 18 Bde, Supplementband. 1823-1830. Bd. XIII-XVIII: *Sämmtliche sprachwissenschaftliche und ästhetische Schriften.* A.L. Back und A.R.C. Spindler (Hgg.). 6 Bde. 1830.
SW 1854-1855	*Sämtliche Werke.* 10 Bde. 1854-1855.
Arbeitstagebuch	*Klopstocks Arbeitstagebuch.* K. Hurlebusch (Hg.). 1977. (HKA, Addenda II.)
Bibliographie	Burkhardt, G./Nicolai, H.: *Klopstock-Bibliographie.* 1975. (HKA, Addenda I.)
Bibliographie 1972-1992	Riege, H.: »Klopstock-Bibliographie 1972-1992«. In: Hilliard, K./Kohl, K. (Hgg.): *Klopstock an der Grenze der Epochen.* 1995, 247-424.
Briefe I usw.	HKA, Briefe I-X. 1979ff.
Briefe/Behrens	*Briefwechsel zwischen Klopstock und den Grafen Christian und Friedrich Leopold zu Stolberg [...].* J. Behrens (Hg.). 1964.
Briefe/Tiemann	*Es sind wunderliche Dinger, meine Briefe. Meta Klopstocks Briefwechsel [...] 1751-1758.* F. und H. Tiemann (Hgg.). 1980.
Declamatio	»Declamatio, qua poetas epopoeiae auctores«. In: C.F. Cramer: *Klopstock. Er; und über ihn.* I, 1780. 54-98 (dt.), 99-132 (lat.).
Drucke	Boghardt, C./Boghardt, M./Schmidt, R.: *Die zeitgenössischen Drucke von Klopstocks Werken [...].* 2 Bde. 1981. (HKA, Addenda III/1-2.)
Epigramme	*Epigramme.* K. Hurlebusch (Hg.). 1982. (HKA, Werke II.)
GR	*Die deutsche Gelehrtenrepublik.* Bd. I: Text. R.-M. Hurlebusch (Hg.). 1975. (HKA, Werke VII/1.)

Messias   *Der Messias.* E. Höpker-Herberg (Hg.). 1974-
                             1999. (HKA, Werke IV/1-6.) Zitierweise: Ge-
                             sang und Vers ohne weitere Angaben (z.B. *Mes-
                             sias* XX 128) bezieht sich auf die Fassung 1799/
                             1800 in HKA, Werke IV/1-2.
Oden   *Oden.* F. Muncker, J. Pawel (Hgg.). 2 Bde. 1889.

I. Im Spannungsfeld von Humanismus und Moderne

»Nun sollte aber die Zeit kommen, wo das Dichtergenie sich selbst gewahr würde, sich seine eignen Verhältnisse selbst schüfe und den Grund zu einer unabhängigen Würde zu legen verstünde. Alles traf in *Klopstock* zusammen, um eine solche Epoche zu begründen« (Goethe 1985ff., XIV, 434). So großzügig Goethes Hervorhebung der literaturgeschichtlichen Bedeutung Klopstocks im 10. Buch von *Dichtung und Wahrheit* anmutet, so wirksam war sie als Dolchstoß für dessen literarischen Ruhm. Verkürzt man die anschließende Darstellung Klopstocks auf die Grundlinien, so malt Goethe ihn als weltfremden heiligen Dichter voller »unschuldiger kindlicher Gesinnungen und Hoffnungen«, der selbstbezogen und selbstgefällig in seiner »lebendigen Wirkung« vom mittelmäßigen aber altruistischen Gleim übertroffen wird und dessen erste Werke zwar »einen unglaublichen Einfluß« gewannen, aber die Forderungen einer »fortruckenden Bildung« nicht befriedigen konnten (434-436). Weitergeführt wird hier das Bild des ehemaligen Klopstockjüngers Schiller, der in *Über naive und sentimentalische Dichtung* die »gefährliche Herrschaft« der Muse Klopstocks besonders über die Jugend hervorgehoben hatte: »Keusch, überirrdisch, unkörperlich, heilig« (Schiller 1943ff., XX, 457).

Wenn das Klopstock-Bild in *Dichtung und Wahrheit* allgemein als »abgewogen« gilt (Jørgensen/Bohnen/Øhrgaard 1990, 231), als »differenziert und ausgewogen, eher liebevoll trotz einer gewissen kritischen Distanz« (Lee 1996ff., 612), so spielt dabei die prägende Kraft von Goethes Autobiographie für die deutsche Literaturgeschichte eine nicht unerhebliche Rolle; diese wird deutlich, wenn Lee Goethes positives Urteil über seine Begegnungen mit Klopstock nahe am Zeitpunkt des Treffens als »sublimiert« bewertet (ebd.), seine negativere Beschreibung in der späteren Autobiographie dagegen als wirklichkeitsgetreu. Vielmehr ist das Klopstock-Bild in *Dichtung und Wahrheit* von der Selbstapologie geprägt, die insgesamt das Epochenbild in Goethes Autobiographie bestimmt (s. Barner 1989). Zu einem Zeitpunkt der Krise und abnehmenden Breitenwirkung (s. Barner 1989, 285f.; Jeßing 1996ff., 320) besteht sein Ziel in der Etablierung einer originalen dichterischen Identität, vor allem auch durch »Abgrenzung nach rückwärts« (Barner 1987, 5). Goethes autobiographische Abgrenzung von Klopstock ist somit eine Fortführung des Rivalitätsverhältnisses, das Lee unter Bezug auf Harold Bloom in ihrer wichtigen Arbeit *Displacing Authority: Goethe's Poetic Reception of Klopstock* (1999) in Goethes Frühwerk bis 1775 verfolgt. Schon in der Antike manifestiert sich der Wettstreit bzw. ›Agon‹ zwischen Dichtern auch als Originalitätstopos (ebd., 191-193): Horaz geißelt die »Nachahmer« (*imitatores*) und »Sklaven«, um die eigene Unabhängigkeit zu betonen: »Freien Ganges bin ich als erster durch wegloses Gebiet geschritten, nicht fremden Spuren nachgetreten« (*Epistulae* I, 19, 21f.). Auch Quintilian will »nicht nur auf ausgetretenem Wege fremden Spuren [...] folgen« (I, Vorrede).

Das einflussreiche Klopstock-Bild in *Dichtung und Wahrheit* gilt es unter diesem Aspekt neu zu beleuchten. Denn Goethe stellt mit seinem Porträt das Werk des einstigen Nationaldichters dezidiert ins Abseits: Indem er Klopstocks Wirkung historisiert, negiert er aktuelle Relevanz; indem er seine Bedeutung vor allem mit dem Aufwerten der Dichterwürde begründet, legt er die Betonung auf die Person statt das Werk sowie auf Klopstocks (übertriebenes) Selbstwertgefühl; indem er den Einfluss des Werkes mit der Breitenwirkung des *Messias* identifiziert, verschwindet die intensive Rezeption anderer Werke durch die junge Dichtergeneration aus dem Blick; und indem er ihn als weltfremden heiligen Dichter darstellt, ordnet er sein Werk einer veralteten Welt zu. Eine poetologisch begründete Negierung des dichterischen Wertes aus einer an aristotelischer Naturnachahmung orientierten Perspektive vermittelt für die Spätzeit Eckermann:

Wir waren einig, daß Klopstock zur Anschauung und Auffassung der sinnlichen Welt und Zeichnung von Charakteren keine Richtung und Anlage gehabt und daß ihm also das Wesentlichste zu einem epischen und dramatischen Dichter, ja man könnte sagen, zu einem Dichter überhaupt, gefehlt habe. (9.11.1824, Goethe 1985ff., XXXIX, 123)

Insgesamt manifestiert sich im Klopstock-Bild bei Goethe eine »agonale Dynamik« (Zelle 1995, 20), die seit der Querelle des Anciens et des Modernes die ›moderne‹ Literatur bestimmt:

Ein Moment der Moderne besteht gerade darin, zugunsten der letzten Innovation das historische Gedächtnis von der vorletzten vergessen machen zu wollen. (Zelle 1995, 20)

Diesen Prozess verdeutlicht schon Klopstocks Abschiedsrede in Schulpforta, wenn er die »Dichter Deutschlands« auffordert, sich über die »niedrigen Tändeleyen« zeitgenössischer Dichtung emporzuschwingen, »die zu keinem andern Endzweck zu entstehen scheinen, als dass sie untergehen« (*Declamatio*, 86-88). Die Fortsetzung der agonalen Dynamik wird durch die Literaturgeschichtsschreibung ausgeblendet, indem sie Goethe zum Orientierungspunkt und Maßstab macht – ein Vorgang, der nicht zuletzt spannungsvolle Aspekte in Goethes Werk verdeckt.

Wenn hier in einem Band über Klopstock von der Perspektive Goethes ausgegangen wird, so deswegen, weil diese auch heute noch in der Forschung das Bild von Klopstock bestimmt – wobei allerdings die für den heutigen Leser nur schwer zugängliche humanistische Gedankenwelt Klopstocks dessen direkte Rezeption erschwert hat. Im Banne der herausragenden literarischen Qualität des goetheschen Werkes hat die deutsche Literaturgeschichtsschreibung Goethes Bild von der Literatur der ›Goethezeit‹ immer weiter fortgeschrieben (s. Barner 1989, 288). Schon mit den Romantikern setzt eine Fixierung auf den goetheschen Dichtungsbegriff ein, die ihn zugleich zu Ziel und Ursprung deutscher Dichtung stilisiert. Während frühere Dichter nur nach dem an Goethe gemessenen ›Fortschritt‹ befragt werden, entsteht das Werk Goethes scheinbar unabhängig aus dem schöpferischen Geist selbst. Diese Tendenz ist noch immer evident, wenn Karl Eibl *Die Entstehung der Poesie* (1995) mit dem Auftritt Goethes identifiziert und den Sturm und Drang aus dem »Gänsemarsch Sturm und Drang-Klassik-Romantik« herauslöst, um ihn »ohne Vorläufer und ohne Nachzügler« und ohne Parallelen in der europäischen Literatur dem literarischen »Alltag« entgegenzusetzen (113f.). Problematisch ist vor allem die Absolutsetzung subjektivistischer Kategorien auf Basis der von Goethe bereitgestellten Bewertungsmuster. Wie einflussreich diese sind, erhellt aus der von Marianne Wünsch mit Bezug auf Goethes »Maifest« vorgenommenen Unterscheidung zwischen dem originalen, die deutsche Dichtung befreienden Goethe und dem Göttinger Hain, dessen Gefühl sich lediglich »in einer letztlich massiv rhetorischen Sprache, somit in einer nicht individuellen Sprache äußerte« (Wünsch 1996, 15):

Wo [...] der Göttinger Hain sich an das Modell Klopstocks anschließt, der schon seit der Jahrhundertmitte dichterisch aktiv ist, da ist der Sturm und Drang, den Goethe unbeabsichtigt initiiert, tatsächlich innovativ, indem er aus den Denkkategorien der Aufklärung, bei Goethe nicht zuletzt durch Herder vermittelt, eine neue Konzeption von Literatur entwickelt, mit der Goethe zugleich die traditionellen Modelle, etwa der Anakreontik, die seine früheste Lyrik bestimmten (z.B. *Annette* 1767), überwindet. (Wünsch 1996, 14)

Tatsächlich ist Klopstock auch für den Kreis um Herder und den jungen Goethe das Leitbild, wie aus Lees Studie (1999) hervorgeht. Zudem deutet einiges darauf hin, dass Goethe seine Poetologie der Natur als Variante aristotelischer Naturnachahmung nicht zuletzt in Auseinandersetzung mit Klopstocks rhetorischer Poetik entwickelt (s.u., Kap. X.1-2). Damit wird zum einen das hartnäckige Bild von dem völlig unabhängig schaffenden Goethe zur Fiktion, und zum anderen wird deutlich, dass Goethes Dichtung Teil derselben klassischen Dichtungstradition ist wie die Dichtung Klopstocks und des Göttinger Hain. Poetologisch unterscheidet sie sich durch spezielle Akzentsetzungen, die der Etablierung des unabhängigen Individuums dienen. Wünsch dagegen interpretiert nicht nur »Goethe [...] zirkulär mit Goethe« – ein Vorgang, den sie eingangs als »obsolet« bezeichnet (1996, 13) – sondern darüber hinaus die zeitgenössische deutsche Lyrik durch die Perspektive Goethes. Hierin folgt sie einer Tradition, die von Goethe ausgeht. Für das Klopstock-Bild hat die Fixierung auf Goethe zur Folge, dass Klopstocks historische Rolle in Abhängigkeit von der Rolle Goethes bewertet wird, während Goethes apologetisch motiviertes Urteil zur autoritativen ästhetischen Wahrheit gerinnt.

1.   Das Klopstock-Bild in der deutschen Literatur-geschichte

Die Klopstock-Forschung hat eine Fülle von ausgezeichneten Studien hervorgebracht: als ›Meilensteine‹ hervorzuheben sind besonders die monumentale Monographie von Franz Muncker, *Friedrich Gottlieb Klopstock. Geschichte seines Lebens und seiner Schriften* (1888); Karl Ludwig Schneider, *Klopstock und die Erneuerung der deutschen Dichtersprache im 18. Jahrhundert* (1960); Helmut Pape, *Die gesellschaftlich-wirtschaftliche Stellung Friedrich Gottlieb Klopstocks* (1961; s.a. 1969); Gerhard Kaiser, *Klopstock. Religion und Dichtung* (1963); Jörn Dräger, *Typologie und Emblematik in Klopstocks ›Messias‹* (1971); Hans-Heinrich Hellmuth, *Metrische Erfindung und metrische Theorie bei Klopstock* (1973); Hans-Henrik Krummacher, »Friedrich Gottlieb Klopstock« (1977); Kevin Hilliard, *Philosophy, Letters, and the Fine Arts in Klopstock's Thought* (1987a). Darüber hinaus gibt es neben vorzüglichen Aufsätzen (z.B. die Gesamtdarstellungen von Hurlebusch 1988 und Sauder 1990 sowie August Langens Arbeiten zur Sprache, 1948/49, 1952/53 u.a.) viele größere Arbeiten, die Neues und Anregendes zu Aspekten von Werk und Person beitragen: zu sozialgeschichtlichem Kontext und Biographie Pape (1998); zur Beziehung mit den Verlegern Sickmann (1961); zur Sprachforschung Baudusch-Walker (1958); zur Poetologie Schleiden (1954), Sayles (1960), Große (1977), Benning (1997) und Jacob (1997); zur Todes- und Unsterblichkeitsthematik Thayer (1967); zum Stil der Oden Kaußmann (1931) und Böger (1939); zum freien Vers Albertsen (1971) und Kohl (1990a). Diese Studien vertiefen das Verständnis für Klopstocks Werk und Wirkung, aber sie haben es nicht vermocht, das Bild in der Literaturgeschichte zu verändern. So bringt auch der Sammelband *Klopstock an der Grenze der Epochen* (Hilliard/Kohl 1995) mehr Fragezeichen zum vorherrschenden Klopstock-Bild als weiterführende Neuansätze.

Eine Ausnahme bilden auf den ersten Blick Arbeiten der siebziger und achtziger Jahre zum politisch fortschrittlichen Klopstock (bes. der Sammelband *Friedrich Gottlieb Klopstock*, Arnold 1981; Zimmermann 1987, dazu Hurlebusch 1989b) und der achtziger und neunziger Jahre zum poetologisch progressiven Klopstock (bes. Menninghaus 1989; Schödlbauer 1994). Damit werden zwar manche Aspekte beleuchtet, die bis dahin wenig Beachtung fanden, aber es besteht die Tendenz, ›Fortschrittlichkeit‹ in die Texte hineinzuinterpretieren, um sie modernen politischen Erwartungshaltungen anzupassen oder als Vorläufer der Avantgarde herzurichten. Damit wird der Blick für das Werk Klopstocks eher verstellt.

Insgesamt fruchtbarer für einen Neuansatz hinsichtlich der Rolle Klopstocks in der deutschen Literatur sind die Arbeiten zur Rezeption: zur frühen *Messias*-Rezeption Großer (1937); zu *Messias* und frühen Oden Haverkamp (1982); zum Sturm und Drang Herzog (1925); zur Klopstocktradition in Schwaben Tiemann (1937), und damit zur Rezeption durch Schubart, Miller, Wieland, Schiller, Hölderlin, Uhland, Kerner, Schelling, Hegel u.a.; zu Herder Lohmeier (1968); zu Goethe Lee (1999); zu Rilke Wodtke (1948). Anregend sind auch der sozialgeschichtliche Ansatz von Promies (1980) sowie die geschichtlich orientierte Beleuchtung der Vaterlandsthematik bei Fischer (1995) und Blitz (1996). Eine Fülle von Rezeptionsvorgängen ergibt sich aus dem Sammelband *Friedrich Gottlieb Klopstock. Werk und Wirkung* (Werner 1978), der durch die Vielfalt der Perspektiven einen lebhaften Dialog zwischen Autoren, Texten und Nationalliteraturen aufscheinen lässt. Als wichtige Arbeiten zu Klopstock hervorzuheben sind ferner Peter Rühmkorfs *Walther von der Vogelweide, Klopstock und ich* (1975) sowie Arno Schmidts ungemein dichter Dialog *Klopstock, oder Verkenne Dich Selbst!* (1958), denn hier entsteht aus explizit ›fremder‹ Perspektive eine erfrischend kontroverse und anregende Auseinandersetzung mit dem zeitlich entfernten Kollegen.

Es ist allerdings symptomatisch, dass beispielsweise Wodtkes wichtige Arbeit nur in Bibliographien der Rilke-Forschung Eingang gefunden hat, ohne verarbeitet worden zu sein. Hierin manifestiert sich nicht nur die Ausgrenzung Klopstocks, sondern auch die Isolation der Klopstockforschung, die Haverkamp in *Klopstock als Paradigma der Rezeptionsästhetik* (1982) hervorhebt:

[Die] Klopstockforschung [ist] von der biographisch-positivistischen Behandlung ihres Themas (Muncker, Hamel) bis zu seiner form- und geistesgeschichtlichen Erledigung (Schneider, Kaiser) über die Aporien des Vorläufersyndroms nicht hinausgekommen [...]. Anders die Miltonforschung, die angesichts vergleichbarer Obsoletheit ihres Gegenstands nicht nur den Kontakt zur literaturwissenschaftlichen Diskussion aufrecht gehalten, sondern eine paradigmatische Rolle in der Entwicklung ihrer Thesen gespielt hat. (Haverkamp 1982, 24; die These von Miltons »vergleichbarer Obsoletheit« ist allerdings problematisch, da er zum ›Kanon‹ der Anglistik gehört, s. Bloom 1996, bes. 169.)

Wenn die Rolle Klopstocks innerhalb der deutschen Literaturgeschichte grob gesehen konstant geblieben ist, so scheint dies vor allem mit den geschichtlichen Modellen zusammenzuhängen, durch die seine Rolle definiert wird. Denn obgleich die Modelle variieren, so bleibt doch Goethe zentral: als Ziel einer teleologisch linearen Literaturgeschichte; Christus-ähnliche Erfüllung einer literarischen Heilsgeschichte; Synthese aus vorherigen Widersprüchen; Anfang der fortschrittlichen Moderne. Gemeinsam ist den Modellen die Linie mit progressiver Tendenz sowie die Rolle Goethes als Ziel und/oder Ursprung. In der Klopstock-Forschung werden diese Modelle immer dann bemüht, wenn es um seine Einordnung geht. Die Definitionsversuche kreisen um zwei Motive (s. Hilliard 1987a, 1-7; Pape 1998, 20-23):

- der Vorläufer mit dem tragischen Täuferschicksal (»Moses vor dem gelobten Land«, Kaiser 1981, 24)
- der Zerrissene oder Januskopf (»als Dichter wie auch als Theoretiker steht Klopstock zwischen den Zeiten und Zeitbewegungen«, Schleiden 1954, 145).

Die in *Dichtung und Wahrheit* konstatierte epochale Rolle Klopstocks offenbart somit typologisch die wahrhaftig epochale Bedeutung Goethes, wie Max Freivogel folgerichtig durch seine ›exegetische‹ Elaborierung des Zitats aus dem 10. Buch verdeutlicht, mit der er seine Studie *Klopstock, der heilige Dichter* (1954) ausklingen lässt:

Im »heiligen Dichter« war die »künftige« Gestalt des Genies gewissermaßen praefigurativ vorweggenommen: sein hoher Anspruch war die Macht, welche die Sprache aus den Niederungen der Aufklärung herausriß. Als Gestalt der Ahnung und des Anspruchs steht Klopstock zwiespältig zwischen zwei Epochen: er ist »nicht mehr« und zugleich »noch nicht«, Dehnung der Herzen, um das Kommende zu fassen. (Freivogel 1954, 119)

Die linearen Geschichtsmodelle produzieren tendentiell einen Bruch zwischen Humanismus und Moderne oder eine in sich zerrissene, unvollkommene »Übergangsphase« (Jørgensen/Bohnen/Øhrgaard 1990, 228). Indem Klopstock diesen Bruch oder Übergang verkörpert, um dann »(alters-)starr« zu verkalken (Benning 1997, 129), bleiben die Bezüge zum 17. Jahrhundert im Dunkeln, während sein Werk je nach Kontext mit Goethe, Sturm und Drang, Klassik, Romantik oder Hölderlin obsolet wird. Das Veralten hat allerdings viele Spielarten. So tendiert der schaffenspsychologisch fundierte Ansatz von Lee themenbedingt dazu, die Überwindung Klopstocks um 1775 mit der reifen Dichtung Goethes zu betonen (1999, bes. 215; s. jedoch 38-43). Hartung hebt in seinem Aufsatz zu Klopstocks Rezeption dessen »produktive Einseitigkeit« hervor, überführt jedoch den »Gegensatz zweier Linien« in die »echte Synthese« der »Universalität Goethes« (1978, 218) – ein Gedankengang Brechts, wobei Brecht bei Goethe ansetzt (1964, 90; s.a. Krolop 1978, 255f.). Bei Kaiser wird die Literaturgeschichte zur aufklärerischen Erzieherin, welche die Dichtung in den Zustand mündiger Autonomie führt:

Durch eine merkwürdige List der geschichtlichen Vernunft ist [...] der Weg zur klassischen und romantischen Überhöhung der Kunst gerade durch ›den‹ Dichter eröffnet, der mit altväterlicher Strenge an einer außerkünstlerischen Sinngebung der Kunst festhält. (Kaiser 1981, 24)

Ähnlich befragt Rülke Klopstocks Werk nach seinem »Beitrag für eine Poetik auf der Suche nach ihrer Autonomie« (1991, 11). Deutlich wird hier, wie die suggerierte Obsoletheit der Dichtungsauffassung Klopstocks die Sicht für Kontinuität versperrt: Blickt man auf die ›engagierte‹ Literatur des 20. Jahrhunderts, so wird offensichtlich, dass eine »außerkünstlerische Sinngebung der Kunst« keineswegs mit Klassik und Romantik aus der deutschen Literatur verschwand.

Eine andere Ausformung solch linearer Modelle bieten Versuche, Klopstocks Werk dadurch einen Eigenwert zuzusprechen, dass es gänzlich aus dem Epochenverlauf herausgelöst wird. So bildet er für Karl Kindt als »Großer« »eine eigene Kategorie« außerhalb des »Gänsemarschs der Stile« (1941, 14f.), und Pape schlägt vor, seine

Leistung durch eine »spezielle literaturgeschichtliche Epoche« zu
markieren (1998, 22). Eine Variante dieses Gedankens ist die Metapher vom Fremdkörper: »eher befremdlich als vertraut, liegt sein
Werk wie ein urtümlicher Block in der literarischen Landschaft des
18. Jahrhunderts, zeitlich angesiedelt etwa zwischen Barock und
Klassik« (ebd., 20). Ein wieder anderer Weg zur Ganzheit macht
Klopstocks Werk zum Anachronismus und erklärt die Wirkung vorwiegend durch »fruchtbare Mißverständnisse« bei Goethe und Herder (Hilliard 1987a, 188); als Verwandter Philipp von Zesens wird
er endgültig mit dem *Athenaeum* der Gebrüder Schlegel obsolet:
»humanism was finally superseded, and Klopstock, his monument
somewhat chipped, entered the twilight of a bygone age« (35).

Die aus der Rolle Goethes hergeleitete Einordnung Klopstocks in
die deutsche Literaturgeschichte hat bedeutende Auswirkungen auf
die Beurteilung seines Werkes und seiner Wirkung: Das Frühwerk
wird aufgewertet, und die Wirkung auf die deutsche Dichtung endet spätestens mit Erscheinen der *Deutschen Gelehrtenrepublik*
(1774). Entsprechend betont Muncker die epochale Leistung Klopstocks unter Bezug auf die »sumpfigen Niederungen« der zeitgenössischen Poesie und seine »höhere Würde« (1888, 3), bedauert
jedoch, dass ihm »eine voll ausreifende Entwicklung versagt blieb«
(ebd.) und seine »wahre, bleibende Bedeutung [...] ganz und gar
auf dem [beruht], was er in [der] Jugendzeit leistete. [...] vollends
nach 1775 wirkte er ohne bestimmenden Einfluß auf unsere neu
aufstrebende Dichtung, ja bisweilen sogar ohne rechten Zusammenhang mit ihr« (S. vii). Am Ende des 19. Jahrhunderts ist das
Werk »längst fremd, zum Teil sogar ungenießbar und unverständlich geworden« (S. iii). Einen Wert bezieht es nur aus der Erfüllung durch andere: »er bereitete [den] Genien in unserer Poesie
erst den Weg« (3).

Hundert Jahre später ist das Bild kaum verändert, obwohl
Krummacher 1977 einen fruchtbareren Ansatz für die Rezeption
angeboten hatte (bes. 195, 206). In der *Geschichte der deutschen Literatur 1740-1789* von Jørgensen, Bohnen und Øhrgaard (1990) in
der von de Boor/Newald begründeten Literaturgeschichte beginnt
der immerhin ausführliche Abschnitt zu Klopstock von Klaus Bohnen (230-254) mit einem langen Zitat von Muncker, dessen »ge-
schichtlicher unparteiischer« Weg »auch heute noch gefordert ist«
(230), sowie Zitaten aus *Über naive und sentimentalische Dichtung*
und vor allem *Dichtung und Wahrheit* (231f.). Während der Lessing-
Abschnitt mit dessen »Traditionsüberwindung ohne Systemzwang«
und »zeitübergreifender Aktualität« endet (280), wird bei Klopstock
die Obsoletheit betont, da »seine »Gefühlspoetik [...] nicht auf eine

Erlebnisunmittelbarkeit zielt, sondern thematisch den überpersönlichen Größen von Religion und Vaterland verpflichtet bleibt und formal sich in die Tradition der antiken Rhetorik einordnet«; so »konnte [er] sich der Autonomie des Selbstdenkens und Selbstfühlens ohne verpflichtende religiöse und nationale Autoritäten nicht überlassen« (253). Übrig bleiben lediglich die besonders von Goethe »auch hinter den tradierten Einkleidungen« freigelegten »Impulse des Neuen« (254) – sowie ein Denkmal:

Diese Impulse einer Empfindungspoesie und Naturkraft haben ihm die überragende Rolle des Dichterfürsten gesichert, ehe diese sich in den achtziger und neunziger Jahren zur Gestalt des Monuments versteinerte. Als er am 14. März 1803 stirbt, huldigt die Öffentlichkeit durch große Anteilnahme an seinem Begräbnis einem herausragenden Repräsentanten der deutschen Literatur, der seine Zeit überlebt hatte, aber des Andenkens sicher sein konnte. (Jørgensen/Bohnen/Øhrgaard 1990, 254)

Der goethesche Beurteilungsmaßstab ist offensichtlich: Wertvoll ist die Annäherung an »Empfindungspoesie« und »Naturkraft«, obsolet dagegen das, was Klopstock von Goethe unterscheidet. Die Obsoletheit gründet darin, dass sich Klopstock aufgrund seiner geistigen Beschränktheit zur Autonomie nicht durchringen konnte.

Insgesamt hat die deutsche Literaturgeschichtsschreibung wenig Bereitschaft gezeigt, den differenzierteren Stimmen in der Rezeption nachzugehen. Statt dessen wird zu apologetisch motivierten Urteilen gegriffen, um seine literaturgeschichtliche Rolle im Interesse narrativer Finalität abzuhaken: So ist er bei Inge Stephan in der *Deutschen Literaturgeschichte* von Beutin/Ehlert u.a. ([5]1994, 185) – »als Verfasser des monumentalen religiösen Lehrgedichts *Der Messias* (1748-73) und als Autor von Oden (1771) hochgepriesen, aber wenig gelesen« – vollends auf eine Kurzform von Lessings Epigramm zusammengeschrumpft; nur dem Dichter von Revolutionsoden gelten immerhin zwei Sätze (185f.; s. Lessing 1886-1924, I, 3). Völlig unverständlich wird auf dieser Basis der sozialgeschichtliche Befund von Promies:

Klopstock und immer wieder Klopstock hat den Zeugnissen der Zeitgenossen – romanhaften wie autobiographischen – zufolge das deutsche Bürgertum wie kein anderer deutscher Dichter im 18. Jahrhundert zur Gemeinde versammelt und mit einer deutschfrommen Genußfähigkeit begabt. (Promies 1980, 587)

Es ist nicht Ziel dieses Bandes, ein alternatives Denkmal, einen verkannten Nationaldichter, ein Opfer Goethes oder auch einen gegenwartsnahen Klopstock zu entwerfen. Vielmehr soll Klopstocks Werk zum »Dialogcharakter der Aufklärung« in Beziehung gesetzt werden, den Jørgensen, Bohnen und Øhrgaard zwar im Vorwort betonen (1990, S. xii), in der Darstellung Klopstocks jedoch zugunsten einer monologisch linearen Historie ignorieren. Vorherrschend ist die Meinung, dass Klopstock sich von seinem geistigen Kontext abschottete – ein Grund, warum er aus der Literaturgeschichte ausgegrenzt wird. Kaiser zufolge »bezahlt Klopstock seine marottenhafte Verkennung des wissenschaftlichen Denkens mit dem Ausschluß von den großen geistigen Auseinandersetzungen der Zeit, die den weiten Horizont der Klassik bilden« (1981, 23); und Hilliard konstatiert besonders ab 1760 eine Isolation von der zeitgenössischen Kritik und Verengung seines geistigen Horizonts (1987a, 31). Tatsächlich hielt sich Klopstock aus den lebhaften journalistischen Debatten der Zeit »in der alten Künstlerunschuld« großteils heraus (an Glèim, 19.12.1767, *Briefe* V, 45): »Das Publikum ist sehr berechtigt, von dem, der etwas den Aussprüchen desselben unterwirft, zu fordern, daß er, wenn er das Gemälde aufgestellt hat, weggehe, und schweige« (AW, 997). Dies ist jedoch nicht gleichbedeutend mit einer »inner emigration« (Hilliard 1987a, 32). Vielmehr manifestiert sich darin Klopstocks Selbstverständnis nicht als Theoretiker, sondern als Dichter.

An den Auseinandersetzungen seiner Zeit beteiligte sich Klopstock vor allem mit seinen literarischen Schriften, aber auch mit seinen kulturpolitischen Bemühungen um deutsche Sprache, Literatur und Kultur, die als Teil seines an der Rhetorik orientierten, praxisbezogenen Ansatzes zu sehen sind. Indem er sein Werk öffentlich »aufstellt«, regt er das Publikum zur Replik an. Dass seine Dichtung einerseits vehemente Verteidigung, andererseits »Galle und Würmer [...] bei dieser und jener Heerde« erregte (Herder 1877-1913, II, 42), verdeutlicht die Wirksamkeit dieser Herausforderung zum Dialog. Klopstocks Dichtung ist nicht private Konfession, sondern soll als öffentliche Rede wirken, nicht zuletzt mit den Revolutionsoden. Darüber hinaus ist das Werk selbst Ort eines intertextuellen Dialogs; im *Messias* mit den Stimmen der Bibel, in den *Grammatischen Gesprächen* mit Lukian, Gottsched, Adelung. Der Dialog setzt sich fort, wenn A.W. Schlegel als ersten Beitrag im programmatischen *Athenaeum* 1798 ein langes »Gespräch über Klopstocks grammatische Gespräche« bringt und Arno Schmidt mit einem als Hörspiel angelegten Gespräch auf Klopstocks Werke antwortet.

Unter diesem dialogischen Aspekt erscheint der ›Anachronismus‹ des klopstockschen Werkes weniger als Obsoletheit denn als dezidierte, an seine Zeit gerichtete und durchaus auch zukunftsträchtige Opposition zur vorherrschenden aristotelischen Poetik. Die Wirk-

samkeit einer selektiven und extremen Realisierung ›anachronisti-
scher‹ Möglichkeiten zeigt sich später in der rhetorischen Philosophie Nietzsches und im 18. Jahrhundert in der rhetorisch bestimmten Komposition bei Bach, wie die Arbeit *Bach and the Patterns of
Invention* von Laurence Dreyfus (1996) aufzeigt:

> Bach's musical thinking was [...] anachronistic in the extreme at the same
> time that it can only have been thought in the first half of the eighteenth
> century. [...His] considered opposition to the most »progressive« thought of
> his day did not so much amount to a credo for the traditional German
> ways [...] but resulted in a highly individual response only possible at this
> juncture in history. (Dreyfus 1996, 244)

Die Bewertungspaare Tradition und Innovation, Konservatismus
und Progressivität relativieren sich, sieht man sie als Teil eines apologetischen Diskurses. Es eröffnet sich dann auch eine andere Perspektive auf die ›konfessionelle‹ Erlebnislyrik: Im Kontext einer ›dialogischen‹ Literaturgeschichte, die den vielfältigen Beziehungen
zwischen Dichtern und Werken Rechnung trägt, fungiert sie nicht
als stabiles Zentrum, sondern tritt in fruchtbare Spannung zu anderen Arten der Dichtung, als extreme Ausprägung ›monologischer‹
Literatur. Damit gerät die Literaturgeschichte in Bewegung.

2.   Dichtung zwischen Philosophie und Rhetorik

Die Bedeutung und Struktur der dialogischen Auseinandersetzung
um die Rolle der Literatur im 18. Jahrhundert verdeutlichen die
grundlegenden Studien von Kevin Hilliard (1987a) und Carsten
Zelle (1995). Hilliard zeigt den apologetischen Charakter von Klopstocks Werk und erhellt ganze Argumentationskomplexe, in denen
Klopstock humanistisches Gedankengut tradiert; eine zentrale Rolle
spielt dabei für seine Sprach- und Dichtungsauffassung das von dem
Rhetorik-Gegner Platon eingeleitete und besonders im Humanismus
aktualisierte »überaus spannungsvolle Verhältnis von Rhetorik und
Philosophie« (Ottmers 1996, 2). Innerhalb dieses ›Disputs‹ profiliert
sich Klopstocks rhetorische Dichtungsauffassung:

> The distinguishing feature of Klopstock's poetics is its strong rhetorical ori-
> entation [...]. Klopstock's thought represented an extreme possibility, a *non
> plus ultra* in the assimilation of poetics to rhetoric, and of poetry to oratory.
> (Hilliard 1987a, 187)

Damit wird Klopstock in der Nachfolge Bodmers und Breitingers zum Apologeten einer rhetorischen Dichtungsauffassung in Gegensatz zu dem an Aristoteles orientierten philosophisch-mimetischen Dichtungsverständnis bei Gottsched und Batteux, das den Begriff der Nachahmung (*mimesis*) der Natur ins Zentrum stellt. Während Hilliard trotz anregender Vorschläge zur Frage der Rezeption dazu neigt, Klopstock in seiner Zeit zu isolieren und den Bruch zwischen Humanismus und Moderne zu bestätigen (1987a, bes. 33-35, 186-189), ist anhand der Rezeption festzustellen, dass nicht nur selektiv die Lyrik anverwandelt wird, sondern auch die Prosa und die Dramen rezipiert werden und insgesamt sein Werk zu produktiver Auseinandersetzung anregt. Besonders der *Messias* trägt noch über 1800 hinaus zur Profilierung einer entgegengesetzten, philosophisch-mimetischen Dichtungsauffassung bei.

Eine wichtige Ergänzung zu Hilliards Arbeit bietet Carsten Zelles *Die doppelte Ästhetik der Moderne* (1995), da hier die Diskussion um Ästhetik im 18. Jahrhundert als Teil einer kontinuierlichen Debatte um das Schöne und das Erhabene erkennbar wird, die Zelle mit der »Weichenstellung neuerer literatur- und kunstkritischer Theorien in der Querelle des Anciens et des Modernes« beginnen lässt und bis zu Nietzsche verfolgt sowie in Ausblicken darüber hinaus. Indem Zelle den Begriff der Ästhetik aus der Reduktion auf den »Kanon des Schönen« herausführt (11), tritt an die Stelle eines Bruchs zwischen Humanismus und Moderne der »Bruch der Ästhetik innerhalb der Ästhetik selbst« (9). Wenn auch Klopstock kaum Erwähnung findet und der Bezug zur Rhetorik im Hintergrund bleibt, so werden doch Argumentationskomplexe sichtbar, die für die Rezeption Klopstocks weitreichende Folgen haben. Diese können hier nur punktuell angesprochen werden; insgesamt bedarf die Rolle Klopstocks in dieser komplexen Debatte weiterer Untersuchung, wofür Zelles Arbeit eine hervorragende Grundlage bildet. Im gegenwärtigen Kontext nützlich ist auch Zelles Zusammenfassung des von dem Phänomenologen Hermann Schmitz verfassten Aufsatzes »Herkunft und Schicksal der Ästhetik« (1980), da hier gerade in der Kurzform die apologetischen Voraussetzungen im Idealismus deutlich werden, aus denen das noch heute vorherrschende Klopstock-Bild entsteht:

[Schmitz] unterscheidet zwei Stränge, und zwar eine mit platonischer Schönheitsvergottung einhergehende *idealistische* und eine an der Affekterregung ausgerichtete *rhetorische* Protoästhetik. Beide Richtungen bringt Kant zusammen, indem er in der Analytik der ästhetischen Urteilskraft »unter dem Titel des Schönen die idealistische Protoästhetik, unter dem des Erhabenen die rhetorische seinem System amalgamiert« ([Schmitz 1980],

395). In den Ästhetik-Vorlesungen dagegen, in denen Hegel die Differenz auf Einheit wendet, werde das Erhabene gleichsam dialektisch »aufgesogen« und die Rhetorik darüberhinaus mit einem »Fußtritt« verabschiedet (ebd., 401f.). (Zelle 1995, 13)

Wenn auch mit anderen Begriffen, handelt es sich hier um den alten Disput zwischen Rhetorik und Philosophie: Mit unterschiedlichen Strategien wird die Rhetorik ihrer Macht beraubt. Anhand der Rezeption Klopstocks im Zeitalter des Idealismus lässt sich genau dieser Prozess verfolgen. Das Klopstock-Bild erstarrt mit dem ›Sieg‹ der idealistischen bzw. philosophisch-mimetischen Ästhetik zum monumentalen Klischee, das auch mit der erneuten Profilierung der Rhetorik durch Nietzsche nicht mehr in Bewegung kommt (s. jedoch Böger 1939). Ein Grund mag sein, dass nun das frische Hölderlin-Bild als Verwirklichung rhetorischer Dichtung zur Verfügung steht. So liest Hilde Domin Hölderlin als ›besseren‹ Klopstock: »Wenn ich heute Klopstock lesen würde, lese ich Hölderlin. Alles, was mich an Klopstock stört, fehlt bei Hölderlin. Alles, was mich an Klopstock bewegen kann, ist bei Hölderlin drin und auf die Kippe gebracht« (»Begegnungen mit Klopstock«, 1974). Das Lesenswerte an Klopstocks Dichtung ist nun, vom ›Störenden‹ gereinigt, auf den Nachfolger übergegangen.

Mit dem Mechanismus solcher Rezeptionsprozesse beschäftigt sich schon Klopstock gerade in der heute befremdenden Ruhmesthematik, so in der Unterscheidung zwischen wissenschaftlicher »Abhandlung« und der vor allem durch Dichtung verwirklichten »Darstellung«:

Darstellung [...] beschäftigt, bey der Hervorbringung, die ganze Seele; Abhandlung nur das Urtheil. Die Beschaffenheit dessen, was auf beyden Seiten hervorgebracht wird, lernt man am besten kennen, wenn man auf die Wirkung des einen oder des andern Acht hat; und Wirkung zeigt sich vorzüglich durch ihre Dauer. Ein abhandelndes Werk geht unter, sobald ein besseres über eben diesen Inhalt erscheint. Ein Werk der Darstellung, (wenn es sonst zu bleiben verdient,) bleibt auch nach Erscheinen eines bessern über eben den Inhalt. Wir sagen nur, daß es bleibe, und leugnen damit nicht, daß es nicht etwas von seinem Werthe verliere. (*GR*, 9)

Sein leidenschaftliches Streben nach einer Dichtung, die unsterblichen Ruhm verdient, ist somit ein kühner Entwurf, die lineare Zeit mit menschlichen Mitteln zu überwinden. Anregend ist sein Werk nicht zuletzt deswegen, weil es Grenzen der Dichtung gerade in der Ausschöpfung ihrer Möglichkeiten mitreflektiert.

3.   Rhetorische Literatur

Klopstock ist kein Dichter der Natur, sondern ein Dichter der Sprache – und er schreibt nicht fürs Auge, sondern fürs Ohr. In diesem Band soll daher sein Werk als programmatische, kohärente Alternative zur philosophisch-mimetischen Dichtung gelesen werden. Statt ihm mittels Dekonstruktion »innovative Sprengkraft« abzugewinnen und diese gegen den »traditionellen Pol« innerhalb seines Werkes und Denkens auszuspielen (Menninghaus 1989, 316), wird vorausgesetzt, dass er es durchaus verstand, seine »konventionelle Erblast« (ebd.) sinnvoll einzusetzen und sein humanistisch gebildetes Denken bewusst fruchtbar zu machen. Denn ›Sprengkraft‹ erwächst aus der gezielten Belebung der Antike und Radikalisierung bestimmter Teile der Tradition (s. Krummacher 1977, 206). Angesichts des zugleich klischeehaften und diffusen gegenwärtigen Klopstock-Bildes scheint es vorrangig, einige Grundprinzipien zu erhellen, die oft nur durch den vorherrschenden aristotelischen Maßstab zum Widerspruch oder ungewollten Anachronismus geworden sind, auch wenn manches in der folgenden Darstellung dann plakativ oder spekulativ bleibt. Die Forschungsliteratur zu den jeweiligen Aspekten bietet ein differenzierendes Korrektiv. Ein vertieftes Verständnis für sein Werk – und Widersprüche – sollte die Hamburger Klopstock-Ausgabe ermöglichen, wenn die *Deutsche Gelehrtenrepublik* sowie die *Grammatischen Gespräche* und die Prosaschriften zu Sprache und Dichtung in ihrer Gesamtheit vorliegen. Schon jetzt geben der *Messias* und die ausführlich kommentierten Briefe einen neuen Impuls für die Klopstock-Forschung; denn die ungesicherte Quellenlage und das Fehlen einer modernen Ansprüchen genügenden Gesamtausgabe hat sie über Jahrzehnte behindert.

Geht man von Klopstocks humanistischer Bildung in Schulpforta aus, so stellt sich sein Werk als groß angelegtes Projekt dar, die antike Rhetorik für die deutsche Kultur fruchtbar zu machen. Mit Rhetorik ist nicht nur, und auch nicht primär, eine ästhetische Kategorie gemeint, sondern eine Sprachkultur, die in alle Bereiche des Lebens reicht, wie aus Quintilians Standardwerk *Ausbildung des Redners* hervorgeht (zu Schlüsselbegriffen s. Zundel 1989). Es lohnt, zentrale Aspekte der Rhetorik zu beleuchten, da diese für Klopstocks praxisorientierte Poetologie, für seine Arbeit mit Sprache und Dichtung sowie für seine kulturpolitischen Bestrebungen grundlegend sind:

- Die Rhetorik basiert auf der Voraussetzung, dass »nur ein wirklich guter Mann ein Redner sein kann; und deshalb fordern wir nicht nur hervor-

ragende Redegabe in ihm, sondern alle Mannestugenden« (Quintilian I
Vorrede, 9) (*vir bonus dicendi peritus*, ebd., XII 1, 1).

- Sie bestimmt von Kindheit an die Bildung: durch Regeln (*praecepta*),
  Beispiele (*exempla*) und ›Nachahmung‹ (*imitatio*, verstanden als selbständige, kreative Nacheiferung).
- Sie findet Einsatz in Politik (*genus deliberativum*), Rechtsstreitigkeit
  (*genus iudicale*) und als epideiktische Rede bei Gelegenheiten, wo Lob,
  Tadel, Trauer u.s.w. geäußert werden (*genus demonstrativum*).
- Grundlegend für die Auffassung von Sprache und Rede ist die Unterscheidung zwischen gedanklichem Gegenstand oder Inhalt (*res*) und
  sprachlichem Ausdruck (*verba*). Verbindendes Grundprinzip ist die Angemessenheit des Ausdrucks (*aptum*), derzufolge jedes angemessene Ele-
  ment des Ausdrucks die Wirkung zu verstärken vermag.
- Sie definiert ein Spektrum an Möglichkeiten des Stils, vom schlichten,
  schmucklosen *genus humile* mit der Wirkungsabsicht der den Verstand
  ansprechenden Belehrung (*docere*) über das *genus medium* mit der Wirkungsabsicht der Erregung milder Affekte bzw. Unterhaltung (*delectare*)
  bis hin zum *genus grande* oder *sublime* mit der Wirkungsabsicht der Erregung heftiger Leidenschaften (*movere*).
- Sie definiert die Teile der Rede: *exordium, narratio, argumentatio, peroratio*; besonders *exordium* und *peroratio* sprechen die Affekte an.
- Sie strukturiert die Gestaltung der Rede: Erfindung (*inventio*), Anordnung (*dispositio*), Ausdruck (*elocutio*), Gedächtnis (*memoria*), Vortrag
  (*pronuntiatio* oder *actio*) unter Einsatz des ganzen Körpers. Vorausgesetzt wird immer das Ziel der lautlichen Realisierung des Wortes.

Von der Rhetorik her lässt sich Klopstocks gesamtes Denken begreifen. So ist Hurlebusch zufolge der Entwurf einer Seelenkunde mit
drei zusammenwirkenden »Hauptkräften der Seele« im *Arbeitstagebuch* (42) »Ergebnis einer unter rhetoriktheoretisch-poetologischen
Voraussetzungen geführten kritischen Auseinandersetzung mit der
Psychologie von Christian Wolff« (299); vorausgesetzt ist die Dreistillehre und wohl das Prinzip des *aptum*. Diesem verwandt ist auch
die Vorstellung, »dass die Wissenschaften der linke Arm einer Nation sind, u daß ihr rechter Arm, alles andre nämlich, was nicht Wissenschaft ist, ohne die vielfache Beyhülfe des linken, weniger Stärke
haben würde« (aus: »Fragment aus einem Geschichtschreiber«, KN
44,2, zit. nach Hurlebusch/Schneider 1977, 76). Zentral ist für
Klopstocks Werk vor allem der »grundlegende dialogische Charakter
der Rhetorik« (Ottmers 1996, 19). Allerdings ist dies nicht der phi-
losophische Dialog Platons, sondern die extrem ausgeprägte »Eine
Stimme« (SW XIII, 6), die durch die rhetorischen Mittel des Streit-
gesprächs in ihrer Wirksamkeit verstärkt wird.

    Da sich die Rhetorik durch den Bezug zum öffentlichen Leben
schon in der Antike ungemein wandlungsfähig zeigte und dann im

Humanismus mit unterschiedlichen Akzentsetzungen rezipiert wurde, muss allerdings von einer sehr komplexen Tradition ausgegangen werden, die noch im 18. Jahrhundert dem öffentlichen Diskurs ein differenziertes gedankliches und sprachliches Arsenal zur Verfügung stellte. So steht die Rhetorik in Verbindung mit der Philosophie, gleichzeitig jedoch in Spannung zu ihr. Die Rolle der Dichtung ist kontrovers, weil sie einerseits als Teil der Rhetorik gesehen wird – so besonders im Humanismus –, andererseits aber durch die *Poetik* des Aristoteles von der Rhetorik abgregrenzt und durch das Prinzip der *mimesis* (annäherungsweise ›Nachahmung‹) philosophisch aufgewertet wurde, um der negativen Bewertung der Dichtung durch Platon entgegenzuwirken. Der Begriff der ›Nachahmung‹ erhält damit eine Schlüsselfunktion und wird im 18. Jahrhundert extrem unstabil, weil er auch als Übersetzung der rhetorischen *imitatio* fungiert und zudem in den Sog der Originalitätsthematik gerät. Wenn Kirschstein zu Klopstocks Verwendung des Nachahmungsbegriffs bemerkt, »bedauerlicherweise können wir nicht immer entscheiden, welche Bedeutung eigentlich gemeint sei« (1928, 161; s.a. Schleiden 1954, 107-109), so muss er angesichts der rhetorisch variablen Funktion des Begriffes gewissermaßen philosophisch passen.

Aktualität gewinnt der Nachahmungsbegriff besonders durch Batteux, der ihn 1746 mit seiner einflussreichen Schrift *Les Beaux Arts réduits à un même principe* unter Berufung auf Aristoteles zum vereinigenden Grundprinzip der Künste einschließlich der Dichtung erhebt und damit die Auffassungen von Literatur polarisiert. Denn dem Humanismus galt die Dichtung als Teil der ›schönen Wissenschaften‹, womit eine Verbindung zu Rhetorik und Geschichtsschreibung, aber auch zu den anderen sprachlichen Wissenschaften gegeben ist. Batteux dagegen grenzt die Dichtung von den Wissenschaften ab und ordnet sie den schönen Künsten zu (s. *Arbeitstagebuch*, 274-280). Für Klopstocks Poetologie wird Batteux zu einer Provokation, die ihn dezidierter vom Nachahmungsbegriff abrücken lässt und zu einer verstärkten Profilierung seines rhetorischen Dichtungsbegriffs führt. Denn die Verbindung zwischen Dichtung und sprachlichen Wissenschaften ist für seine Auffassung von der Literatur und ihrer Funktion grundlegend: Die Abtrennung der Dichtung von den sprachlichen Wissenschaften und rhetorischen Wirkungsbereichen bedeutet die Abschnürung ihrer Lebenssäfte.

Die Ideale und Möglichkeiten der Rhetorik sucht Klopstock in immer neuen Ansätzen nicht nur für die deutsche Literatur wirksam zu machen, sondern für den gesamten Bereich der gelehrten Kultur: die *respublica litteraria* oder *respublica eruditorum*. Wenn er auch im *Messias* seinen ›ersten Beruf‹ sah, so ist doch sein Schaffen viel breiter angelegt: Es gehören dazu seine Förderung der deutschen Sprache, Vorschläge zur Orthographiereform, geschichtliche Studien, der ›Wiener Plan‹ zur institutionellen Unterstützung der Wissenschaften, die Bemühungen, dem Autor das Recht an seinem Werk und dessen Ertrag zu sichern, sowie sein Bestreben, das Buch zum intentionsgerechten, visuell wirksamen Medium der Sprache zu gestalten. Auch die kulturpatriotische Identitätsstiftung durch die *Hermann*-Dramen sowie das Eingreifen in die politische Wirklichkeit mit den Revolutionsoden ist Teil seines Selbstverständnisses, denn es gehört zur Rolle des Dichters, als öffentliche moralische Instanz zu wirken. Sein ganzes Werk kreist somit um Sprache in ihren unterschiedlichen Wirkungsformen; das Feld der Rhetorik ist die Praxis. Aus diesem Grunde ist es problematisch, wenn Zelle die Auseinandersetzung zwischen dem Schönen und dem Erhabenen nur innerhalb der Theorie erforscht: Er übernimmt damit tendentiell den philosophischen Ansatz, der »die Ästhetikgeschichtsschreibung so auf das Schöne fixiert [hat], daß selbst noch den heutigen Protagonisten einer Ästhetik des Erhabenen dadurch mitunter der Blick verdunkelt wird« (Zelle 1995, 12). Das longinische Erhabene erscheint in der Theorie von vornherein seiner Macht beraubt.

Strukturbildend für Klopstocks Werk und dessen Wirkung im Zeitalter der ›Klassik‹ ist der Wettstreit, der die Literatur als öffentlichen Prozess, den Autor als ehrgeizigen ›Konkurrenten‹ und das Werk als wirkungsorientiertes Kunstprodukt versteht, dessen Wirkung es auf der Grundlage von Erfahrung zu erforschen gilt. Schon in der Abschiedsrede in Schulpforta erscheint der Plan des *Messias* im Kontext eines nationalen Wettstreits: Das Epos als höchste Gattung soll durch die erhabene Behandlung des höchsten Stoffes die anderen Literaturen überflügeln. Damit macht Klopstock den Agon zwischen den Nationalliteraturen – der schon im Humanismus eine wichtige Rolle spielt – zum Programm: Wenn auch seine Herausforderung an die »Dichter Deutschlands« 1745 nur im kleinen Kreis gehört wurde, so rief doch sein Epos die Dichter in die ›Laufbahn‹: »Durch ein großes unvergängliches Werk müssen wir zeigen, was wir können!« (*Declamatio*, 86-88).

Die Bedeutung der Radikalisierung des Wettkampf-Gedankens durch Klopstock für das Zeitalter der deutschen ›Klassik‹ ist kaum zu überschätzen – vor allem hierin liegt seine ›epochale‹ Rolle, von der Goethe in *Dichtung und Wahrheit* durch Betonung der Dichterwürde ablenkt. Mit dem Agon greift Klopstock *das* bestimmende Prinzip der griechischen Dichtung auf, wie der 1990 erschienene Aufsatz »Contest and Contradiction in Early Greek Poetry« von Mark Griffith unter Bezug auf die Homer-Tradition sowie vor allem auf Pindar verdeutlicht – jene Dichter, die für die deutsche Klassik zentrale Bedeutung erlangen. Analog dem Wettkampf in Krieg und Athletik stellt sich der Dichter im öffentlichen Vortrag dem Vergleich:

In this contest-system, the arts (*mousikê*), and poetry in particular, comprised a very popular and prestigious arena of competition, and it is hardly an exaggeration to say that most Greek poetry, from the time of Homer and Hesiod to that of Euripides, was composed for performance in an explicitly or implicitly agonistic context. In this respect, it is fundamentally different from most Roman, and most later European, poetry. (Griffith 1990, 188).

Die traditionsstiftende Funktion erhellt aus der für Klopstocks Dichtungsverständnis bedeutenden Schrift *Vom Erhabenen* von [Pseudo-]Longinus (XIII 2 – XIV): Diese bezeichnet »die Nachahmung der großen Schriftsteller und Dichter von einst und den Wetteifer mit ihnen« als »Weg zum Erhabenen« (XIII 2): »Wenn uns nämlich beim Nacheifern jene Vorbilder vor Augen treten und gleichsam voranleuchten, werden sie wohl unsere Seele emportragen zu den im Geist geschauten Mustern« (XIV 1) – die größten Dichter werden damit zu »Richtern und Ohrenzeugen« (XIV 2). Ziel ist der Ruhm: »Ringen um Ruhm und Kranz [ist] schön und des Streites um den Sieg wert« (XIII 4; 1988, 43); und besonders ansporrnend wirkt es, »wenn du dir noch denkst: Wie wird die ganze Nachwelt aufnehmen, was ich hier schreibe?« (XIV 3):

    Reizvoll klinget des Ruhms lockender Silberton
    In das schlagende Herz, und die Unsterblichkeit
    Ist ein großer Gedanke,
    Ist des Schweisses der Edlen werth! (»Der Zürchersee«, *Oden* I, 85)

Der Ruhm ist individuelles Bedürfnis und gemeinschaftsstiftender Ansporn zu Höchstleistungen. Noch überboten wird dieser irdische Ehrgeiz durch das Streben nach himmlischer Unsterblichkeit, wie aus der biblischen Verwendung der ›Laufbahn‹-Metapher beim klassisch gebildeten Paulus deutlich wird:

Wisset ihr nicht, daß die, so in den Schranken laufen, die laufen alle, aber einer erlangt das Kleinod. Lauft nun also, daß ihr es ergreifet. Ein jeglicher aber, der da kämpft, enthält sich alles Dinges, jene also, daß sie eine vergängliche Krone empfangen, wir aber eine unvergängliche. (I Kor. 9, 24f.; s.a. Phil. 3, 12-14; Heb. 12, 1).

Bei Klopstock ergibt sich auf dieser Basis ein Einklang zwischen persönlichem dichterischem Ehrgeiz und seinem Gefühl einer nationa-

len und religiösen Berufung – Ausprägung der argumentativen Verknüpfung von ›Athen‹ und ›Jerusalem‹, die das 17. mit dem 18.
Jahrhundert verbindet (s. Dyck 1977; zur Verbindung von Wettstreit und Typologie s. Jacob 1997, 112-135; zum Thema des
Ruhms Thayer 1967; 1973; 1981; Hilliard 1995).

Klopstock ruft die deutschen Dichter mit seinem Hexameter-
Epos in den Wettstreit mit Homer und durch seine Oden in den
Wettstreit mit Pindar und Horaz: Indem der Anfang der horazischen Ode »Auf meine Freunde« (*Oden* I, 8) die Pindarode von Horaz zum Vorbild nimmt, verbindet die *aemulatio* den deutschen
Dichter mit den römischen und griechischen Mustern: »Pindarum
quisquis studet aemulari [...]« (»Wer den Wettstreit wagt mit dem
Pindar [...]«, AW, 1205; Horaz, Oden IV, 2). Dass Klopstock die
maßgeblichen zeitgenössischen Dichter in die ›Laufbahn‹ zog, betont A.W. Schlegel 1798 unter Bezug auf den fünfzig Jahre zuvor
gegen erheblichen Widerstand durchgesetzten Hexameter: Anders
als bei den benachbarten Nationen besteht in Deutschland nun am
Jahrhundertende das »Bedürfnis«, »sich in eigenen Werken an [die]
großen Formen [der Alten] anzuschließen« (1962, 246). Indem
Klopstock im 18. Jahrhundert ›anachronistisch‹ die Dichtungsideale
von Renaissance und Humanismus proklamiert, schafft er eine Kontinuität der Tradition, die weit über die Weimarer Klassik hinaus-
reicht. Durch seinen Aufruf zum Wettstreit regt er zu einer intensiven Auseinandersetzung mit der Antike an, die Goethe, Voß,
Schiller und viele andere weiterführen und die vor allem das Werk
von Hölderlin bestimmt: »[Klopstocks] Ehrgeiz lebt fort in der Frage die nach ihm jeden großen Dichter beunruhigte: wie bilde ich
unter Deutschen was vor den Gebilden der Alten bestehen kann?«
(Kommerell 1928, 60).

Klopstocks eigene Auseinandersetzung mit der Antike ist vielfältiger, als es das vorherrschende Bild von seiner einseitigen Tradierung der Poesie des hohen Stils oder gar »seiner Beschränkung auf
das christlich-religiöse Stoffgebiet« (Apel 1982, 52) glauben macht.
Die Vielfalt ergibt sich aus seinem rhetorischen Ansatz. In Epos,
Trauerspiel und Ode bewegt er sich mit dem longinischen Erhabenen in der epideiktischen Gattung, welcher die Dichtung innerhalb
der Rhetorik zugeordnet wird. *Die deutsche Gelehrtenrepublik* steht
dagegen in der Tradition der platonischen Gelehrtenstaaten – als
humanistisch geprägtes deutsches Gegenstück. Sie lässt sich mit dem
genus deliberativum in Verbindung bringen: Dargestellt ist die öffentliche Rede in der *polis* der Gelehrten, und stilistisch experimentiert das Werk vorwiegend mit Spielarten des lakonischen, abhandelnden, niederen Stils. Die *Grammatischen Gespräche* stellen sich in

Opposition zur philosophisch-systematischen Sprachwissenschaft und stehen in der Tradition eines Dialogs von Lukian über einen Rechtsstreit zwischen zwei Konsonanten vor dem Gericht der Vokale. Indem Klopstock diesen zum Wettstreit zwischen Elementen der ›Grammatik‹ ausweitet, greift er durch humorvoll-satirisches Spiel mit dem *genus iudicale* in die zeitgenössischen Kontroversen um die deutsche Nationalsprache ein, um mit dem »ein wenig belebten« mittleren Stil (SW XIII, 11) die Leser zur Verteidigung ihrer Sprache anzuregen.

Wie wirksam Klopstock verschiedenste Register der deutschen Sprache entwickelte, wird aus Urteilen der Zeitgenossen deutlich, die wiederum von unterschiedlichen Dichtungsauffassungen geprägt sind. Während Bodmer den *Messias* als Gipfel erhabener Dichtung preist und Herder besonders die Sprache der Empfindungen in den Oden rühmt, zeigt Lessing sich bei aller Bewunderung für den *Messias* von den Oden eher ungerührt und lobt die schlichte Klarheit der prosaischen Abhandlungen. August Wilhelm Schlegel stört sich am hohen Stil des *Messias* und der Oden sowie am Gekünstelten der *Gelehrtenrepublik*, bewertet jedoch die *Grammatischen Gespräche* als reifste Leistung eines »von unsern wenigen Meistern im prosaischen Stil« (1828, 245). Der Grund ist ihre »Anmuth [...]: die Heiterkeit und empfängliche Regsamkeit eines frischen Greisenalters erscheint darin ungemein liebenswürdig« (246f.).

Angesichts dieser Vielfalt der Lesarten und Urteile erscheint es sinnvoll, rhetorische Tradition und philosophisch-mimetische Tradition als kontinuierliche, aber wandlungsfähige ›Stränge‹ in *einer* in die Antike zurückreichenden Tradition zu begreifen, und ihr Verhältnis nicht nur antagonistisch, sondern auch mit den Möglichkeiten der Berührung, Verknüpfung, Überkreuzung und gegenseitigen Profilierung zu bestimmen. Immerhin schulten sich an Klopstocks Sprache Lessing, Wieland, Herder, Goethe, Hölty, Voß, Schiller, Jean Paul, Hölderlin, Novalis und die Gebrüder Schlegel – allesamt humanistisch gebildete Dichter. Schon die Liste der Namen jedoch verdeutlicht die Vielfalt der Rezeptionsprozesse. Mit ›Einfluss‹ wäre wenig ausgesagt, und wichtig sind zuweilen die unscheinbarsten Details. Als Beispiel mag A.W. Schlegels »Gespräch über Klopstocks grammatische Gespräche« im *Athenaeum* 1798 dienen. Ganz am Ende seiner ebenfalls als Wettstreit dargestellten Rezension gibt sich als heimliche Vorsitzende die »Grille« zu erkennen (A.W. Schlegel 1962, 259) – nicht nur ein Verweis auf die grillenhafte Form des besprochenen Werkes. Denn Schlegels »Grille« verdeutlicht poetisch die ›neue‹ philosophisch orientierte Dichtungsauffassung, die unter Berufung auf Poesie, Ironie und Natur den zielgerichteten Wettstreit

rhetorischer Dichtung verabschiedet. Dass allerdings die romantische Poesie keineswegs das letzte Wort hatte, beweist das programmatische Bekenntnis zum Agon bei dem in Schulpforta humanistisch gebildeten Nietzsche – am ›Anfang‹ einer neuen Moderne.

II. Biographie

Ein vorübergehender Plan Klopstocks, »sein eignes Leben zu schreiben«, scheiterte vor allem an den Schwierigkeiten öffentlicher Selbstdarstellung (an Ebert u.a., 3.9.1776, *Briefe* VII, 55, 472f; s.a. SW XVII, 103-108). Motivation war nicht Ausdrucksbedürfnis, sondern das Ziel der Berichtigung falscher »Erzählungen« durch eine »Lebensbeschreibung, [... die] genau wahr ist« (*Briefe* VII, 55). Das Vorhaben schien ihm auch für die Betrachtung seines Lebens *sub specie aeternitatis* besonders mit Bezug auf Glückseligkeit geeignet:

> Ich erkenne es mit inniger Dankbarkeit, daß ich es so oft in meinem Leben, u in so hohem Grade gewesen bin. Auch hab ich mirs manchmal zum eigentlichen Geschäfte gemacht, tief u anwendbar darüber nachzudenken, was Glükseligkeit sey. Denn es hat mir immer sehr nah am Herzen gelegen, herauszubringen, worauf es dabey so recht wesentl. ankomme. (An Ebert u.a., 3.9.1776, *Briefe* VII, 55f.)

Als erster Biograph (und Exeget) trat der glühende Verehrer Carl Friedrich Cramer auf, Sohn des Freundes J.A. Cramer und Mitglied des Göttinger Hain, zunächst mit *Klopstock. (In Fragmenten von Tellow an Elisa)* (1777-1778) und dann mit *Klopstock. Er; und über ihn* (1780-1792; s. *Briefe* VII, 301; X, 61). Für die Spätzeit gibt es den Bericht von Böttiger, »Klopstock, im Sommer 1795«, der bei dem 73-Jährigen »noch alle Frischheit und Lebendigkeit eines Jünglings« feststellt (1814, 315). Ein wichtiges Dokument erschließt das von Klaus Hurlebusch ausführlich kommentierte *Arbeitstagebuch* (13.1.1755 bis 1.8.1756) mit Notizen zur Arbeit (*Messias, Geistliche Lieder, Tod Adams,* »Dem Allgegenwärtigen« u.a.) sowie zu gelesenen Werken, Audienzen beim König, besuchten Predigten u.ä. Völlig unzuverlässig ist dagegen die Versteigerungsliste von Klopstocks Bibliothek (*Verzeichniß* [...] 1805), da sie viel Fremdmaterial enthält und er zumindest in der Spätzeit als extrem nachlässiger Bewahrer seiner Bücher galt:

> Es ist eine wahre Lust, seine etwa 40 oder 50 Stück Bücher (wo's so viele einmal sind,) anzusehen, die so in seiner Kammer im Staube herumtreiben, aus allerley Wissenschaften, und Sprachen [...]. Da fehlt ein Theil, hier ein Theil! hier ein Titelblatt, dort das Ende. Kaum daß er vom Meßias und

den Öden ein Exemplar hat, von andern seiner Schriften suchst du vergeblich eine bey ihm. Alle Welt weis auch das, und borgt ihm Bücher ab, die er nie wiederkriegt; und er läßt das gut seyn. (C.F. Cramer 1780-1792, I, 36)

1. Briefe

Klopstocks Briefe haben in der Forschung bis jetzt kaum Beachtung gefunden, da sie nur verstreut und unvollständig vorlagen und besonders aufgrund seines Lakonismus zum Teil erst im Zusammenhang mit Antwortschreiben und Kontext verständlich sind. Zudem gilt der spätere Klopstock als altersstarrer Sonderling, und seine Prosa wurde bislang kaum gewürdigt. Zu dem Negativbild trug möglicherweise auch die Darstellung der »Wechselnichtigkeit« der Briefwechsel des Gleimkreises in *Dichtung und Wahrheit* bei, die vor allem auf Klopstock und Gleim gemünzt zu sein scheint, wenn auch Klopstocks Briefe kaum bekannt waren (Goethe 1985ff., XIV, 437). Die Gesamtausgabe der Briefe von und an Klopstock im Rahmen der Hamburger Klopstock-Ausgabe bietet daher eine unermessliche Bereicherung für die Klopstock-Forschung. Der ausführliche Kommentar mit Literaturhinweisen erhellt komplizierte Bezüge zu Zeitgenossen, so dass auch über Klopstock hinaus ein Einblick in die zeitgenössische Kultur besonders Norddeutschlands gewährt wird.

Die Korrespondenz besteht aus fast tausend Briefen von Klopstock und über tausend Briefen an ihn, so Briefwechsel mit Gleim, Ebert, Herder, Lessing, Lavater, Gerstenberg, Voß oder den Geschwistern Stolberg, aber auch mit Persönlichkeiten am Wiener Hof (›Wiener Plan‹) und zur Zeit der Französischen Revolution in Frankreich. Der früheste erhaltene Brief von 1738 ist ein vermutlich mithilfe des Vaters rhetorisch durchstilisiertes Ersuchen bei einem entfernten Verwandten um Einflussnahme bei der Beschaffung einer Freistelle in Schulpforta. Als Pendant zu seinem »Stilprinzip der Kürze« im Werk (Schneider 1960, 57-86) zeichnet sich die Korrespondenz des »Erzunbriefschreibers« Klopstock (an Göschen, 17.7.97, *Briefe* IX, 147) durch Unregelmäßigkeit und eine für jene brieffreudige Zeit untypische Lakonik aus. Abgelehnt wird das leere Wort: so bezeichnet er einen Brief von Fürst Kaunitz am Wiener Hof als »etliche in Kanzelleystyl geschriebne u bloß unterschriebne Worte, die denn überdieß auch nichts mehr als Worte waren« (an Dietrichstein, zw. 20. u. 28. Februar 1773, *Briefe* VI, 20).

Besonders hervorzuheben ist die lebhafte Korrespondenz mit der ersten Frau Meta Moller von dem Zeitpunkt ihres ersten Treffens 1751 an bis zu Metas Tod im Jahre 1758 (s. *Briefe/*Tiemann; Tiemann 1980; Trunz 1956; 1993). Vor allem Metas Briefe gehen in ihrer »bis dahin beispiellosen Lebendigkeit, Gefühlstiefe und Unmittelbarkeit« noch weit über das hinaus, was in Briefstellern jener Zeit als Natürlichkeit des Stils und Annäherung an das mündliche Gespräch empfohlen wird (Nickisch 1976, 44; s. z.B. Gellert 1751): »Ich habe solche Briefe noch nicht gesehen, worinn soviel Natur im eigentlichen Verstande, u zwar soviel *gute* Natur gewesen wäre« (Klopstock an Bodmer, 12.12.1752, *Briefe* III, 5). Andererseits spielen sie mit Mündlichkeit als Fiktion und Programm (s. Schuller 1989, bes. 280f.). Klopstock findet in den Briefen an Meta »einen vorher und später nicht vorkommenden Ton« (Höpker-Herberg 1978, 191). Der Brief an den Freund J.A. Cramer nach ihrem Tod im Kindbett (5.12.1758, *Briefe* III, 106-108) wird durch die Schlichtheit der Schilderung und die Vermittlung religiöser Zuversicht zu einem bewegenden Zeugnis der Trauer um die Freundin und Geliebte, ein »schmerzvolles Tasten Klopstocks nach dem, was so bald nach Metas Tod überhaupt für ihn aussprechbar sei« (Höpker-Herberg 1978, 195).

Insgesamt besticht die Korrespondenz durch Abwechslungsreichtum und die prägnante, ausdrucksvolle Sprache sowie das Detail, so in der Korrespondenz mit den Verlegern. An den Briefwechseln mit den Freunden – besonders Ebert und Gleim (s. R.M. Hurlebusch 1969) – lassen sich persönliche Entwicklung, wechselnde Interessen sowie kulturelle Veränderungen verfolgen; die frühen Briefe kennzeichnet der zärtliche, gemeinschaftsstiftende Ton der Empfindsamkeit (s. Hilliard 1986). Ein später Brief an Gleim, dem Klopstock die Elegie »Die Vergeltung« zur Französischen Revolution beilegte (*Oden* II, 114f.), mag als Beispiel für die vielfältige Thematik dienen, die in knappen Bemerkungen die Einstellung Klopstocks dokumentiert – von der eigenen Arbeit und der Beziehung zu Verlegern und Freunden über zeitgenössische Philosophie und die Revolution bis hin zu Sport, Kleidung und Essen (*Briefe* IX, 12f.; dazu 323-326; zu »G-« für Guillotine s. an Ludolf, 19.1.1796, *Briefe* IX, 34):

Hamb. den 7ten Nov. – 95
Mein zu langes Stillschweigen, bester Gleim, ist durch nichts gut zu machen!
—
Hierauf macht also auch *die Vergeltung* keine Ansprüche. Indeß hat diese Ode (ausser meiner Frau) noch Niemand gesehn. [...] Die beygelegten gedrukten habe ich, nach langem Suchen, unter meinen Papieren gefunden. Die eine hat das kleine Verdienstchen der beygeschriebnen Ändrungen. –

Nikolovius bot mir 1000 Rthl. für die Oden. Hiermit war ich zufrieden.
Die Verzögerung des Druks hatte eine andere Ursache. Diese hat jezo auf-
gehört. –

Aber, Gleim, warum unterstehn Sie sich denn, daß Sie so lange leben, da
Sie doch nicht reiten? Dieses Kunststük hätte ich Ihnen nicht nachmachen
können. Dieß will unter andern sagen, daß ich Sie bitte, das Reiten wieder
anzufangen. [...] – Unser Ebert lebte noch; wenn ihn nicht seine übertrieb-
ne Gefälligkeit (die der langsamen Leichenbegleitung in einem solchen
Winter) in das Grab gebracht hätte. Jener Götzin hatte er in seinem ganzen
Leben geopfert. Sein Tod machte aus dieser Ursache einen besondern Ein-
druk auf mich. Erst fühlte ich tiefen Schmerz über seinen Verlust; u hierauf
war ich beynah wider ihn aufgebracht, daß er sich durch jene Gefälligkeit
hingeopfert hatte. – Die la Fayette ist, auf ihrer Reise zu ihrem Manne ins
Gefängnisse, bey mir gewesen. Ich habe nie tieferen u mänlicher ertragenen
Schmerz gesehn. Die Großmutter, die Mutter, u eine einzige sehr geliebte
Schwester auf der G– u Sie selbst von einem Gefängnisse in das andere ge-
schleppt, u wohl vornäml. durch das, was wir Zufall nennen, gerettet. –
Wenn Sie das Berliner Archiv lesen; so haben Sie auch meine zwey Worte
über die kantische Philos. gesehn. Ich hatte sehr ernsthafte Ursachen dieses
zu schreiben. In Berlin u Weimar ist man sehr zufrieden damit gewesen.
Was sagt man bey Ihnen davon? Ich frage nicht, was Kantianer davon sagen. – Ich habe Ihnen doch »die grammatischen Gespräche« zugeschikt? Ja,
ich habe. Sie wissen also, daß unsere Sprache mit der griechischen u lateinischen einen nicht unglüklichen Wettstreit, in Ansehung der Kürze, gehalten hat. [...] – Wie viele Schlafröcke u Mützen haben Sie jezo an, u auf?
Salzen Sie Ihre Speisen jezt, oder salzen Sie sie nicht? Wollen Sie Ihre Toll-
kühnheit des Nichtreitens fortsezen?

Ihr Klopstock

2. Das Elternhaus und Schulpforta

Geboren wurde Klopstock am 2. Juli 1724 als ältestes von siebzehn
Kindern (einige starben früh) in Quedlinburg, das bis 1698 zu
Sachsen gehört hatte und seitdem unter preußischer Herrschaft
stand. Das Geburtshaus liegt am Finkenherd, wo der Legende nach
919 dem Sachsenherzog Heinrich I. beim Vogelfang die deutsche
Königskrone überreicht wurde – für Klopstock frühe Grundlegung
der nationalen Thematik. Auch die Harzlandschaft fand Eingang ins
Werk, vor allem während der bardischen Phase: So wird die Ross-
trappe zum Gegenstand der gleichnamigen Ode (*Oden* I, 226-228)
und zum Schauplatz von *Hermanns Schlacht* (s. Hamel 1884a,
S. xxi-xxiii).

Die angesehene Familie war väterlicherseits mit dem reichsun-
mittelbaren Frauenstift verbunden (s. Pape 1998; bes. 23-32). Klop-

stocks Religiosität und spätere Verehrung Luthers wurzelten in dem
lutherischen Glauben, der das Elternhaus bestimmte. Inwieweit der
Pietismus bei Klopstocks früher religiöser Bildung mitwirkte, ist
schwer auszumachen (s. Kaiser 1963, 125-128; Pape 1998, 94-102):
Pietistisches Gedankengut war zwar in den gehobenen Kreisen
Quedlinburgs verbreitet, aber es gibt kaum konkrete Hinweise auf
Verbindungen der Familie Klopstock zu Pietisten, und Klopstocks
Erziehung erfolgte keineswegs nach pietistischen Grundsätzen. Auch
in Schulpforta spielte der Pietismus kaum eine Rolle.

Von 1732 bis 1736 genossen die Kinder auf dem vom Vater ge-
pachteten Ökonomieamt Friedeburg in ländlicher Umgebung eine
freizügige Erziehung, die Klopstocks lebenslange Begeisterung für
sportliche Betätigung weckte. Dieser idyllische Höhepunkt des frühen Lebensabschnitts endete jedoch traumatisch mit Bankrott und
weitgehendem Verlust des Familienvermögens, was Klopstocks finanzielle Verhältnisse in späterer Zeit prägte (s. Pape 1998, 31f.,
72f., 125f.): So musste er nicht nur den eigenen Unterhalt finanzie-
ren, sondern auch besonders nach dem Tod des Vaters 1756 die
Mutter und Geschwister unterstützen. Nach Quedlinburg zurückge-
kehrt (nicht mehr ins väterliche Haus), besuchte Klopstock das
Gymnasium und erhielt dann durch Vermittlung eines Verwandten
eine Freistelle an der Fürstenschule Pforta im sächsischen Naum-
burg an der Saale, wo er 1739 im Alter von 15 Jahren aufgenommen wurde.

Schulpforta, 1543 auf der Höhe des Humanismus gegründet, galt
als eine der angesehensten Schulen in Norddeutschland; spätere
Alumnen waren Fichte, Ranke und Nietzsche. Die Literatur um die
Mitte des 18. Jahrhunderts wurde entscheidend von den Fürstenschu-
len geprägt: Lessing und Gellert besuchten St. Afra in Meißen, und
auch die Bremer Beiträger J.E. und J.A. Schlegel, Gärtner, Rabener
und J.A. Cramer waren Fürstenschüler. Entsprechend dem Ziel der
Ausbildung protestantischer Geistlicher in dem ehemaligen Zisterzi-
enserkloster spielten Gebet und Bibel eine zentrale Rolle. Grundlage
der Ausbildung waren die lateinischen und zu einem geringeren Gra-
de griechischen Klassiker. Die Schüler hatten kaum Möglichkeiten,
die Schulgebäude zu verlassen, und Ferien waren nicht vorgesehen: In
sechs Jahren besuchte Klopstock nur zweimal die Eltern. Das Leben
vollzog sich vielmehr in klösterlicher Abgeschiedenheit, wie aus dem
Tagesablauf deutlich wird (s. Bertuch 1734, 138-140):

5 Uhr   Morgengebet; dann Repetition
6 Uhr   Lektion: Lateinische Grammatik, Dialektik oder Rhetorik; dann
          Einnehmen einer Suppe
7 Uhr   Kirche: Motett, Bibellesung, Gebet, Motett; dann Repetition

8 Uhr	Lektion: Griechische Grammatik, griechischer Autor, z.B. Homer
9 Uhr	Repetition; dann Essen
10 Uhr	Lektion: Bibel (deutsch)
12 Uhr	Versammlung: Lektüre, Repetition oder Musik; dann Vesper-Trunk
1 Uhr	Lektüre (Historiae Sacrae oder Cicero)
2 Uhr	Repetition
3 Uhr	Lektüre lateinischer Dichter (z.B. Horaz, Vergil, Ovid)
4 Uhr	Kirche: Motett, Katechismus, Motett; dann Bereitung des Abendessens und Spazieren im Kreuzgang
5 Uhr	Lektion: Bibel (lateinisch)
6 Uhr	Repetition
7 Uhr	Schlaftrunk

Klopstock scheint sich allerdings weniger durch den restriktiven Lebensstil eingeschränkt, als durch die Konzentration auf hohe Vorbilder angespornt gefühlt zu haben. Geprägt war der Unterricht von der Rhetorik, wie sie schon im Humanismus gelehrt wurde; Sachkenntnisse erwarb man als Nebenprodukt der Klassikerlektüre. Schulziel war die »Erlernung der Eloquenz durch Imitation«, und als »Vollendung der Eloquenz« galt die Poesie (Paulsen 1896-1897, I, 293, 352; s.a. Hilliard 1987a, 19-24). Die Schüler machten reihenweise Übungen von der Art, wie sie im Lehrwerk *Erläuterte Anfangs-Gründe der Teutschen Oratorie* ([3]1744) des Portenser Konrektors Daniel Peucer enthalten sind. Peucer bezieht sich auf klassische Autoren wie Cicero oder Quintilian, wählt jedoch vorwiegend Beispiele aus der Bibel und hebt in der Vorrede die Überlegenheit biblischer Tropen und Figuren hervor.

Klopstocks späteres Selbstverständnis als Dichter gründete in der Lektüre von Homer und Vergil im Original; das Studium der Bibel sowohl im griechischen und lateinischen Original (kaum Hebräisch) als auch in der Übersetzung Luthers legte das Fundament für eine Verbindung zwischen klassischer und biblischer Tradition, die ihm eine nie versiegende Quelle für Stoff, Sprache und Form erschloss. Die Schüler lernten unzählige Verse der Klassiker auswendig und verfassten zur Konsolidierung des Lernprozesses eigene Gedichte in Anlehnung an die Muster. Klopstocks spätere Übersetzungen aus dem Lateinischen und Griechischen sowie seine Übersetzung von Teilen des *Messias* ins Lateinische sind Fortsetzung solcher Übungen. Deutsche Dichtung wurde im Unterricht nicht gelesen (s. Roeder 1961, 205; Paulsen 1896-1897, II, 409), wenn auch der Rang deutscher Sprache und Dichtung im Vergleich zu den klassischen und modernen Sprachen ein vieldiskutiertes Thema gewesen sein dürfte. Milton las Klopstock nur in Übersetzungen; erst 1752 berichtet er, er lerne anhand der Werke von Edward Young Englisch (an Gleim, 9./11.4.1752, *Briefe* II, 151). Dass er schon in der Schulzeit mit (nicht erhaltenen) deutschen anakreontischen Gedichten, Bußliedern und Oden hervortrat, berichtet der Mitschüler Janozki (s. *Briefe* I, 2, 177; Muncker 1888, 30). Insgesamt war die Arbeit darauf angelegt, mit »mannigfaltigen sehr zweckmäßigen Mitteln [...] den Wetteifer der Schüler zu entzünden« (C.F. Cramer 1780-1792, 31).

In gutem, wenn auch nicht bestem Latein und mit allen Künsten der Rhetorik (s. Hilliard 1987a, 21f., 35) beendete Klopstock die Schulzeit mit einer Abschiedsrede zur epischen Poesie (s. Hilliard 1987a, 19-39; Pape 1998, 61-71), in der er sich mit der Erhebung Miltons noch über Homer zum Programm der Schweizer bekennt und den Plan andeutet, Milton noch zu übertreffen. Den Appell an eine »Versamlung der ersten Dichter Deutschlands« formuliert Klopstock hier nur als Wunsch (*Declamatio*, 88); publiziert wurde die Rede erst 1780 durch Cramer mit einer deutschen Übersetzung. Die Bedeutung Schulpfortas für Klopstocks Selbstverständnis verdeutlichen am Ende seines Lebens die Anweisungen an den Rektor Heimbach zu einer Feier, bei der ein Prachtexemplar des *Messias* in die Schulbibliothek getragen werden sollte – Klopstocks Grundlegung zu seiner späteren Rezeption als Denkmal (20.3.1800; *Briefe* X, 143f.; s.a. 155f.; Hilliard 1987a, 19-39). Es sprechen daraus die Werte humanistischer Bildung, die sein Buch tradieren sollte: Der ausgewählte Jüngling soll nicht nur »Geist« haben, sondern auch »Sittlichkeit, zu der, wie ich glaube, auch der Fleiß gehört« (144). Noch heute befindet sich das Exemplar »in der Bibliothek, worin die Alten stehn, die meine Lehrer waren, und sind« (an Heimbach, 30.4.1800, *Briefe* X, 159).

Die auf Klassik und Bibel konzentrierte Bildung richtete Klopstocks dichterisches Streben nicht auf wirklichkeitsgetreue Nachahmung für Auge und Denken, sondern auf bewegende Darstellung für Gehör und Phantasie. Der Altphilologe Ulrich von Wilamowitz-Moellendorff erklärt über seine eigene Zeit in Pforta noch über hundert Jahre später:

Sehen lernten wir nicht, wir lernten nicht lesen in dem großen Buche der Natur. Die Berge und die Wasser, Pflanzen und Tiere, und die Sterne am Himmel blieben uns fremd, fremd blieb auch die Menschenerde. Geographie war ganz vernachlässigt; ich glaube, daß Reisebeschreibungen gar nicht gelesen wurden. Fremd blieb alle Kunst außer der des Wortes. (Schulpforta 1993, 75)

Für Klopstock allerdings war diese Konzentration auf die Kunst des Wortes nicht Beschränkung, sondern Inspiration.

3.   Im Streit der Dichterschulen

Der gesellschaftliche Abstieg des Vaters brachte es mit sich, dass
Klopstock mit dem Eintritt in Schulpforta die theologische Laufbahn betrat, statt wie der Vater die höher gestellte juristische. Klopstock immatrikulierte sich zunächst 1745 in Jena und ging dann
1746 nach Leipzig, um mit dem Vetter J.C. Schmidt zusammenzu-
sein (zur Studienzeit s. Pape 1998, 72-114). Die Dokumente zu den
Studien sind spärlich (s. *Briefe* I, 2, 175f., 178; Muncker 1888, 43f.,
65f.; Kaiser 1963, 128-130). Schon in Schulpforta hatte er wahr-
scheinlich Wolffs ›Deutsche Metaphysik‹, *Vernünfftige Gedancken
von Gott, der Welt und der Seele des Menschen* (1720), gelesen (s.
Hurlebusch 1979, 84; s.a. *Arbeitstagebuch* 37-42, 298-302). Im Alter berichtet er, die *Theodizee* von Leibniz habe ihn während seiner
Leipziger Zeit zwei Wochen lang ans Zimmer gefesselt (Böttiger
1816, 326). Vorlesungen zu Theologie und Philosophie brachten
Kontakt zu den zeitgenössischen Auseinandersetzungen um Pietismus und Neologie, ohne dass eine Parteinahme von Klopstock dokumentiert wäre. Kaiser (1963, 28-29) betont die Verbreitung
Wolffschen Gedankenguts und die Rolle der Neologie in Klopstocks
geistigem Umfeld sowie die vorherrschende Rolle von Leibniz in seiner Wertschätzung (s.a. Kirschstein 1928, 94-99; Kindt 1941, 32-
51; Baudusch-Walker 1958, 30-32; zu dem Komplex s.a. Aner
1929; Jacob 1997). Als »Basis der Gemeinsamkeiten zwischen Leibniz, Wolff, der Neologie und Klopstock« hebt Kaiser (1963, 36) die
»Überzeugung vom Gleichklang zwischen Vernunft und Offenbarung« hervor – Leitgedanke des 18. Jahrhunderts. Desiderat für die
Forschung bleibt eine Untersuchung von Klopstocks geistigem Horizont unter Einbezug der Theologie, Philosophie und Rhetorik.
   Leipzig war Zentrum der Wirtschaft und des Geisteslebens, mit
einer der wichtigsten Universitäten Mitteleuropas. Vorrangig für
Klopstock war die publizistische Rolle der Stadt: Hier erschienen die
ersten Zeitschriften des deutschen Sprachgebiets, so vor allem die
Organe des Gottsched-Kreises. Martens charakterisiert das zeitgenössische Leipzig als »aufklärerisch-populär [...] und kultiviert-bür-
gerlich-liberal«; »›tief‹ jedenfalls, im Sinne von dunkel, mystisch,
oder ›hoch‹, erhaben-seraphisch, wie sich die Klopstockianer gebär-
deten [...], war man in Leipzig nicht« (1990, 21). Auch abgesehen
vom Trugschluss der Ineinssetzung von Klopstocks Person und
Werk – analog dem Irrtum Bodmers – ist dies eine Vereinfachung
der geistigen Strömungen, wie aus der Diskussion um die Literatur
hervorgeht, denn die klassizistische Regelpoetik Gottscheds, welche
die deutsche Dichtung durch französische Vorbilder veredeln sollte,

wurde nicht mehr nur aus Zürich bekämpft. In Opposition zu den
gegen die Schweizer gerichteten *Belustigungen des Verstandes und des
Witzes* gründeten die Leipziger ›Bremer Beiträger‹ 1744 die in Bremen verlegten *Neuen Beyträge zum Vergnügen des Verstandes und Witzes*; unter Ausschluss von Streitschriften lag das Hauptgewicht auf
kritisch ausgewählten dichterischen Beiträgen (s. Schröder 1956,
32-33, 46-48). Vorbilder waren vor allem Hagedorn und Haller.
Die *Bremer Beiträge* trafen den Geschmack der Zeit und avancierten
zu einer der bedeutendsten Zeitschriften (Muncker 1888, 51;
Schröder 1956, 215). Die Freundschaft mit diesem Kreis junger
Dichter prägte Klopstocks Leipziger Jahre. Sie bestimmte die Thematik der Oden und legte den Grund für den Erfolg des *Messias*.
    Die Entstehung des Epos ist erst ab 1747 verlässlich dokumen-
tiert (s. *Messias*, Bd. III, 187-243, bes. 187-192). J.A. Schlegel betont die ›Unbarmherzigkeit‹, mit der Cramer und Ebert in den ersten drei Gesängen des *Messias* Revisionen vorgenommen hätten
(ebd., 191), und für den frühen Erfolg des Epos wurde der Kontakt
zu Bodmer entscheidend: Er erkannte darin »Miltons Geist« und somit die Erfüllung des an der englischen Literatur sich orientieren-
den Zürcher Dichtungsideals (s. *Briefe* I, 204). Begeistert riet er zur
Publikation aller fertigen Gesänge; Gesang I-III erschien im April
1748 im vierten Band der *Bremer Beiträge*. Entgegen der verbreiteten Meinung vom sofortigen Erfolg traf es erst auf breite Resonanz,
als Bodmer – unterstützt durch den Philosophieprofessor G.F. Meier
in Halle – seine weitläufigen Beziehungen nutzte, um die Öffentlichkeit darauf aufmerksam zu machen (s. *Messias*, Bd. III, 194-199;
s.a. Höpker-Herberg 1986, 168-208). Als »Evangelist« des *Messias*
(s. *Briefe* I, 51) setzte er sich für die Bekanntmachung ein und versuchte alles, um dem jungen Dichter finanzielle Unterstützung zu
verschaffen. Dem Prinzen von Wales ließ er durch Albrecht von
Haller ein Exemplar des *Messias* überreichen; Haller bot Klopstock
eine Hauslehrerstelle an. Klopstock hatte Leipzig im Frühjahr 1948
verlassen, um eine Hauslehrerstelle in Langensalza aufzunehmen und
in der Nähe der Cousine Maria Sophia Schmidt zu sein, die er in
Anlehnung an die empfindsamen Muster aus der englischen Literatur
als ›Fanny‹ zur Muse seiner frühen Oden machte (z.B. »Die künftige
Geliebte«, »An Fanny«, *Oden* I, 31-35, 63-64). Allerdings konnte er
sich schon aufgrund seiner ärmlichen Verhältnisse kaum Hoffnung
auf ihre Hand machen. Eine Einladung Bodmers nach Zürich bot
schließlich die Möglichkeit, dem Brotberuf zu entkommen.
    Bodmers Einladung entsprach dem Wunsch Klopstocks nach ho-
razischer Muße, wiewohl er sich mehr, als Bodmer erwartet hatte,
anakreontischen Zusammenkünften mit einem neuen Freundeskreis

widmete; beredtes Zeugnis ist »Der Zürchersee« (*Oden* I, 83-85).
Das Zerwürfnis mit Bodmer dokumentiert der Briefwechsel, aus
dem nicht nur Unvereinbarkeit moralischer Standpunkte hervorgeht, sondern auch ein anderes Bild von Freundschaft, Liebe und
dem Stellenwert der »Erfahrung«. Hatte Klopstock seinem Mentor
schon vor der Abreise nach Zürich erklärt, »das Herz der Mädchens
ist eine grosse weite Aussicht der Natur, in deren Labyrinthe ein
Dichter oft gegangen seyn muß« (28.11.1949, *Briefe* I, 66), so wirft
er ihm nun vor, Freundschaft sei ihm »mehr Einbildungskraft, als
Herz«, er selbst dagegen kenne »kein wesentlichers Glück, als die
Freundschaft. Und dieß kenne ich aus der Erfahrung« (Dez. 1750,
Briefe I, 155f.). Zu Recht betont jedoch Pape die bedeutende Rolle
Bodmers für Klopstocks persönliche und dichterische Entwicklung;
und wichtig war auch die frühe Erfahrung eines republikanischen
Staates (1998, 365-423, bes. 421-423). Nachdem sich die Möglichkeit einer unternehmerischen Beteiligung an einer Seidenfärberei
zerschlagen hatte (s. Pape 1998, 399-408), verließ Klopstock Zürich
im Februar 1751, um einer Einladung an den dänischen Hof zu
folgen.

4.   Dänemark

Die Einladung an den Hof König Friedrichs V. von Dänemark war
Resultat der begeisternden Wirkung des *Messias* auf Graf Bernstorff
(s. Pape 1961, 55-84; Hurlebusch 1979), Initiator eines Kreises von
Deutschen am dänischen Hof. Klopstock konnte sich nur schwer
zur Übersiedlung nach Dänemark entschließen: Dagegen sprachen
die Entfernung von Fanny und den Freunden sowie seine dichterischen Ambitionen, denen die nordische, den dichterischen Musen
abholde Peripherie europäischer Kultur kaum förderlich schien. Das
Jahresgehalt von 400 Reichstalern bot jedoch die Möglichkeit einer
vom Brotberuf unabhängigen Dichterexistenz, wie sie in Deutschland nicht zu erwarten war. Obschon als einzige Auflage die Vollendung des Epos verlangt wurde, war Klopstocks Rolle am Hof nicht
unproblematisch (s.u., Kap. III.1), aber er fühlte sich angemessen
behandelt, zumal sich eine enge Freundschaft mit Bernstorff entwickelte und der König mit Anteilnahme den Fortgang des *Messias* verfolgte – ein Gegensatz zu Friedrich dem Großen, welcher der deutschen Literatur geradezu feindselig gegenüberstand (s. Steinmetz
1985, 334; *Briefe* VII, 195). Klopstock befürwortete zwar als Staats-
form die Republik, machte jedoch die Freiheit und das Glück der

Bürger vor allem von der moralischen Qualität der Herrschaft ab-
hängig: »nicht nur der Demokrat« kennt die Freiheit, sondern auch
»des guten Königes glücklicher Sohn« (*Oden* I, 148). Die Legitimation des absoluten Herrschers Friedrich V. leitete sich für Klopstock
teils aus der historischen Legitimation durch das dänische Volk her,
vor allem aber aus Friedrichs Erfüllung der moralischen Verpflich-
tungen, die das von Gott delegierte Amt ihm auferlegte (s. Hurlebusch 1979, 87).

Ebenfalls Resultat der Wirkung des *Messias* war die Heirat mit
der Kaufmannstochter Meta Moller im Jahre 1754, die Klopstock
auf der Reise nach Kopenhagen in Hamburg kennengelernt hatte.
Selbstbewusst und pragmatisch hatte Meta – die ›Cidli‹ der Oden –
die Begegnung mit Klopstock eingeleitet, nachdem sie »etwas von
den 3 ersten Gesängen, in Papliotten [= Haarwickeln] zerschnitten
auf der Toilette einer ihrer Freundinnen gefunden« (Bericht von der
Schwester E. Schmidt, *Briefe*/Tiemann, 15). Die Verlobung mit dem
mittellosen Dichter erfolgte gegen den heftigen Widerstand ihrer
Familie (s. *Briefe* II, 177-180, 447; Pape 1998, 493-500). Selbst gebildet, verfolgte sie Klopstocks Schaffen mit intensivster Anteilnahme und förderte es durch Kritik und Abschreiben für Freunde. Er
ermutigte sie ebenfalls zu dichterischer Tätigkeit und veröffentlichte
nach ihrem Tod ihre Werke (SW XI) – vor allem zehn *Briefe von
Verstorbnen an Lebendige* sowie das Trauerspiel *Der Tod Abels*. Den
Freunden galt sie als »der weibliche Klopstock«, und Klopstock
nennt sie – auf Richardsons Roman *Clarissa* anspielend – »Mein
Mädchen; meine Clary; meine Clarissa; meine Freundinn; mein
Freund; meine Schwester; meine Braut!« (an Bodmer, 12.12.1752,
Briefe III, 3). Ihr Tod 1758 bei der Geburt des ersten (toten) Kindes
erschütterte Klopstock zutiefst; dichterisch stellte er ihn später im
XV. Gesang des *Messias* dar (Vers 419-467; s. Höpker-Herberg
1989). Wenn er auch 1762 vergeblich um die zwanzigjährige Sido-
nie Diederich warb und die letzten Jahrzehnte glücklich mit Metas
Nichte Johanna von Winthem verbrachte, die er 1791 heiratete,
blieb doch Meta die eigentliche Lebensgefährtin (s. »Das Wiedersehn«, *Oden* II, 136f.). Den Zeitgenossen galt diese Ehe als beispiel-
haft: Sie verkörperte das diesseitige, zugleich sinnliche und spirituelle Glück als Präfiguration der ewigen Liebe.

Neben der Arbeit am *Messias* und regelmäßigen Lesungen der
entstehenden Gesänge (s. *Messias*, Bd. III, 206-240; *Arbeitstagebuch*,
passim) verfolgte Klopstock in Dänemark als »zweiten Beruf« die
Dichtung und Neufassung geistlicher Lieder (erschienen 1758 und
1769); gewissermaßen als Nebenprodukt verfasste er die großen frei-
rhythmischen Hymnen (1758-1760). Neue Odenformen entstanden

aus der Arbeit am XX. Gesang des *Messias* im Jahre 1764. Auch Dramen kamen jetzt hinzu: die religiösen Trauerspiele *Der Tod Adams* (1757), *Salomo* (1764) und später *David* (1772). In Dänemark entdeckte Klopstock vor allem durch den intensiven Austausch mit Gerstenberg ab 1765 die bardische Thematik (dazu Murat 1959a, 255-311) und entwickelte ein Interesse an frühen Quellen:

Ossians Werke sind wahre Meisterstücke. Wenn wir einen solchen Barden fänden! Es wird mir ganz warm bey diesem Wunsche. – Ich hatte in einigen meiner ältern Oden griechische Mythologie, ich habe sie herausgeworfen, und sowohl in diese als in einige neuere die Mythologie unsrer Vorfahren gebracht. (An Denis, 8.9.1767, *Briefe* V, 24).

In Eislaufoden feiert er die nordische Landschaft und Mythologie (z.B. »Die Kunst Tialfs«, *Oden* I, 215-219) und in vaterländischen Trauerspielen den ersten ›deutschen‹ Helden: *Hermanns Schlacht* (1769) und in der Hamburger Zeit *Hermann und die Fürsten* (1784) und *Hermanns Tod* (1787). Die Freundschaft mit Gerstenberg weckte auch ein ausgeprägtes Interesse an Musik und Vertonung (s. *Briefe* V, 798). Wichtig war zudem die Mitarbeit an der moralischen Wochenschrift *Der nordische Aufseher* (1758-1761), Sprachrohr für die deutsche Aufklärung in Dänemark, die der ehemalige Bremer Beiträger, nun Hofprediger Johann Andreas Cramer herausgab (s. Luehrs 1909; Martens 1968; Bohnen 1992). Typisch für die vor allem an weibliche Leser gerichtete Gattung war das Ziel der Stärkung moralischer und geistiger Eigenständigkeit durch breit gefächerte, praktisch orientierte Diskussion von Bildung, Moral, Religion und gesellschaftlichen Fragen. Klopstock veröffentlichte hier die Hymnen sowie ein für sein Werk ungewöhnlich breites Spektrum an theoretischen Aufsätzen vor allem zu Dichtung, schönen Wissenschaften und moralischen Fragen.

5. Hamburg und die Französische Revolution

Als Klopstock 1770 nach dem Staatsstreich Struensees mit seinem Gönner Bernstorff Dänemark verließ, siedelte er nach Hamburg um, wo er den Rest seines Lebens verbrachte. Nach Abschluss des *Messias* 1772 widmete er sich zunächst der *Deutschen Gelehrtenrepublik*, die er – wie 1780/81 die Altonaer Ausgabe des *Messias* – im Selbstverlag drucken ließ und in einem groß angelegten Subskriptionsverfahren verkaufte. Aber auch die Geschichte beschäftigte ihn:

Er hatte eine ansehnliche Sammlung von Bruchstücken zu einer geplanten Geschichte des Siebenjährigen Kriegs zusammengestellt, dessen Schlachten er eingehend studierte, aber er verbrannte das Material angesichts der französischen Eroberungskriege (s. Muncker 1888, 494). Vor allem kreiste seine Arbeit nun um Fragen der Sprache: 1779/80 veröffentlichte er die »Fragmente« *Über Sprache und Dichtkunst*, 1794 *Grammatische Gespräche*. Besonders fesselte ihn noch immer die Beziehung zwischen den klassischen Sprachen und der deutschen. So widmete er sich intensiv der Übersetzungstätigkeit, besonders aus Homer, Vergil, Horaz und Ovid; vorrangiges Ziel ist es, die anderen Sprachen an ›Kürze‹ zu übertreffen (Schneider 1960, 57-86), wie schon aus dem Titel einer Reihe von Beiträgen zu der in London verlegten Zeitschrift *The German Museum* hervorgeht: *Die Kürze der deutschen Sprache durch Beyspiele gezeigt von Klopstock* (1800-1801). Hier wird Texten aus den Klassikern jeweils eine Übersetzung von Klopstock und eine bekannte englische Übersetzung beigegeben. Außerdem beschäftigte ihn nun die ›Ausgabe letzter Hand‹ bei Göschen in Leipzig; dafür erstellte er eine neue Odensammlung und eine neue Fassung des *Messias*. In Göschen fand Klopstock einen hervorragenden Verleger, der auch die Eigentumsrechte respektierte; die Gesamtausgabe wurde zum drucktechnischen Meisterwerk.

Klopstocks ständige Begleiterin und ab 1791 seine Frau war Metas Nichte Johanna von Winthem (s. *Briefe* V, 864-867); ihr Gesang wurde Gegenstand mehrerer Oden (z.B. »Der Denkstein«, »Die Sängerin und der Zuhörer«, *Oden* II, 10, 128f.). Von geselligem Musizieren mit »lustigem Chorgesang« berichtet der Komponist J.F. Reichardt: »Besonders liebte Klopstock die alten, kräftigen Burschenmelodien und hatte selbst zu dem herrlichen Liede ›Gaudeamus igitur‹ einige heitere Strophen in Mönchslatein hinzugefügt« ([1814], zit. nach Fischer-Dieskau 1992, 71). Im häuslichen Kreis galt Klopstock aufgrund seiner Zuneigung zu Kindern und Jugendlichen als ›Mann von Hameln‹ (Hurlebusch 1988, 152), zumal er eine »fröhliche und unbefangene Natur« hatte (Böttiger 1814, 318) und gern alles vom Ballspiel bis Schach spielte. Er suchte die Jugend für den Eislauf zu begeistern und ritt bis ins hohe Alter »kühn und wagehälsig« (ebd., 320). 1770 gründete er eine der ersten deutschen Lesegesellschaften (s. *Briefe* V, 271-275, 845-850; Kiesel/Münch 1977, 174f.). Er empfing regelmäßig Gäste, darunter Claudius, Lessing und Herder; 1798 statteten Coleridge und Wordsworth ihm einen Besuch ab (s. Coleridge [1817], 1983, 194-206), und 1801 besuchte ihn Admiral Nelson. Böttiger berichtet von einfachen, aber geselligen Mahlzeiten und »fast täglichen Besuchen« zweier französischer Emigranten; einer von Ihnen, der junge Dichter C. J.L. de Chênedollé, habe »eine strotzende Ode auf Klopstock« gedichtet: »Der Weihrauch dampft hier bis zum Ersticken. Aber der gute Alte kann viel Weihrauch vertragen« (Böttiger 1814, 338f.).

Die Gefährdung des dänischen Gehalts nach dem Staatsstreich machte Klopstocks finanzielle Situation prekär. So suchte er erneut einen Mäzen, um einem Brotberuf zu entgehen:

Ich verlange keine Pension, [...] aber was ich wünsche, [...] ist ein Geschenk [...]. Vielleicht ist es nicht überfliessig noch hinzuzusezen, daß ich nirgends in der Welt Professor seyn mag. Ein schöner Professor, der unter anderen das Untalent zum Professorat hat, daß er gar zu gern in Minuten sagt, womit andre Stunden zubringen — (An Ebert, 11.6.1771, *Briefe* V, 278)

1774 tat sich für Klopstock eine weitere Einkommensquelle durch den reformfreudigen Markgrafen Karl Friedrich von Baden auf, der ihn an den Karlsruher Hof einlud, mit Rang und Gehalt eines markgräflichen Hofrats. Klopstocks finanzielle Lage ließ dieses Angebot attraktiv erscheinen, zumal Karl Friedrich Klopstocks Bitte, sich nicht ständig bei Hofe aufhalten zu müssen, mit Worten bewilligte, die Klopstocks Ansprüchen entgegenkamen: »Die Freyheit ist das edelste Recht des Menschen und von den Wissenschaften ganz unzertrennlich« (an Klopstock, 3.8.1774, *Briefe* VI, 174). Klopstock blieb jedoch nur von Oktober 1774 bis März 1775 in Karlsruhe, da ihm der Hofbetrieb nicht behagte, und besuchte Karlsruhe nie wieder, ohne jedoch die Freundschaft seines Gönners oder das Jahresgehalt einzubüßen, das fortan neben dem Gehalt aus Dänemark seine materielle Existenz absicherte.

Zentrales politisches Ereignis war die Französische Revolution, die auch zum beherrschenden persönlichen Anliegen wurde: »Es lebt vielleicht Niemand, der so innigen Antheil an der Revoluzion genommen, und der [...] so viel gelitten hat, als ich« (16.11.1794, *Briefe* VIII, 327; s. Pape 1989). Diese »zweite Messiade seiner Seele« (Baggesen 1793-1795, III, 54) brachte eine einzigartige Folge von ausdrucksstarken Oden und Elegien, welche die Entwicklung von anfänglicher Begeisterung angesichts der Etablierung der Republik bis zur leidenschaftlichen Verurteilung der jakobinischen Greueltaten darstellen. Die Gedichte sind Ausdruck intensiver persönlicher Anteilnahme an den Tagesereignissen und zugleich öffentliche Rechtsprechung im Namen der Menschheit. Anlässlich der Jahresfeier des Sturms auf die Bastille trug Klopstock am 14. Juli 1790 die Revolutionsoden »Kennet euch selbst« und »Der Fürst und sein Kebsweib« vor (*Oden* II, 69f.; s. *Briefe* VIII, 197 u. Erl. zu Nr. 149, 34; *Briefe* IX, 546f.; Murat 1974, 176; Gronemeyer 1989, 297f.).

Durch direkte Kontakte zu Paris sowie durch die Zeitungen war
Klopstock gut über die Tagesereignisse in Frankreich informiert;
sein Einsatz für die Sache der Republikaner reichte bis hin zu strategischen Ratschlägen an den Pariser Bürgermeister (s. *Briefe* VIII,
253f.). Seine öffentlich bekundete revolutionäre Gesinnung bewog
1792 die französische Nationalversammlung, ihm zusammen mit
Washington, Paine, Schiller und 14 weiteren Männern, die »durch
ihre Schriften und ihren Mut dem Anliegen der Freiheit gedient
und die Befreiung der Völker vorbereitet«, den Titel *Citoyen François*
zu verleihen (zit. nach Pape 1989, 171). Höchst kontrovers war
nach dem Umschlag der Ereignisse Klopstocks Entscheidung, das
französische Bürgerdiplom nicht zurückzuschicken (s. »Das nicht
zurückgeschickte Diplom«, 1796, SW XVII, 209-215). Für ihn war
die Verleihung des Bürgerdiploms eine »elevation unique, immor-
telle« (Brief an Roland, 19.11.1792, *Briefe* VIII, 272), jedoch nicht
nur als Ehre, sondern auch als moralische Pflicht, seine Mitmen-
schen an die freiheitlichen Ideale und Bannung des Eroberungskriegs zu mahnen, die die Revolution anfangs verkörpert hatte (SW
XVII, 216-221).

Klopstock starb am 14. März 1803. Die Begräbnisfeier am 22.
März, veranstaltet von der Stadt Hamburg und der zu Dänemark
gehörenden Stadt Altona, war ein Festakt von einmaliger Großartig-
keit:

Es betheiligten sich wie an dem Kondukte eines Königs die Gesandten Bel-
giens, Dänemarks, Englands, Frankreichs, Preußens und Rußlands. Auf das
Geheiß des hamburger Senats erschien eine Ehrenwache von hundert Mann
zu Fuß und zu Pferde [...]. Des Zuströmens vieler Tausende (man darf
etwa 50,000 annehmen) auf den Gassen und Märkten und an dem Thor
ungeachtet, waren Polizeivorkehrungen unnötig. Der feierliche Eindruck
vertrat ihre Stelle. [...] Um 10 Uhr begann der Zug unter dem volltönen-
den, großen Geläute der sechs Hauptthürme Hamburgs. Ein langes Wagen-
gefolge von fremden Gesandten, hamburger Bürgern, Senatoren, Gelehrten,
Kaufleuten, Kirchen- und Schullehrern und Künstlern schloß sich vor der
Wohnung des Verstorbenen an den Leichenkondukt. Auf dem vierspänni-
gen, offenen, von vier Führern geleiteten Trauerwagen stand der ganz einfache Sarg [...]. Auf seiner Deckelfläche lag ein von [...] Metall geformtes
Buch, an einen Kranz von verflochtenen Palmen- und Eichenzweigen ge-
lehnt. (F.J.L. Meyer, »Klopstocks Gedächtniss-Feier«, Hamburg 1803, zit.
nach Wehl 1856, 313f.; s.a. Gronemeyer 1989, 284)

Der Macht des Schwertes wurde mit dem Staatsbegräbnis die Macht
des Wortes entgegengesetzt. Die Verbindung des Buches mit dem
Kranz aus Palme und Eiche erwies einem Dichter die letzte Ehre,
der mit seiner Dichtung »der Religion und des vatterlandes« (Karl

Friedrich von Baden an Klopstock, 3.8.1774, *Briefe* VI, 174) die Literatur zur öffentlichen Sache gemacht und die deutsche Kultur ruhmreich in den Wettkampf der Nationen geführt hatte.

III. Der Dichter in der Gesellschaft

Klopstocks früher Plan, sein Leben dem *Messias* zu widmen, stellte ihn vor die Aufgabe, sich eine materielle Existenzgrundlage zu schaffen, ohne seine Energien an einen Brotberuf zu binden oder sein hohes Dichtungsideal als Gelegenheitsdichter preiszugeben. Zunächst suchte er Bodmer und Haller für sein Unterfangen zu gewinnen, indem er unter Betonung seiner körperlichen Schwäche und seines zu erwartenden frühzeitigen Todes die Notwendigkeit der »Muße« (*otium*) für die Dichtung betonte (11.7.1748, *Briefe* I, 11, 14, dt. 196, 201): Die Gönnerschaft des Maecenas hatte Horaz und Vergil die Muße gegeben, ihre Nationalliteraturen in neue Höhen zu führen. Um 1750 waren jedoch im deutschsprachigen Raum die Bedingungen denkbar ungünstig. Die meisten deutschen Fürsten hatten weder das Geld noch den Willen zur Finanzierung einer entbehrlichen Literatur, und die ohnehin diskreditierte Zunft der besoldeten Hofpoeten war am Aussterben (s. Kiesel/Münch 1977, 82). Friedrich II., König von Preußen, in dessen Macht es gestanden hätte, die deutsche Literatur zu unterstützen, befand noch 1780 in seiner Schrift *De la littérature allemande*, die deutsche Literatur sei der Förderung unwürdig:

Ich beurteile [...] Deutschland [...], um den Standpunkt, in welchem wir uns itzt wirklich befinden, mit Billigkeit zu bestimmen [...]. Und nun finde ich eine noch halb-barbarische Sprache, in so viele verschiedene Dialekte verteilt, als Deutschland Provinzen hat. [...] Wir besitzen noch keine von der ganzen Nation gebilligte Sammlung, in der man alle Worte und Redensarten fände, nach denen man die Reinigkeit der Sprache sicher beurteilen könnte. [...] Es ist also physisch unmöglich, daß auch ein Schriftsteller von dem größten Geist diese noch ungebildete Sprache vortrefflich behandeln könne. (Friedrich II. von Preußen [frz. u. dt. 1780], 1985, 61f.)

Als weiteres Hindernis nennt er, »daß an den meisten Höfen die deutsche Sprache so wenig geredet wird« (ebd., 98), und empfiehlt ihre Veredlung durch Übersetzung aus »alten und neuern klassischen Schriftstellern« (97). Abschließend erblickt er die herannahenden »schönen Tage unsrer Literatur« »wie Moses [...] das gelobte Land« (99) – Vorwegnahme eines Motivs deutscher Literaturgeschichtsschreibung (s.o., Kap. I.1). Friedrichs Einstellung bewirkte, dass auch der Adel – finanzstärkster Teil des Publikums – kaum Interesse für die deutsche Literatur aufbrachte.

Die humanistischen Voraussetzungen, die dem Urteil Friedrichs des Großen zugrundeliegen, bestimmen auch Klopstocks Strategien. Die Ähnlichkeit seiner Bestrebungen mit jenen der humanistischen Sprachgesellschaften des 17. Jahrhunderts (s. Baudusch-Walker 1958, 29-31; Hilliard 1987a, 34f.) ist vor diesem Hintergrund zu sehen: Sein Einsatz für deutsche Sprache und Kultur war nicht museal motiviert, sondern gegen den kulturpolitischen Vorrang des Französischen gerichtet. Er nutzte die Mittel, welche die Humanisten entwickelt hatten, um das Deutsche gegen das Lateinische durchzusetzen; das große Vorbild ist Luther, ein weiteres Vorbild ist Opitz. Klopstocks literarische und kulturpolitische Ziele bedingten sich gegenseitig: Wenn die deutsche Kultur zur Blüte gelangen sollte, musste sowohl ihr Ansehen gehoben werden, als auch die wirtschaftliche Grundlage für ein geistig unabhängiges Schaffen gegeben sein. Konzentrierten sich seine Bestrebungen zunächst auf die eigene Existenzgrundlage und die literarische Identitätsstiftung durch das Nationalepos, so erstreckten sie sich ab den sechziger Jahren auf institutionelle Absicherung der Wissenschaften durch den ›Wiener Plan‹, geschichtliche Identitätsstiftung durch den Gründungsmythos von Hermann, und die Förderung der Nationalsprache durch sprachtheoretische Schriften. *Die deutsche Gelehrtenrepublik* entwirft eine deutsche Kulturgemeinschaft.

Die politische Zersplitterung hinderte – wie Friedrich zutreffend konstatiert – die Etablierung einer allgemein anerkannten deutschen Standardsprache, und zudem die Verbreitung der Literatur:

Das Mittel ein Werk durch den Druck bekannt zu machen, ist etwas langsam, insonderheit in Deutschland, wo wir keine Hauptstadt haben, in welcher der Ausbund der Nation bey einander versammelt wäre, und in ihren Gedancken die Gedancken der gantzen Nation ausdrükete. (Bodmer 1740, Vorrede, 2f.; s.a. Haferkorn 1963, 184)

Der deutsche Buchhandel hatte kein einheitliches Wirtschaftsgebiet, und das deutsche Verlagswesen entwickelte sich erst allmählich vom Tauschgeschäft zu modernen Strukturen (s. Kiesel/Münch 1977, 123-132). Der Gedanke geistigen Urheberrechts entwickelte sich langsam, so dass es Mitte des 18. Jahrhunderts noch als selbstverständlich galt, wenn der Autor mit dem Manuskript auch die Rechte an den Verleger abgab, allenfalls mit einem geringen Honorar. Der Nachdruck sowie vom Autor nicht autorisierte Veröffentlichungen waren gang und gäbe, zumal ein fürstliches Privileg nur für das Gebiet des Landesherrn galt und auswärtige Privilegien kaum gewährt wurden (132-140). Hinzu kam die besonders einflussreich von Luther propagierte Auffassung, das Wissen sei ein Geschenk

Gottes, das man nicht zu Gewinn machen dürfe; so legt 1723 ein
juristisches Gutachten der Universität Jena fest, dass den Autoren

die herrlichen Gaben, wodurch sie einen so herrlichen und vortrefflichen
applausum vor der Welt erlanget, [...] nicht zu dem Ende verliehen, daß sie
damit Geld und Reichtum zusammenscharren und kratzen, sondern Gottes
Ehre befördern und ihren Mitnächsten im Leben erbauen sollen. (Zit. nach
Haferkorn 1963, 183; s.a. Ungern-Sternberg 1980, 169-171; Pape 1998,
425-427).

Nicht zuletzt aus diesem Grunde wurde das kaufmännische Geschick
und Engagement des heiligen Dichters lange verdrängt (s. Pape 1969,
Sp. 5-8, 193-196).

1. Der freie Dichter bei Hofe

»Ab 1751 lebt Klopstock als freier Schriftsteller in Dänemark (allerdings mit einem Ehrensold des dänischen Königs)« (Breuer 1981,
191) – diese Feststellung verdeutlicht mit unfreiwilliger Komik die
Abwegigkeit einer Übertragung des (auch heute problematischen)
Begriffs vom »freien Schriftsteller« auf das 18. Jahrhundert (s. Koch
1986). Denn auf die Einkünfte aus seinem Werk hätte er keine
Existenz gründen können – trotz intensivster Bemühungen betrugen
sie nur etwa 17% seines Einkommens (Pape 1969, Sp. 192f.), wobei
er noch am Ende seines Lebens trotz Zuwendungen von Seiten des
dänischen Staats sowie von Karl Friedrich von Baden in bescheidenen Verhältnissen lebte (s. Böttiger 1814, 335).
     Klopstocks Situation am Hof Friedrichs V. unterschied sich prin-
zipiell nicht von der eines *poeta laureatus* (s. Pape 1998, 470-577).
Auch machte man in Kopenhagen mit einem Jahresgehalt von zunächst 400 (später 600) Reichstalern »eine höchst mittelmäßige Figur« (Hagedorn an Giseke, 12.4.1751, *Briefe*/Tiemann, 24). Zum
Vergleich: Der Freund J.A. Cramer erhielt als Hofprediger 800 Rth;
Voltaire war 1750 von Friedrich dem Großen mit einem Jahresgehalt von 5000 Rth und fürstlichen Zuwendungen nach Berlin ein-
geladen worden (s. Pape 1998, 240, 494). Von Klopstock kamen allerdings keine Klagen (s. Hurlebusch 1979, 80f.); er fühlte sich vom
König und dessen Beratern Bernstorff und Moltke angemessen behandelt und äußerte noch später Dankbarkeit für die frühe Unterstützung (z.B. SW VIII, 68). Der Unterschied zum Hofpoeten des
17. Jahrhunderts bestand in dem, was erwartet wurde und was
Klopstock bereit war zu geben. Das Pensionsangebot sah von Ge-

genleistungen ab: »Der König, wie Er sich selbst ausgedrückt hat, will mich dadurch nicht belohnen, sondern nur seinen Wohlgefallen über den *Mess* bezeigen« (an Tscharner, 13.9.1750, *Briefe* I, 137). Entsprechend ist Klopstock bestrebt, seiner Rolle repräsentative Bedeutung zu verleihen:

Ich will diese hohe Gnade izt nicht, in so fern sie mein Glück macht, betrachten; sondern sie auf der Seite ansehen, da die deutschen schönen Wissenschaften dadurch ungemein geehrt, u angefeuert werden, auf der, vor nicht langer Zeit endlich eröfneten Laufbahn, fortzueilen. (An Moltke, 18.11.1750, *Briefe* I, 143; s. Pape 1998, 489-492)

Spannungsgeladen war die Frage, wie und inwieweit sich Klopstock angesichts taktvoll vorgebrachter Erwartungen dichterisch zur Person des Gönners äußern solle (s. *Briefe* II, 31; Pape 1998, 500-577). Wenn er Moltke berichtet, er arbeite an der Ode »Friedrich der Fünfte« (*Oden* I, 86-88) »langsam [...], weil es eine delicate Sache ist, etwas würdiges von einem wirklichen Vater des Vaterlandes zu sagen« (18.11.1750, *Briefe* I, 145), so dürfte die Meidung traditioneller Huldigung im panegyrischen Gedicht mindestens ebenso delikat gewesen sein (s.a. »Friedrich der Fünfte. An Bernstorff, und Moltke«, »Die Genesung des Königs« u.a., *Oden* I, 88f., 145-147). Um Assoziationen mit dem Hofpoetentum zu meiden, publizierte Klopstock die Oden auf den König anonym und überreichte sie auch nicht persönlich. Der Gefahr einer »Entweihung« der Dichtung suchte er durch Vermeidung falschen Lobs zu entgehen (s. »Fürstenlob«, *Oden* II, 6f.) – wobei erschwerend hinzukam, dass der Monarch trunksüchtig und im Liebesleben zunehmend zügellos war (s. Pape 1998, 531). Pape konstatiert ein »Arrangement mit der Wirklichkeit«, demzufolge Klopstock mit dem Entwurf eines »königlichen Idealbildes [...] die Hoffnung verband, dass davon ein Appell zur Nacheiferung ausgehen könnte« (542) – eine moralische sowie auch politische Zielsetzung des Freundes Graf Bernstorff, dem Klopstock 1771 seine *Oden* widmete. Vor allem aber ging es Klopstock in den Oden allein um die öffentliche Rolle des Königs. Indem er dessen Meidung des Eroberungskriegs und Unterstützung deutscher Kultur lobt, hebt er den Gegensatz zwischen dem *princeps bonus* Friedrich V. und dem *princeps tyrannus* Friedrich dem Großen hervor, den er unter Bezug auf die beiden ersten Schlesischen Kriege sowie den Siebenjährigen Krieg (1756-1763) als »Eroberer« geißelt (s. »Das neue Jahrhundert«, *Oden* I, 149, Vers 41-44). Starkes Selbstbewusstsein charakterisiert dann Klopstocks Beziehung zu Markgraf Karl Friedrich von Baden, der ihn – wiederum als Resultat der begeisternden Wirkung des *Messias* – 1774 mit einer

»Besoldung« von rund 550 Reichstalern, aber ohne Auflagen an den Karlsruher Hof einlud (s. Strauß 1878, X, 145-173; Pape 1961, 84-107). Klopstock blieb nur von Oktober 1774 bis März 1775 und lieferte nie ein Gedicht auf den Markgrafen. Seine Verehrung bekundete er mit der Widmung von *Hermann und die Fürsten* unter Hervorhebung der »landesväterlichen Thaten« und Aufhebung der Leibeigenschaft (SW IX, 187). Wenn auch am Hof ein »Etiket« herrschte, »welches ich nicht zum zweitenmal aushalten würde« (an Friedrich V., Landgraf v. Hessen-Homburg, 18.1.1783, *Briefe* VIII, 1), so war das Verhältnis zum Markgrafen selbst freundschaftlich:

Freund Dichter durfte in der Schlafmütze u. im Schlafrock bleiben, er trieb's so weit, daß er mit einem Fuß sich auf den Sitz des Sessels stützte u. mit dem Leib auf die Lehne, der Fürst ließ es geschehen, unterhielt sich immer lange u. liebreich mit ihm u. ginng dann weiter. (F.D. Ring, zit. nach Schmidt 1886, 158)

Pape (1961, 98) sieht hierin ein Vorbild für das Verhältnis zwischen Goethe und Karl August von Sachsen-Weimar, zumal diese im Mai 1775 den Karlsruher Hof besuchten und nicht lange vorher Klopstock getroffen hatten (Karl August Ende 1774 in Karlsruhe, Goethe im September 1774 und Ende März 1775). Es ist bezeichnend, dass sich nun auch in Deutschland an den Höfen kulturell interessierter Fürsten Möglichkeiten finanzieller Unterstützung ohne die Bürden eines Lehr- oder Predigeramtes auftaten (s.a. *Briefe* VII, 304-307). Klopstocks Bestrebungen führten jedoch weg von individuellem Mäzenatentum zu einer nationalen Unterstützung der Wissenschaften.

2.   Der ›Wiener Plan‹

Klopstocks an Kaiser Joseph II. gerichteter »Entwurf zu Unterstüzung der Wissenschaften« (s. *Briefe* V, 471) ging weit über das hinaus, was Akademien im Ausland leisteten und was schon Leibniz und Gottsched mit ihren Akademieprojekten durch den deutschen Kaiser in Wien versucht hatten (s. Hurlebusch/Schneider 1977, 77-79). Klopstocks Ziel war es, den Patriotismus des Kaisers zu befeuern und kulturpolitisch fruchtbar zu machen:

Ihre Deutschen, die nicht aufflammen, aber glühn, werden von nun an, von dem Tage an, da Sie ihnen winken, keinen später, um den Vorzug in den Wissenschaften, mit den Franzosen u Engelländern, einen heissen, ausdaurenden Wettstreit halten, welchen Sieg endigen wird. Hierauf werden sie die Griechen, die bis jezt unüberwunden, auf dem Kampfplaze antreten. ... Ich kann nicht hoffen länger zu leben, als noch den ersten Staub dieses Kampfes zu sehen. (An Joseph II., 31.12.1768 (Konzept), *Briefe* V, 112)

Sein Plan sah folgende Maßnahmen vor (s. Hurlebusch/Schneider 1977, 65f.): staatliche Besoldung verdienstvoller Gelehrter; Geschenke für außerordentliche Leistungen; Förderung junger Gelehrter; Gründung einer kaiserlichen Druckerei, eines Nationaltheaters und eines »Singhauses« zur musikalischen Deklamation epischer Gedichte, unter Beteiligung der Gelehrten am Erlös; Entwicklung einer nationalen Geschichtsschreibung.

Im April 1768 schickte Klopstock an Staatskanzler Fürst Kaunitz ein fiktives »Fragment aus einem Geschichtschreiber des neunzehnten Jahrhunderts« und einen Widmungstext für das Drama *Hermanns Schlacht*, in dem er seine Pläne als vollendete Tatsachen darstellte. Dies sind die Hauptbestandteile des ›Wiener Plans‹; hinzu kommt ein Konvolut von Briefen und Beilagen, die Klopstock 1773 für die Freunde zusammenstellte (s. *Briefe* V, 471-473). Nicht nur die »schönen Wissenschaften« (Poesie, Rhetorik, Geschichtsschreibung) sollten gefördert werden, sondern auch die »philosophischen Wissenschaften« (Theologie, Philosophie, Naturwissenschaft, Jurisprudenz – traditionell als ›höhere Wissenschaften‹ bezeichnet), da »die Erfinder [...] dadurch auf ihren Weg geführt [werden], den sie ausser dem, wegen der zu oft wiederkommenden u zu langen Unterbrechungen ihrer Musse, kaum bisweilen betreten« (an Kaunitz, 28.4.1768, *Briefe* V, 64). Kaunitz riet dem Kaiser zur Annahme der Widmung, da Klopstock

sich eine besondere Achtung in ganz Deutschland erworben hat, und die Ausdrücke eines solchen Poeten die Urtheile des Publici zu leiten, und deßen enthusiasmum zu erwecken pflegen, dieser aber nicht bloß als ein eitler Ruhm, sondern als ein ersprießlicher Einfluß in Staats-Angelegenheiten zu betrachten ist. (21.7.1768, zit. nach *Briefe* V, 474f.)

Klopstock interpretierte die Annahme der Widmung mit Verleihung einer ›Gnadenmedaille‹ als Bestätigung der Annahme des Plans; im Juli 1769 erscheint *Hermanns Schlacht* mit folgender Widmung:

diese Zuschrift soll zu denen seltnen gehören, welchen man ihr Lob glaubt. Was sage ich ihr Lob? Wenn der Geschichtschreiber redet; so lobt nicht er, sondern die That. Und ich darf That nennen, was beschlossen ist, und bald geschehen wird.

Der Kaiser liebt sein Vaterland, und das will Er, auch durch Unterstützung der Wissenschaften, zeigen. Nur dieß darf ich sagen.

Aber ich wage es noch hinzu zu setzen, daß Er die Werke, welchen Er
Unsterblichkeit zutraut, bey den Bildnissen derer, die sie geschrieben haben, aufbewahren wird. (SW VIII, 65f., 39; s.a. *Briefe* V, 66f.)

Dem Kaiser wurde jedoch der Plan offenbar nie vorgelegt; Kaunitz
sah die Widmung als traditionelles Fürstenlob. Einem Bekannten
Klopstocks in Wien zufolge war der Plan in Zeiten der Sparmaß-
nahmen zum Scheitern verurteilt, »da man sich überhaupt nicht
darauf versteht, viele andere Beschäftigungen auf dem Halse hat
und schließlich die schönen Künste als Sache des Luxus und des
Überflusses ansieht« (*Briefe* V, 720; s.a. *Briefe* VI, 11). Damit war
dem Fürstenlob in der Widmung jegliche Grundlage in den Tatsachen entzogen, und es erhielt den Anschein, als habe Klopstock

darinn alle Schmeichler, die nur jemals in Zuschriften erschienen seyen,
übertroffen [...]. Ich mag mich auch noch so kalt bey der Vorstellung hier-
von zu machen suchen; so kann ich mir doch unmögl. verbergen, daß meine Ehre dabey nicht wenig leide. (An Dietrichstein, zw. 20. u. 28.2.1773,
Briefe VI, 21)

Zusammenfassend schreibt Klopstock 1773:

Ich sehe mit einer wirkl. Traurigkeit auf meine fünfjährigen sehr vielfachen
Bemühungen zurück, wegen einer Sache, die ich ohne die geringste Über-
treibung eine Sache des Vaterlandes nennen kann. Machte ich mir nur
noch einige Hofnung davon; so würde ich sagen, daß das eben des Kaisers
würdig wäre, daß Er mitten unter den größten u verwikeltesten Staatsge-
schäften für die Wissensch. sorgte. (An Dietrichstein, zw. 20. u. 28.2.1773,
Briefe VI, 21)

Die Rettung seines Rufes unternahm er mit der Aufnahme von Teilen des Plans in *Die deutsche Gelehrtenrepublik* (219-226; s.a. Apparatband); das Subskriptionsprojekt bot eine alternative Strategie für
die Sicherung eines unabhängigen Einkommens. Die Aufnahme des
Werks jedoch zeigte, wie sehr der Dichter im literarischen Markt
dem Publikumsgeschmack ausgesetzt war: Hier war kein Platz für
das vorgesehene Denkmal kaiserlich verbürgter »Unsterblichkeit«
(SW VIII, 66; s. Hilliard 1995, 228-231, 236f.).

3.   Selbstverlagsprojekte und die Beziehung zu Verlegern

1749 prophezeite Hagedorn: »Mit dem *Messias* wird er bei Verlegern wenig wuchern können, und ist schon glücklich, wenn er nicht bei ihnen verliert. Dieß ist ein fast allgemeines Schicksal der Scribenten« (an Bodmer, 7.4.1749, Hagedorn 1800, V, 105). Dass Klopstock dieses Schicksal nicht teilte, ist seiner Beharrlichkeit im Umgang mit Verlegern zuzuschreiben. Von Anfang an versuchte er, ein Anrecht auf Gewinn durchzusetzen. Immerhin gab es eine Tradition herausragender Gelehrter, die Möglichkeiten gesucht hatten, den Autoren die materiellen Früchte ihrer Leistungen zu sichern. Leibniz, verärgert über die Gewinnsucht und Ignoranz der Verleger, plante die Bildung einer Subskriptionsgemeinschaft (s. Kiesel/ Münch 1977, 150); Alexander Pope hatte sich mit Subskriptionsausgaben seiner Homer-Übertragungen eine gesicherte Existenz verschafft (s. *Briefe* I, 55). Schon 1748 ermunterte Bodmer Klopstock zum Selbstverlag mit Subskription und schenkte ihm zur Finanzierung sogar Bücher zum Verkauf. Klopstock reizte Popes Vorbild, aber er erkannte die anders gearteten Gegebenheiten in Deutschland, und die Freunde rieten ab, »weil sie, wie sie sagen, ihr geliebtes Vaterland kennten« (an Bodmer, 13.9.1749, *Briefe* I, 59; s.a. 17; Pape 1969, Sp. 18-34).

In der Korrespondenz mit den Verlegern – vor allem C.H. Hemmerde in Halle – geht es in ausführlichstem Detail und entschiedenem Ton um die Text- und Buchgestaltung sowie – bei allem »herzlichen Eckel an Verlegerstreitigkeiten« (an Hemmerde, 17.7.1756, *Briefe* III, 42) – um das Honorar und andere vertragsrechtliche Angelegenheiten. Die Briefe geben Anweisungen zu Format, Papierqualität, Vermeidung des Zeilenbruchs, Durchschuss, Sauberkeit der Lettern und Qualität der Kupfer – Anweisungen, die nicht selten ignoriert wurden. Vor allem fordert mangelnde Korrektheit des Textes Klopstocks Kritik heraus: »Es ist mir (ich wiederhohle es Ihnen) nichts so verdrießl. als Drukfehler, besonders solche, die noch einen Verstand haben, ohne den rechten Verstand zu haben« (an Hemmerde, 27.11.1772, *Briefe* V/1, 323). Für das Honorar ist der *Messias* bezeichnend: Den Nachdruck der ersten Gesänge aus den *Bremer Beiträgen* honorierte Hemmerde erst nachträglich auf Klopstocks Forderung hin mit 2 Reichstalern pro Bogen; 1756 zahlte er dann 12 Rth, deutlich über dem Durchschnitt (s. Haferkorn 1963, 184; Pape 1969, Sp. 41). Ein besonderes Problem waren neben nicht honorierten ›Doppeldrucken‹ des eigenen Verlegers Nachdrucke durch andere Verleger sowie unautorisierte Drucke (s. *Drucke,* passim), da hier der Autor völlig vom Gewinn ausgeschlossen war und keine Kontrolle über den Text hatte (s. Pape 1969, Sp. 195). Einen Gegensatz bot Ende des Jahrhunderts der Verleger G.J. Göschen (s. B. Lange 1924). Er respektierte die Rechte seiner Autoren (s. Haferkorn 1963, 178f.) und bot ungewöhnlich hohe Honorare (20 Rth pro Bogen); für die Gesamtausgabe der Werke zahlte er Klopstock die ansehnliche Summe von 3.000 Rth. Er kannte sein Publikum und achtete auch auf korrekte Textwiedergabe und anspruchsvolle Gestaltung.

Nach dem Scheitern des ›Wiener Plans‹ wandte sich Klopstock erneut dem Selbstverlag zu, um mit der *Deutschen Gelehrtenrepublik* eine alternative Form der Unterstützung der Gelehrten zu erproben und nicht zuletzt seine miserable finanzielle Situation zu verbessern (s. Pape 1969, Sp. 97-140, 218-235). Wichtig war ihm auch die Kontrolle über Text und Gestaltung, wie schon aus einer (nicht realisierten) Selbstverlagsankündigung von 1753 hervorgeht:

diese neue Ausgabe, zu der sich der Verfasser allein bekennt, [wird] nur für dieienigen Leser gemacht [...], denen an einer genauen Richtigkeit gelegen ist. Auser dieser genauen Richtigkeit, wird sie auch folgende Vorzüge haben. Sie wird auf sehr feines Papier; in grosem Octav, mit breitem Rande, nach Art der Engelländer; mit saubern Lettern, die dazu nach der neuesten Art gegossen sind; und in der Weite der Zeilen, daß zwanzig Verse auf einer Seite stehen, gemacht werden. (*Jenaische Gelehrte Zeitungen*, 26.5.1753, zit. nach Pape 1969, Sp. 217f.; s.a. *Messias*, Bd. III, 218-220)

Der Selbstverlag bestand darin, dass der Autor das Werk in Zeitungen oder Zeitschriften ankündigte und zu einer Subskription (Verpflichtung zur Abnahme des Werkes nach Erscheinen) oder Pränumeration (Vorauszahlung) aufforderte. Nach Ablauf der gesetzten Frist berechnete er die Auflagenhöhe und ließ das Werk drucken. Die Restauflage nach Verteilung an die Subskribenten versuchte man über den Sortimentsbuchhandel zu vertreiben (Sickmann 1961, 428f.; Haferkorn 1963, 185f.).

Der Erfolg des Selbstverlags der *Gelehrtenrepublik* übertraf selbst Klopstocks Erwartungen: Er warb 3.480 Subskribenten, und der Nettogewinn betrug rund 2.052 Reichstaler (Pape 1969, Sp. 121, 131). Gründe für den Erfolg waren der Ruf des Dichters, die sorgfältige Vorbereitung und Durchführung sowie die tatkräftige Unterstützung seitens der Freunde. Eine zentrale Rolle spielte aber auch Klopstocks Aufruf zur Solidarität:

Ich denke nächstens eine Schrift auf Subscription herauszugeben, wobey die vornehmste Absicht ist, auf diese Weise einen Versuch zu machen, ob es möglich sey, daß die Gelehrten Eigenthümer ihrer Schriften werden. Denn itzt sind sie dies nur dem *Scheine nach*; die Buchhändler sind die *wirklichen Eigenthümer*, weil ihnen die Gelehrten ihre Schriften, wenn sie anders dieselben gedruckt haben wollen, wohl überlassen *müssen*. — Ich stelle mir vor, daß die *Gelehrten*, zu Erreichung einer solchen Absicht, wie die meinige ist, einander beystehen solten. Ich denke auch, daß *die Liebhaber und Liebhaberinnen der Wissenschaften* dazu werden behülflich seyn wollen. ([Vervielfältigter Text], an Ebert, 5.5.1773, *Briefe* VI, 41f.)

Für den Fall des Erfolgs wollte Klopstock das Vermittlernetz für andere Autoren als alternative Vertriebsform nutzbar machen – ein Experiment, das der Verlagsbuchhandel als Bedrohung durchaus ernst nahm (s. Sickmann 1961, 429); dass das Verfahren nicht Schule machte, hatte am Ende wohl mehr mit den Gegebenheiten des deutschen Marktes zu tun als mit der schlechten Rezeption dieses Werkes. Wenn auch Lessing 1779 seinen *Nathan* auf Subskription veröffentlichte und Klopstock 1780/1781 einen weiteren Erfolg mit der ›Altonaer Ausgabe‹ des *Messias* erzielte (s. Pape 1969, Sp. 140-168, 236-246), so blieben dies Einzelfälle; Voß musste nach einem gescheiterten Subskriptionsverfahren seine *Odyssee* 1781 ›Auf Kosten des Verfassers‹ herausgeben. Ein Problem war nicht zuletzt der enorme Zeitaufwand für den Autor:

An den *drei* Ausgaben one *alle* Drukfaler arbeite ich mit Henden u Füssen; mit disen, weil ich deswägen oft nach Altona gehe. Wir sind mit der grossen Ausgabe im 17ten Ges. u mit den beiden kleinen im 14ten.
Ein Schif mit notwendigem Papire ligt jezo bei Cuxhaven, u kan nicht herauf. Doch jr Herren, di jr immer unter den Herren Ferlägern gestanden habt, wist nicht, was all for Schwirigkeiten dabei sind, wen man selbst drukken lest. Fom Handel u Wandel ferstehet jr auch nichz. Kurz, jr seid Ignoranten. (An Ebert, 15.1.1781, *Briefe* VII, 194 [in Klopstocks reformierter Orthographie])

Insgesamt kommt Pape zu dem Ergebnis, dass Klopstock »niemals auch nur *eine* Zeile geschrieben hat, um damit Geld zu verdienen«, dass er jedoch »wie kaum ein anderer Autor der klassischen Literaturepoche die Möglichkeiten des finanziellen Erwerbs nutzte, die sich ihm als Verfasser und Herausgeber seiner Dichtungen und Schriften damals boten« (1969, Sp. 191, 196). Er erhielt bei Lebzeiten ein Pensionseinkommen von etwa 47.550 Reichstalern und für seine Schriften rund 9.880 Reichstaler. Gemessen an seinem Gesamteinkommen (inkl. andere Vergütungen) betrug der Anteil aus Autorenhonoraren und Selbstverlagsgewinnen etwa 17 % (ebd., Sp. 192f.). Daraus wird deutlich, dass sich in Deutschland im 18. Jahrhundert selbst mit kaufmännischem Geschick auf die literarische Produktion allein keine Existenz gründen ließ. Dies betont auch Schiller in einem Brief über den eigenen Mangel an jener »glücklichen Muße [...], an der allein die Werke des Genius reifen«:

Zugleich die strengen Forderungen der Kunst zu befriedigen, und seinem schriftstellerischen Fleiß auch nur die nothwendige Unterstützung zu verschaffen, ist in unsrer deutschen literarischen Welt, wie ich endlich weiß, unvereinbar. Zehen Jahre habe ich mich angestrengt, beides zu vereinigen, aber es nur einigermaßen möglich zu machen, kostete mir meine Gesundheit. (An Baggesen, 16.12.1791, Schiller 1892-1896, III, 179)

Klopstocks Vision einer institutionellen Unterstützung deutscher Kultur erschien auch Zeitgenossen als realistische Möglichkeit. Noch 1812 beklagt Friedrich Schlegel eine vertane Gelegenheit:

wie viel hätte ein König vermocht für deutsche Sprache und Geistesbildung zu tun, zu dessen Zeit Klopstock, Winckelmann, Kant, Lessing, und neben diesen Geistern von erster Größe, so manche andere verdienstvolle Männer [...] der Wissenschaft und der Kunst lebten! [... Klopstock wäre] unstreitig fähig gewesen [...], nicht bloß in der Dichtkunst, sondern in allen Teilen, und in dem ganzen Gebiete der Literatur einen neuen Geist und einen wohltätigen Einfluß zu verbreiten. So viel Böses Voltaire in Frankreich, eben so vieles und mannichfaltiges Gutes hätte Klopstock nach seinem umfassenden Geiste in Deutschland wirken mögen, wenn ihm Raum und Gelegenheit, Macht und Hülfsmittel dazu gegeben worden wären. (F. Schlegel 1961, VI, 368f.)

IV. Theoretische Schriften zu Sprache und Dichtung

»Neue Lehrgebäude werden gleich, wenn sie fertig sind, verbrant« (*GR*, 30). Von Klopstock findet sich kein Werk, das in Gefahr wäre, diesem Gesetz der *Deutschen Gelehrtenrepublik* zum Opfer zu fallen. Unter Meidung der Systematik (s. AW, 992) erschienen die Schriften zu Sprache und Poetik als Einleitungen zu Ausgaben des *Messias*, als Beiträge im *Nordischen Aufseher* oder als ›Fragmente‹ in der Sammlung *Über Sprache und Dichtkunst*. Sie entstehen aus der dichterischen Praxis heraus und werden präsentiert als bündige Mitteilungen dessen, »was der gute Dichter anwendbar findet« (AW, 1032). Klopstock weist auf das Studium der Dichtung selbst:

Von wenigen bemerkter Unterschied

In zwanzig Versen des Homer
Liegt wahrer tiefgedachter Regeln mehr,
Als in des Lehrbuchs ausgedehnten, bis zum Schlafen
Fortplaudernden zehn hundert Paragraphen. (*Epigramme*, 34)

Lediglich mit dem Plan zu einer Grammatik war er versucht, aus Liebe zur deutschen Sprache ein ›trockenes‹ Lehrwerk zu schreiben, um sie vor dem Zugriff der »Gesellschafterei« zu retten (AW, 969). Unversehens jedoch wandelte sich das Vorhaben in ein Werk, das der Systematik eines Adelung diametral entgegengesetzt war: fragmentarisch statt geschlossen; eklektisch statt systematisch; dialogisch statt monologisch; spaßhaft allegorisch statt abhandelnd.

Klopstock sah sich als Dichter, nicht als Theoretiker. In Gegensatz zu Lessing, Mendelssohn oder Nicolai beteiligte er sich kaum an den theoretischen Literaturdebatten der Zeit, wobei seine »Abneigung, etwas, das zur Kritik gehört, zu schreiben« (AW, 998) durch die Ablehnung der Literaturkritik bei den Bremer Beiträgern vorgezeichnet war. Kritiken eigener Werke begegnete er zumeist mit Stillschweigen (s. AW, 934, 997; SW XVII, 167-180). Eine wichtige Ausnahme bildet die Abhandlung »Vom deutschen Hexameter« (1779; SW XV, 85-213): Der erste Teil ist als Streitschrift vor allem gegen G.A. Bürger gerichtet, der – seinerseits angestachelt durch Wieland und Goethe – 1776 in Wielands *Teutschem Merkur* eine Verteidigung des Jambus und Invektive gegen den Hexameter publiziert hatte (s. Hellmuth 1973, 47-51).

Die dichtungstheoretischen Schriften bieten gerade durch ihren praxisbezogenen Charakter eine umfassende Theorie von Klopstocks »Rhetorisierung« der Dichtung (Benning 1997, 118). Wenn Menninghaus darin fälschlicherweise eine »Grenzüberschreitung der Rhetorik« feststellt (1991, 131), so definiert er die Rhetorik als statischen Bereich; angemessener ist die Auffassung von der Rhetorik als Kunst (s. Quintilian I, Vorrede). Da Klopstock die Dichtung den ›schönen Wissenschaften‹ zuordnet, unterliegt sie denselben Gesetzen wie die Rhetorik. In Gegensatz zur aristotelischen Tradition, welche die Dichtung mittels der Fiktion von der Rhetorik abgrenzt, konzipiert Klopstock sie in der Nachfolge des Horaz und im Sinne des Humanismus als Teil der Beredsamkeit; anders als Horaz verschreibt er sich dem Ziel des *movere* (s. Ottmers 1996, 46-52) in der Ausprägung des pseudo-longinischen ›Erhabenen‹. Die hohe Dichtung ist als bewegendste Form der Sprache zugleich vollkommenste Rede; dies erlaubt die ›Erfindung‹ des freien Verses, da nicht die metrische Form maßgeblich ist, sondern der Grad der Erhabenheit (s. Hilliard 1987a, 174; Kohl 1990a, 15-36). Durch die Beziehung zur Rhetorik wird auch das Studium und die Pflege der Sprache – die ›Grammatik‹ – zum zentralen Anliegen des Dichters.

Klopstocks theoretischen Schriften eignet ein für die humanistische Tradition typischer apologetischer Grundcharakter (s. Dyck 1969a; Hilliard 1987a), sei es im Wettstreit mit den Klassikern und Modernen auf den Gebieten der Sprache und Dichtkunst, in der Rechtfertigung der heiligen Poesie oder in der Verteidigung der eigenen Metrik. Sie beziehen ihre Bedeutung aus der Matrix der klassisch-humanistischen Tradition, nicht aus einer immanenten Logik oder empirischen Grundlage (s. Hilliard 1987a, 56; Dyck 1966, 113-116; Dyck 1969b, 14f.). So benutzt Klopstock die Dreistillehre zu verschiedenartigsten hierarchischen Abstufungen:

*   Predigt – geistliches Lied – erhabener Gesang (AW, 1010, 1015);
*   Prosa – gehobene Prosa / niedrige Poesie – höhere Poesie (AW, 1018);
*   kaltes Philosophieren – ruhige Betrachtung – leidenschaftliches Erstaunen (SW XI, 207-216).

An oberster Stelle steht jeweils die mit affektischer Bewegung identifizierte Kategorie, um den Leser von der höchsten Wirksamkeit der affektischen Bewegung zu überzeugen. Wie seine humanistischen Vorgänger argumentiert Klopstock in seinen theoretischen Schriften mit Versatzstücken aus kanonischen Werken und bezieht seine Argumente aus den antiken *topoi*. So bewegen sich seine Schriften mit einer Fülle von intertextuellen Bezügen innerhalb eines höchst kom-

plexen und traditionsreichen Argumentationssystems, das zwar bei
den Zeitgenossen noch zum aktiven Bestand gehört, allmählich aber
einer eher philosophisch gegründeten, logisch argumentierenden
Gedankenführung weicht (Hilliard 1987a, bes. 56). Dies lässt sich
jedoch als eine von vielen Verschiebungen in den Machtverhältnis-
sen zwischen ›Rhetorik‹ und ›Philosophie‹ begreifen (s. Hilliard
1987a, 68-90; Wetterer 1981; Zelle 1995) und bedeutet keineswegs,
dass die rhetorische Argumentation bzw. die klassischen *topoi* völlig
›überwunden‹ oder endgültig obsolet sind.

Vorsicht ist bei der Annahme poetologischer ›Innovation‹ geboten. Denn Klopstocks gesamtes Werk gründet in den Klassikern,
d.h. den Quellen, aus denen auch die anderen Theoretiker und
Dichter des 17. und 18. Jahrhunderts schöpfen. Charakteristisch ist
für sein Werk bei »starker Variation der formalen Ausführung« die
»Konstanz grundlegender theoretischer Überzeugungen und prakti-
scher Vorsätze« (*Arbeitstagebuch*, 244). Etwaige Umwertungen und
Verschiebungen in der Theorie bzw. Terminologie bei Klopstock
oder den Zeitgenossen lassen sich nur in akribischer Kleinarbeit verfolgen, wie dies Hellmuth (1973) für wichtige Aspekte der klopstockschen Rhythmustheorie leistet, wobei allerdings auch hier die
Bezüge zu klassisch-humanistischen Autoren noch weitgehend im
Dunkeln liegen. Während einerseits groß angelegte Vergleiche mit
früheren oder späteren Poetologien als Desiderat der Klopstock-Forschung zu sehen sind, besteht gerade hier die Gefahr einer Verzer-
rung der Bezüge. So gelangt Schödlbauers vielversprechende Arbeit
zu Celtis, Shaftesbury und Klopstock mit Bezug auch auf die Lyrik
des 20. Jahrhunderts zu dem Schluss, bei Klopstock finde sich eine
»Abkehr« von der »rhetorischen Lesart lebendiger Rede«, die im
»rhythmischen Sichwiegen der Seele jenseits aller bestimmten Differenz« kulminiert (1994, 224); an Klopstocks Dichtungsverständnis
führt dies vorbei.

Wie wichtig die Berücksichtigung der Tradition ist, verdeutlicht
die Interpretation des Aufsatzes »Von der besten Art über Gott zu
denken« (SW XI, 207-216). Während Kaiser (1961; 1981) und
nach ihm Große (1981, 32) postulieren, dass Klopstock mit seiner
Bewertung des empfindungsvollen »Erstaunens« als höchster Art des
Denkens über Gott die »Wolffsche Pyramide des Denkens [...] auf
den Kopf« stellt und damit im Vergleich auch zu Lessing »mit einer
altertümlich anmutenden Terminologie eine revolutionäre Position«
vertritt (Kaiser 1981, 16), zeigt Hilliard, dass Klopstocks Bewertung
der Philosophie einen Gemeinplatz der rhetorischen bzw. poetischen
Apologetik darstellt: »Not only the concepts, but also the rankings
of the rhetorical system are [...] faithfully preserved in Klopstock's

anti-philosophical essay [...]. Rhetoric triumphs because its manner of thinking, its expression, and its effect (which are interrelated) are all superior to those commanded by philosophy« (Hilliard 1987a, 87f.). Der Komplexität solcher Bezüge, die Hilliard als argumentativen Prozeß verfolgt, kann die folgende Darstellung von Klopstocks Poetik auch nicht annähernd gerecht werden. Ziel ist vielmehr, umrisshaft grundlegenden Prinzipien nachzugehen.

Die Interaktion unterschiedlicher Stränge in der klassischen Tradition geht aus den Arbeiten von Wetterer (1981), Carrdus (1996) und Zelle (1995) hervor: Während Wetterer mit ihrer Gegenüberstellung der Poetiken Gottscheds und der Schweizer einen Querschnitt durch die poetologischen Diskussionen der Zeit darstellt, der die Vorstellung von einer historischen Folge sich ablösender Positionen widerlegt, zeigt Carrdus durch den Vergleich der Poetiken von Opitz, Bürger und Eichendorff, wie entgegengesetzte Dichtungsauffassungen aus *einer* lebendigen und wandlungsfähigen rhetorischen Tradition schöpfen. Besonders Zelle verdeutlicht die ungeheure Komplexität der »doppelten Ästhetik« der europäischen Moderne. Synchronisch wie diachronisch lässt sich so die klassische Tradition als System begreifen, innerhalb dessen Dichter und Theoretiker unterschiedliche Aspekte in den Vordergrund treten lassen bzw. sich auf verschiedene Traditionslinien berufen, um mit den Fragestellungen auch die Antworten zu ändern. Vermeintliche Innovation erscheint dann eher als für die Zeit ungewöhnliche Akzentsetzung. Auch gilt es zu bedenken, dass noch die Postmoderne sich mit den aus der Klassik tradierten Fragen befasst und mimetischen Dichtungsauffassungen rhetorische Alternativen entgegensetzt. ›Innovation‹ bzw. ›Obsoletheit‹ geben sich in diesem Kontext als Urteile zu erkennen, die das eigene Projekt aufwerten und gegen das fremde abgrenzen sollen.

1.   Die Bildung der Nationalsprache

Die Bemühungen um die deutsche Sprache bestimmen Klopstocks gesamtes Werk. Sie bewegen sich zwischen Praxis und Theorie, um durch vorbildliche Poesie und Prosa sowie sprachwissenschaftliche Studien die Ausdruckskraft, Kürze und semantische Bestimmtheit der deutschen Sprache heranzubilden und eine Wertschätzung ihrer Schönheit und Stärke zu fördern. Treibende Kraft ist die Überzeugung von der Notwendigkeit einer Nationalsprache und Nationalliteratur zu einer Zeit, in der politische Fragmentierung die Bedeutung kultureller Identitätsstiftung erhöht: »Mir kommt es vor, daß jeder, der in unsrer Sprache schreibt, er sey dann an den Alpen, oder an den fernsten Ufern der Ostsee gebohren, oder er sey noch mehr Ausländer, als ein Deutscher anzusehen ist« (an Kaunitz, 28.4.1768, *Briefe* V, 66). Die kulturpolitische Rolle der Sprachpflege erhellt aus dem folgenden Bild:

Die Sprache eines Volks bewahrt seine Begriffe, Empfindungen, Leidenschaften, dies alles oft bis zur feinsten Nebenausbildung, wie in einem Behältnis auf. Man könnte das Aufbewahrte die Seele der Sprache nennen. (AW, 979)

Die »lebende Sprache« entzieht sich normativer Festlegung (*GR*, 163): »Der Grammatiker [... muß] die Sprache nehmen [...], *wie sie ist*, und nicht, wie sie, nach seinem gegründeten oder ungegründeten Bedünken, seyn solte« (*GR*, 120). Daher lehnt Klopstock auch die Verfassung eines deutschen Wörterbuchs durch einen einzelnen ab:

Ein deutsches Wörterbuch [muß] wenigstens von einigen geschrieben werden. Aber diese müssen ja in keine Geselschaft zusammengeknetet seyn. Krieg muß seyn, Aller gegen Alle! Über ein einziges Wort, besonders wenn es viele, und bedeutende Abkömlinge hat, müssen sich oft zehn, und mehr widersprechen. (*GR*, 163)

Die Gefahr des inkompetenten Individuums wird im kollektiven Prozess unbedeutend: »So komt ein andrer, der Augen im Kopfe hat, und macht es besser. Nur keine grauen Haare wegen der Samlung. Alles komt darauf an, daß der Samler was vorfinde, wobey ihm die Lust zur Wahl ankommen kann« (*GR*, 163). Grammatik und Wörterbuch sind hier dynamisch sich entwickelnde Projekte zur gemeinschaftlichen Förderung der Nationalsprache.

So wichtig wie der deskriptive Ansatz ist jedoch auch die vorgesehene Bildung der Sprache durch die Dichter – ähnlich wie bei den Sprachgesellschaften des 17. Jahrhunderts; den besonders durch die Vorschläge zur Rechtschreibreform aufgebrachten Herder veranlasst dies zur schönen Bemerkung, Klopstock sei »ein übersatter, in seinen Selbstruhm u. Dünkel verschrumpfter Philipp Zesen« (an Hamann, Mai 1780, Hamann 1955-1965, IV, 186). Schematisch dargestellt ergeben sich folgende Schwerpunkte:

- Erweis der Ebenbürtigkeit bzw. Vorrangstellung der deutschen Sprache im Vergleich zu den klassischen und modernen Sprachen;
- Übersetzung beispielhafter Literatur aus den Klassikern;
- Pflege der Grammatik mit Einführung einer angemessenen deutschen Metasprache;

- Pflege des deutschen Wortschatzes;
- Differenzierung zwischen prosaischer und poetischer Sprache;
- Schaffung einer einheitlichen, der gesprochenen deutschen Sprache angemessenen Rechtschreibung.

Klopstocks Sprachtheorie ist nur punktuell erforscht. Baudusch-Walker (1958) bietet einen wichtigen Beitrag zur Metasprache und zu den orthographischen Reformbestrebungen, und mehrere gründliche und aufschlussreiche Arbeiten behandeln in Zusammenhang mit der poetischen Sprache auch die Theorie (s.u., Kap. IV.4); zu Klopstocks Auffassung von der Prosa liefert Hilliard wichtige, differenzierte Ansätze (1987a, 151f., 174-181). Insgesamt jedoch ist das Bild unklar, da die späteren Prosaschriften kaum erforscht sind und eine normative Perspektive den Blick verstellt. Die mangelnde Produktivität einer solchen Perspektive für die Erforschung der sprachtheoretischen Werke Klopstocks verdeutlicht Muncker, wenn er den »Mangel an System und Methode« sowie die »nur praktischen Ziele« gegen den philosophischen Ansatz Adelungs ausspielt, der »streng systematisch und lückenlos Stockwerk für Stockwerk seines Lehrgebäudes der jetzigen deutschen Sprache aufführte« (1888, 526f.). Hundert Jahre später ist der linguistisch bestimmte Horizont Rosemarie Lührs in ihrer Arbeit über »Von der Wortfolge« (1779, AW, 1026-1031) ähnlich, wenn sie nach positivistischer Auflistung verwandter Gedankengänge in theoretischen Texten der Zeitgenossen zu dem Schluss kommt, dass Klopstock »für den Bereich Wortfolge fast nichts Neues beigetragen« und vor allem nicht das geleistet hat, »was grammatiktheoretisch bei der Beschreibung der Wortfolge zu leisten gewesen wäre« und was dann Adelung bietet (Lühr 1988, 255). Die verfehlte Fragestellung erhellt aus dem dürftigen Fazit, Klopstocks Aufsatz sei nicht (wie in SW) unter die »sprachwissenschaftlichen«, sondern unter die ästhetischen Schriften einzureihen« (ebd.). Abgesehen davon, dass es in Klopstocks Aufsatz explizit um »poetische Wortfolge« geht (AW, 1028), darf nicht von einer Trennung in Sprachwissenschaft und Ästhetik ausgegangen werden. Lührs Quellensammlung ist dennoch anregend: Erkennen lässt sich hier ein Dialog zwischen Zeitgenossen, die bei aller Gegnerschaft dennoch ein gemeinsames, humanistisch fundiertes Anliegen verfolgen, das zwischen Sprache und Literatur vermittelt.

Klopstocks rhetorische Sprachauffassung führt zuweilen in die Nähe moderner Ansätze (s. Baudusch-Walker 1958, 250-252; Eggers 1969, 9-11). Ungewöhnlich ist die radikale Orientierung seiner Sprachtheorie an der gesprochenen Sprache (s. Weithase 1961, I, 357-371; II, 111-114), so in den prosodischen Arbeiten (z.B. »Vom deutschen Hexameter«, 1779, SW XV, 85-213; s. Hellmuth 1973,

211-267) und in seinen phonologisch fundierten Vorschlägen zur Orthographiereform (»Über die deutsche Rechtschreibung«, 1779/ 1780, SW XIV, 143-240; s. Baudusch-Walker 1958, 101-253; Weithase 1961, I, 357-362; Garbe 1981). Wie auch sonst bei Klopstocks Werk besteht das Anregende in dem Experiment mit extremen Positionen. Dass schon damals das Thema Rechtschreibreform heiß umstritten war, zeigen die Reaktionen; nicht nur Herder fand, Klopstock sei »dem Delirio nahe« (an Hamann, 29.12.1778, Hamann 1755-1765, IV, 40; s.a. *Briefe* VII, 258). Garbe verweist dagegen auf reizvolle Parallelen zu modernen Methoden schriftlicher Realisierung des Gesprochenen: »Es gibt fast keinen der reformvorschläge Klopstocks, der nicht von dieser oder jener firma in die schrift umgesetzt worden wäre« (Garbe 1981, 56). Ein nicht unbedeutendes Bindeglied dürfte die Rhetorik sein.

2. Die Dichtung des Erhabenen

Schon in seiner Portenser Abschlussrede verschreibt sich Klopstock einer Dichtungsauffassung, die in der These gründet,

daß die erhabenen Stellen Vollendung und Gipfel sprachlicher Gestaltung sind und die größten Dichter und Schriftsteller nur durch sie den Preis errangen und ihrem Ruhm Unsterblichkeit gewannen. (Longinus I 3).

Er greift damit wie schon Pyra und Lange (s. Zelle 1991; 1995, 137-140; Jacob 1997) das Programm von Bodmer und Breitinger auf, die den deutschen Dichtern die longinische Schrift *Vom Erhabenen* empfohlen hatten (s. Klopstock an Bodmer, 10.8.1748 und 2.12.1748, *Briefe* I, 14/201 und 30; s.a. Sayles 1960). Ebenso wichtig war Bodmers Vermittlung von Miltons *Paradise Lost* (s. *Briefe* I, 205). Denn die Verbindung des klassischen Longin und christlichen Milton integrierte in der vertikalen Bewegung den hohen Stil mit dem höchsten Gegenstand. So erklärt Longin: »unsere Seele wird durch das wirklich Erhabene von Natur aus emporgetragen« (VII 2); und Klopstock definiert den zu besingenden Gegenstand als die Tat, durch die der Messias »Adams Geschlecht zu der Liebe der Gottheit [...] wieder erhöht hat« (*Messias* I 3f.). Diese vertikale Bewegung stimmt überein mit der Bewegung der Kreatur zu Gott (s.u., Kap. V.2) sowie der »besten Art über Gott zu denken« (SW XI, 207-216; dazu Jacob 1997, 161-171) und wird durch Stilfiguren noch verstärkt, z.B. die spannkräftige, »stufenweise steigernde« *amplificatio* (Longinus XI 1f.). Das Zusammenwirken aller Aspekte der Rede in

der Aufwärtsbewegung verleiht der eher kontemplativen Dichtung
eine Wirkung, welche jene der aktiven Tat zu übertreffen vermag (s.
Hilliard 1987a, 68). Und mit dieser Dichtung des Erhabenen kann
der christliche Dichter die klassischen Vorgänger noch überbieten:

Das Herz ganz zu rühren, ist überhaupt, in jeder Art der Beredsamkeit, das
Höchste, was sich der Meister vorsetzen, und was der Hörer von ihm fordern kann. Es durch die Religion zu tun, ist eine neue Höhe, die für uns,
ohne Offenbarung, mit Wolken bedeckt war. Hier lernen der Dichter und
der Leser einander am gewissesten kennen, ob sie Christen sind. (»Von der
heiligen Poesie«, AW, 1009; s.a. »An die Dichter meiner Zeit«, *Oden* II,
147).

Die ›heilige Poesie‹ ist somit vollkommenste Verwirklichung des rhetorischen Ideals (zu diesem »Modell« s. Jacob 1997; sehr eklektisch
verfährt dagegen Rülke 1991 in seiner Auswahl besonders theologi-
scher Quellen).

Viëtors Arbeit zur »Idee des Erhabenen in der Literatur« (1952)
lockert den Bezug des Erhabenen zur rhetorischen Tradition und
schwächt die Bedeutung des Stils, indem er das Erhabene auf die
vollendende idealistische Ästhetik hin interpretiert und »am Ende
die neue klassische wie die romantische Literatur und Kunst« daraus
hervorgehen lässt (1952, 234). Viëtor liest Longin unter dem
Aspekt, dass er zwar antiken Vorstellungen vom Stil als eines Gebil-
des, »das beschrieben und bestimmt werden kann«, verhaftet bleibt,
dass aber »doch das subjektive, das Erlebnismoment stärker
hervor[tritt]« (239). Damit wird Longin auf Goethe hin gelesen und
die Bedeutung der rhetorischen Longin-Rezeption Klopstocks für
die deutsche Dichtung unklar. Denn für Klopstocks Auffassung
vom Erhabenen und die davon ausgehende ›Erneuerung‹ poetischer
Sprache und Form ist das rhetorische Prinzip des *aptum* zentral:
Nur im Zusammenwirken von *res* und *verba* vermag das Erhabene
seine erhebende Kraft zu entfalten.

Im Zentrum der Dichtung steht für Klopstock der ethische Anspruch: »Der letzte Endzweck der höhern Poesie, und zugleich das
wahre Kennzeichen ihres Werts, ist die moralische Schönheit« (AW,
1001). Diese entspricht dem aristotelischen *ethos*, in der rhetorischen Tradition interpretiert als der in der Rede bekundete und den
Hörer überzeugende moralische Charakter des rechtschaffnen Redners, der als Mittel der Überzeugung zu Beweis oder Handlung
(*pragmata*, *actum*) sowie zu der im Hörer hervorgebrachten Leidenschaft (*pathos*) hinzutritt (s. *Arbeitstagebuch*, 351-353; Hilliard
1987a, 94-98; zur Komplexität des Begriffs bes. Jacob 1997, 145).
Wenn es im *Messias* heißt »Rein sey das Herz!« (I 15), so verbindet

dies religiöses Vertrauen auf göttliche Inspiration mit der Lehre vom *vir bonus dicendi peritus* (s.o., S. 14f.); auch Longin betont, »daß der wahre Redner nicht niedrig oder unedel denken darf« und »die Seelen zur Größe erziehen« soll (IX 1-3). Der angesprochene Rezipient wird nicht wie bei Harsdoerffer durch das Kriterium der Gelehrsamkeit vom »Büffelhirnigen Pövel« abgegrenzt (1647-1653, III, Zuschrift), sondern moralisch definiert: »Das Erhabne, wenn es zu seiner vollen Reife gekommen ist, bewegt die ganze Seele, und welche Seele am meisten? Die selbst Hoheit hat« (AW, 1004). Das Ästhetische steht im Dienste des Ethischen:

Die Menschen moralischer zu machen, ist und soll so sehr unsre Hauptabsicht sein, daß wir unsrer Neigung, zu gefallen, nur insofern folgen dürfen, als sie uns zu diesem letzten Endzwecke führt. Wir erniedrigen uns und wir sind nicht mehr schön, wenn uns die moralische Schönheit fehlt. (AW, 986)

3.   Bewegende Darstellung des Fastwirklichen

Ähnlich wie ihr Leipziger Widersacher Gottsched lehnten die Schweizer die ›schwülstige‹ Metaphorik der Dichtung des 17. Jahrhunderts ab, richteten sich jedoch mit ihrer Wirkungspoetik des ›Wunderbaren‹ (gleichzusetzen mit dem pseudo-longinischen ›Erhabnen‹, s. Bender 1973, 88; Zelle 1995, 135) gegen die von Gottsched propagierte Hinwendung zu den ›Belustigungen des Verstandes und des Witzes‹. Klopstock übernimmt die Aufwertung des Wunderbaren und rückt immer dezidierter vom Nachahmungsbegriff ab; dieser Prozess bedürfte noch näherer Beleuchtung unter Bezug auf die Zeitgenossen. Im Zentrum von Klopstocks Auseinandersetzung mit dem aristotelischen Nachahmungsbegriff steht die Schrift von Charles Batteux, *Les Beaux Arts réduits à un même principe* (1746; Neuausgaben 1753 und 1755; s. *Arbeitstagebuch*, 274-280), welche unter Berufung auf Aristoteles die Nachahmung zum einigenden Prinzip der Künste erklärt. Damit wird einerseits der Literatur eine Führungsrolle abgesprochen und andererseits die für Klopstock zentrale Verbindung zwischen der Literatur und den sprachlichen ›Wissenschaften‹ gelockert. Gottsched sah seine Position durch Batteux gestärkt und veröffentlichte 1754 einen erläuterten »Auszug« aus dessen Werk. Hatte Klopstock in seiner Portenser Rede noch Homer und Milton als »Nachahmer der Natur« gefeiert (*Declamatio*, 74; s.a. 63-65) und 1755 in »Von der heiligen Poesie« vorausgesetzt, dass »der Dichter [...] der Natur nachahmen soll«

(AW, 1007; s.a. 1005), so sucht er den Nachahmungsbegriff in »Gedanken über die Natur der Poesie« (1759) unter Berufung auf das horazische »si vis me flere, dolendum est / primum ipsi tibi« (*De arte poetica*, 102f.) zu widerlegen:

> Batteux hat nach Aristoteles das Wesen der Poesie mit den scheinbarsten Gründen in der Nachahmung gesetzt. Aber wer tut, was Horaz sagt: »Wenn du willst, daß ich weinen soll; so mußt du selbst betrübt gewesen sein!« ahmt der bloß nach? Nur alsdann hat er bloß nachgeahmt, wenn ich nicht weinen werde. Er ist an der Stelle desjenigen gewesen, der gelitten hat. Er hat *selbst gelitten*. Wenn mein Freund *beinahe* eben das empfindet, was ich empfinde, weil ich meine Geliebte verloren habe; und diesen Anteil an meiner Traurigkeit andern erzählt: ahmt er nach? Von dem Poeten hier weiter nichts als Nachahmung fodern, heißt ihn in einen Akteur verwandeln, der sich vergebens als einen Akteur anstellt. Und vollends der, der seinen eignen Schmerz beschreibt! der ahmt also sich selbst nach? (AW, 993; s.a. »Vom Range der schönen Künste und der schönen Wissenschaften«, AW, 981–991)

Diese Stelle ist vollständig zitiert, weil sie nicht nur Klopstocks antimimetische Dichtungsauffassung verdeutlicht, sondern auch einen für die Rezeption zentralen Punkt anspricht: die Frage des Ausdrucks von persönlich ›erlebten‹ Emotionen (zu dieser Stelle s. Hilliard 1987a, 171–174; *Arbeitstagebuch*, 279f.). Wenn auch von moderner Warte aus das betonte »*selbst gelitten*« und die Kulmination des Arguments in der Beschreibung des »eignen Schmerzes« auf den Primat des persönlichen Gefühlsausdrucks hinauszulaufen scheint, so steht diese Stelle tatsächlich in engem Zusammenhang mit der später formulierten These »Der Zweck der Darstellung ist Täuschung. Zu dieser muß der Dichter den Zuhörer, sooft er kann, hinreißen, und nicht hinleiten« (AW, 1033). Denn ›Nachahmung‹ ist eine Beschreibung aus der ruhigen, kalten Distanz heraus, die den Zwischenraum zwischen der wirklichen und der im Gedicht nachahmend beschriebenen Welt nicht emotional zu überbrücken sucht. Klopstock geht es in seiner Kritik an der Nachahmungstheorie nicht (philosophisch) um das Verhältnis zwischen Dichtung und Wirklichkeit bzw. Wahrheit, sondern (rhetorisch) um die Wirkung der Dichtung auf die Affekte: Für bewegende Dichtung ist unerlässlich, »daß bei uns selbst die Regungen stark sind, die bei dem Richter stark sein sollen, und wir uns selbst ergreifen lassen, ehe wir Ergriffenheit zu erregen versuchen« (Quintilian VI 2, 28). Die Vermittlung des eigenen Schmerzes ist jedoch dichtungstheoretisch nicht anders als die Vermittlung des fremden Gefühls mittels der teilnehmenden Einbildungskraft.

Klopstocks Ziel des *movere* hat zur Folge, dass er vorwiegend mit den Stilmitteln arbeitet, die in den auf Affekterregung zielenden Teilen der Rede ihren bevorzugten Platz haben: *exordium* und *peroratio*. Hervorzuheben sind die rhetorischen Figuren, die als Theorie von der *evidentia* den Kern der klopstockschen Theorie von der »Darstellung« bilden; empfohlen werden sie von Longin (bes. Abschnitt XV) und Quintilian (bes. VI 2, 32; VIII 3, 61-71) sowie in den Erläuterungen zur ›poetischen Mahler-Kunst‹ vor allem bei Breitinger (s. Schneider 1960, 91-96; Hilliard 1987a, 118-124; Carrdus 1993; s.a. Menninghaus 1994; unzureichend ist die Untersuchung der Tradition des Begriffes »Darstellung« in Hafner 1974). Bei Breitinger steht die »poetische Mahler-Kunst« im Dienste der »geschickten Nachahmung der Natur«, einschließlich der »unsichtbaren Welt« (1740b, I, 53). Ähnlich hatte Klopstock in seiner Portenser Rede Milton als »Nachahmer der Natur« bezeichnet, der, »obgleich er blind war, mit seinen Augen gesehen zu haben scheint. Ueberal ist er ein getreuer und genauer Mahler der Natur« (*Declamatio*, 74). Im Rahmen der Auseinandersetzung mit Batteux tritt jedoch die aristotelische Bestimmung zurück, um die Wirkung auf die Affekte zu betonen. Die »Darstellung« mit dem Zweck lebhafter »Täuschung« zielt auf Vergegenwärtigung der Gemütsbewegung:

Es gibt wirkliche Dinge, und Vorstellungen, die wir uns davon machen. Die Vorstellungen von gewissen Dingen können so lebhaft werden, daß diese uns gegenwärtig, und beinah die Dinge selbst zu sein scheinen. Diese Vorstellungen nenn ich *fastwirkliche* Dinge. [...] Wer sehr glücklich, oder sehr unglücklich, und lebhaft dabei ist, der wird wissen, daß ihm seine Vorstellungen oft zu fastwirklichen Dingen geworden sind. Wie dieser die Gegenstände sich selbst darstellt, so stellt sie der Dichter andern dar. (»Von der Darstellung«, AW, 1032)

Traditionell umfasst die *evidentia* primär Figuren wie die *fictio personae*, die sich in prominenter Form in Klopstocks Dichtung finden und mit den traditionellen Wirkungsintentionen in Einklang stehen, wie aus Breitingers Empfehlung dieser Figur deutlich wird: Sie gilt als »Kunstgriff der erhizten Phantasie«,

wenn nemlich der Redner oder Poet diejenigen Personen, die er zur Erläuterung als Exempel einführen will, sich als gegenwärtig vorstellet, und dieselben anredet, als ob sie ihm vor Augen stühnden [...]. Dergleichen Entzückungen zeugen nicht alleine von des Redners aufgebrachten Gemüthes-Leidenschaften; sondern entzünden auch den Leser oder Zuhörer, und reissen ihn mit in den gleichen Betrug der Phantasie. (Breitinger 1740c, 393f.)

Indem Klopstock in seiner Abhandlung »Von der Darstellung« erläutert, wie die lebhafte Vergegenwärtigung im Gedicht wirksam werden soll – von der Wahl des Gegenstands bis hin zu Wortstellung und Versmaß –, betont er in Anlehnung an Quintilians Aufwertung des *movere* genau die Technik, die es dem Dichter ermöglicht, dem horazischen Postulat des »si vis me flere« gerecht zu werden (s. Ottmers 1996, 126). Statt der aristotelischen *mimesis* steht im Vordergrund die bewegende, mitreißende *evidentia* (›Anschaulichkeit‹) als Erzeugnis des »wahren Ausdrucks der Leidenschaft« (AW, 1034); wohlgemerkt nicht die wahre Leidenschaft selbst. Klopstocks »Darstellung« – die »erste Zauberinn in des Dichters Hain« (»An die Dichter meiner Zeit«, *Oden* II, 147) – mag retrospektiv als missglückte Vorform der Erlebnisdichtung erscheinen; eine solche Interpretation assimiliert jedoch die klopstocksche Dichtungstheorie an einen Dichtungsbegriff, von dem sie sich gerade abgrenzt (s. Kohl 1995). Klopstock geht es nicht um Annäherung an die prosaische Kommunikation wahrer Gefühle, sondern darum, durch spannungsvoll dargestellte Gemütsbewegung den poetischen Akt des Sprechens über die natürliche Kommunikation zu erheben.

4.   Dynamisierung des Wortes

Für Klopstock besteht der Vorrang der Dichtkunst über die visuellen Künste in ihrer durch die Zeit wirkenden Substanzlosigkeit und Dynamik, wie die ›Bildhauerkunst‹ betont: »Wir ruhn: du wallest, schwebest, fliegest / Fort mit der Zeit, die kein Säumen kennet« (»Die Bildhauerkunst, die Malerey, und die Dichtkunst«, *Oden* II, 162). Um differenzierte Bewegung der Leidenschaften hervorzurufen, bedarf die Dichtkunst der ›Mannigfaltigkeit‹ im Klang der Worte sowie im Rhythmus (zu den philosophischen und ästhetischen Dimensionen der Mannigfaltigkeit s. Jacob 1997, 18-31). Daher auch lehnt Klopstock – äußerst kontrovers für die Jahrhundertmitte – den Reim als »plumpes Wörtergepolter« und »schreyende Eintönigkeit« ab (*Oden* II, 57; SW XIII, 277f.; s. Schneider 1964; Schuppenhauer 1970).

     Unter Berufung auf Luther, Opitz und Haller (AW, 1018, 1024) betont Klopstock in »Von der Sprache der Poesie« die Notwendigkeit der Herausbildung einer spezifisch poetischen Sprache, die »merklich von der prosaischen unterschieden« ist (AW, 1016; s.a. *GR*, 116). Er empfiehlt die *imitatio* der »gebildeten« klassischen und modernen Sprachen (AW, 1024-1026), um die deutsche Sprache mit den Vorzügen zu veredeln, die jeweils in anderen Sprachen zur Reife gediehen sind. Klopstocks theoretische Ausführungen sind durchgehend praxisbezogen: Die behandelten Techniken der Wortwahl, Morphologie und Wortstellung bestimmen bis ins Detail die Sprache seiner Dichtung, wie aus den Studien von Langen (1948/49, 1952/53), Blackall (1959/1966) und vor allem Schneider (1960) hervorgeht (s.u., Kap. V.6). Ziel ist ein kraftvoller, konzentrierter und bewegter Wortschatz unter Ausschaltung überflüssiger, unedler und fremder Worte, sowie die Gestaltung einer Wortfolge, welche »die Gegenstände, die in einer Vorstellung am meisten rühren, zuerst« zeigt (AW, 1021).

Seine theoretischen Erörterungen betonen die für seine Dichtung typische Freiheit in der Behandlung von Wortschatz und Syntax – allerdings immer in Abhängigkeit vom Prinzip des *aptum*. Die *copia verborum* gilt ihm nicht als geschlossenes System gegebener Wörter, sondern umfasst kreative Wortbildung durch Zusammensetzung von Substantiven, Hinzufügung oder Wegnahme von Vor- und Nachsilben, Umwandlung von Wortarten (z.B. Infinitive als Substantive) und Änderung grammatischer Bezüge (z.B. transitive als intransitive Verben). Besonders bevorzugt er das dynamisierende, konstruktionsverkürzende Partizip, dessen starker Ausdruck durch Ungebräuchlichkeit in den vorherrschenden alternierenden Versmaßen noch erhöht worden war: »Ich liebe diese Dichter!« erklärt das ›Wechselwort‹ in den *Grammatischen Gesprächen* (SW XIII, 138; s. Schneider 1960, 70-74). Die Wortstellung wird nicht an die vorgegebenen Regeln gebunden, welche die »völlig kalte Prosa« bestimmen (AW, 1028) und den Gedanken *perspicuitas* (Verständlichkeit) verleihen, sondern durch Inversionen poetisiert: Diese sollen »den Ausdruck der Leidenschaften verstärken«, »etwas erwarten lassen« oder »etwas Unvermutetes sagen« (AW, 1030). Wenn Lessing im 51. Literaturbrief den deutschen Dichtern empfiehlt, die Abhandlung »Von der Sprache der Poesie« »mehr als einmal zu lesen« und »mit allem Fleisse zu studieren« (Lessing 1886-1924, VIII, 145), so geht es ihm vor allem um die dichterische Praxis.

Den Schwerpunkt dichtungstheoretischer Reflexion bilden Fragen der Metrik und Rhythmik: »Wie wohl kein anderer deutscher Dichter zeigt er sich fasziniert von den Problemen der Metrik und sucht sie in unablässiger Auseinandersetzung zu ergründen« (Hellmuth 1973, 17). Bestimmend ist in Praxis wie Theorie das Ziel, die deutsche Metrik von der Deklamation her zu einem differenzierten Instrument des ›Mitausdrucks‹ zu machen und die Kraft des Rhythmus expressiv zu nutzen. Eine Dichtungsauffassung, welche »die

Kunst des Verses von dem Ausdrucke [absondert]« (SW XV, 228), lehnt er ab und setzt statt dessen einen komplexen sprachlichen Ausdruck voraus, in dem zu Proposition, Wortwahl und Satzstellung der angemessene lautliche Klang (bis zur Onomatopöie; s. Hellmuth 1973, 214f.) sowie Metrum/Rhythmus ›mitausdrückend‹ hinzutreten, wie er anhand der Bearbeitungsstadien klassischer Rhetorik darlegt:

Erst der Inhalt, hierauf der Ausdruck, das ist Worte, die dasjenige bestimmt bedeuten, was wir damit sagen wollen, indem sie zu dieser Absicht sorgfältig gewählt und geordnet sind; die denjenigen Wohlklang haben, der zu der vorgestellten Sache gehört und die durch die Bewegung, welche ihre Längen und Kürzen hervorbringen, noch mehr und noch lebhafter dasjenige bedeuten, was sie bedeuten sollen. (SW XV, 228)

»Wohlklang« und »Silbenmaß« bilden als »doppelter Mitausdruck« die »zweite Seele der Sprache« (*Epigramme*, 53). Unerlässlich für ihre Wirkung ist die Angemessenheit: Sie »haben viel Ausdruck; wenn sie zu dem Inhalte passen: und unterbrechen die Täuschung; wenn sie nicht dazu passen« (AW, 1036; s. Hellmuth 1973, 212-215, 265). Deutlich geht aus Klopstocks Verstheorie hervor, »daß ihm an der Verskunst als reiner Formkunst, an einer Autonomie des Verses nichts liegt« (Hellmuth 1973, 265):

Wenn das Sylbenmaß dem Inhalte nicht angemessen ist; [...] so verliert es, weil es, ununterstützt vom Inhalte, nicht Bedeutung genung hat, das meiste von seiner Wirkung. (SW XV, 210)

Klopstocks Abhandlungen zu den klassischen Versmaßen sind vor allem der Verteidigung seiner Übertragung des Hexameters ins Deutsche gewidmet, sowohl gegenüber denjenigen, die nur alternierende Maße gelten lassen wollten, als auch gegenüber jenen, die eine freie Nachahmung der klassischen Maße und besonders die Ersetzung des Spondäus durch den Trochäus ablehnten. Schon die erste bedeutende Aussage zur Metrik in seinem zweiten Brief an Bodmer situiert seinen Hexameter selbstbewusst zwischen den zwei Lagern, die später beispielsweise durch Bürger als Verfechter des Jambus und Voß als Verfechter des Spondäus repräsentiert wurden:

Das Sylbenmaaß des Messias wird noch vielen anstössig seyn. Ich sehe, es wird eine ziemliche Zeit dazu gehören, eh man ausgemacht haben wird, daß deutsche Hexameter vor sich, u besonders zu einem langen Gedichte, harmonischer u klingender sind, als deutsche Jamben. Die Fremdlinge im Homer werden sich darein nicht finden können; u man verlangt doch nichts weiter von Ihnen, als daß sie eben den Ton auf die Worte eines Hexameters sezen, den sie auf die Worte eines klingenden Perioden einer Rede sezen. Einige Leser des Homers [...] werden [...] dem deutschen Hexameter eben die Regel vorschreiben, die der homerische hat. (21.9.1748, *Briefe* I, 18)

Bezeichnend ist der Rat, man solle den Vers bei der Deklamation behandeln wie den »klingenden Perioden einer Rede«. Mit diesem auditiven Ansatz meidet Klopstock die Übertragung quantitierender Prosodie auf den deutschen Vers, in die sich die zeitgenössischen Verstheoretiker – er selbst eingeschlossen – immer wieder verstrickten, und macht seine Hexameter auch klassisch ungebildeten Lesern zugänglich. Deutlich ist die rhetorische Auffassung von der Metrik, mit der er eine Tradition in der deutschen Dichtung begründete, die eine radikale Alternative zur vorherrschenden alternierenden Dichtung bot und das Spektrum der Versformen traditionsbildend erweiterte, bis hin zu den freien Formen, die rhetorische Einheiten an die Stelle metrischer Bindung setzen.

Klopstocks Erfindung der ›freien Rhythmen‹ um 1757 – Albertsen zufolge »das einzige formale Geschenk deutscher Literatur an die Menschheit« (1984, 119; s.a. Albertsen 1971) – wird nur in der »Einleitung« zu den *Geistlichen Liedern* (1758) verstheoretisch reflektiert. Zwischen Psalmen verschiedener Stilhöhe differenzierend, stellt er die »Gesänge« in die Tradition der »erhabenen« Psalmen. Sie unterscheiden sich formal von den Liedern mittlerer Stilhöhe durch Weglassen des Reims und eine unregelmäßige Versform:

Vielleicht würde es auch dem Inhalte gewisser Gesänge sehr angemessen seyn, wenn sie Strophen von ungleicher Länge hätten, und die Verse die Sylbenmasse der Alten mit den unsrigen so verbänden, daß die Art der Harmonie mit der Art der Gedanken beständig übereinstimmte. (*Geistliche Lieder*, I, 1758, 15; s. Kohl 1990a, 27, Anm. 3)

Das *aptum* ist hier verskonstituierendes Prinzip (s. Kohl 1990a, 15-36). Der Grund für das Ausbleiben weiterer Definitionen der Form dürfte darin zu suchen sein, dass Klopstocks rhetorische Kategorien einen fließenden Übergang von Prosa zu Poesie sowie den Gebrauch von ›Silbenmaßen‹ auch in der Prosa voraussetzen und es erlauben, die metrisch ungebundenen Psalmen als Poesie zu werten (s. Lowth 1753; dazu Gutzen 1972; Lee 1999, 50). Verstheoretisch ergibt sich eine Form, die grundsätzlich nur durch eine visuell definierte Versstruktur, unregelmäßige Betonungssequenzen und Meidung des Reims gekennzeichnet ist; metrische Reminiszenzen, Parallelismus oder Lautwiederholung im einzelnen Gedicht sind Ausdrucksmittel, nicht verskonstituierendes Prinzip. Falsch ist zumindest hinsichtlich des Ursprungs der Form die Annahme, dass Klopstock in den ametrischen Gedichten »aus Wortfüßen (›frei‹) neue Rhythmen zusammen[setzt]« (Breuer 1981, 199), denn dies verwischt den Unterschied zu den später erfundenen ›Wortfuß‹-Strophen (s.u.). Eine Abgrenzung ›freier Rhythmen‹ – ein Ende des 19. Jahrhunderts aufkommender Terminus – von späteren reimlosen ›freien Versen‹ (z.b. Wagenknecht 1981, 99-104) lässt sich verstheoretisch nicht begründen, zumal schon Klopstocks traditionskonstituierende freie Formen vielfältig sind (s. Kohl 1990a, 1f., 251-255). Es ist durchaus folgerichtig, wenn Levy von der Warte klassischer Dichtung aus die Form als »ametrisch« bezeichnet (1923, 14). Jedes Gedicht in freien bzw. ametrischen Versen hat demnach eine ihm spezifische Form, die es mit Bezug auf rhythmische Struktur und Lautgestalt, aber auch Semantik und Dichtungstradition näher zu bestimmen gilt.

Wenn Klopstock in seinen psalmhaften Gesängen von 1758/59 das Prinzip des *aptum* durch metrisch frei sich an den »Inhalt« anpassende, rhetorisch strukturierte Einheiten zu verwirklichen sucht, so geht er mit den 1764 in schneller Folge entworfenen neuen Odenmaßen einen entgegengesetzten Weg. Das Ziel ist jedoch wiederum die Kongruenz der verschiedenen Aspekte des Ausdrucks, wie aus der hervorragenden Studie von Hellmuth (1973) deutlich wird. In den ›Wortfüßen‹ fallen prinzipiell die metrischen Einheiten mit den Worten bzw. Wortgruppen zusammen, z.B.:

⌣ ⌣ – – »in dem Reihntanz«
⌣ – – ⌣ »Gerichtsdonner«
– ⌣ ⌣ – »Wonnegesang« (SW XV, 178f.)

Der »Ausdruck« des Silbenmaßes soll so den gedanklichen Ausdruck möglichst wirksam unterstützen. Die Beschäftigung mit Wortfüßen führt einerseits zur Erfindung von Odenmaßen (z.B. »Die Gestirne«, »Die frühen Gräber«, *Oden* I, 154-156, 179f.), andererseits zu den 36 verschiedenen Strophenformen für die himmlischen Triumphchöre des *Messias* (s. Bd. III, 232-235, 340-355). Auch wenn besonders die letzteren tendentiell als einmalig zu realisierende Formen konzipiert sind, kann das Metrum – anders als in den ametrischen Gedichten – unabhängig vom Wort definiert und damit wiederholt werden.

Klopstocks Arbeit mit den Wortfüßen steht in Zusammenhang mit seinen Untersuchungen zur ›Wortbewegung‹. In intensiver Auseinandersetzung mit Fragen des Rhythmus, »die auch heute noch zu den umstrittensten der Verswissenschaft gehören« (Hellmuth 1973, 225), gelangt er zu einer Unterscheidung zwischen zwei Komponenten: dem ›horizontal‹ wirkenden »Zeitausdruck«, der in Klopstocks klassisch geprägten Vorstellungen von der ›Länge‹ und ›Kürze‹ der

Silben gründet und Wirkungen der ›Langsamkeit‹ oder ›Schnelligkeit‹ hervorrufen kann; und dem ›vertikal‹ wirkenden »Tonverhalt«, der auf dem Steigen und Sinken der Stimme beruht: »Die Gegenstände des Tonverhalts sind gewisse Beschaffenheiten der Empfindung und der Leidenschaft und was etwa durch ihn vom Sinnlichen kann ausgedrückt werden« ([1779], SW XV, 179; s. Hellmuth 1973, 226f., 231-236). Die Definition dieser zweiten Wirkkraft entwickelte Klopstock über mehrere Jahre hinweg in immer neuen Ansätzen. Die Situierung seiner Rhythmustheorie bleibt ein Desiderat der Forschung, besonders auch mit Bezug auf die rhetorische Musiktheorie, in der sich eine ähnliche Konzentration auf die Wirkung des Rhythmus findet sowie eine Unterscheidung zwischen dem »Zeitmaaß« und der Abfolge von »Tönen von verschiedener Höhe und Tiefe« (Chabanon [1779], 1781, 17).

Die Beschäftigung mit Fragen der Wirkung auf die Affekte führt Klopstock zu einer Klassifizierung, die zwischen 44 Wortfüßen und ihren affektischen Entsprechungen unterscheidet. Die Wirkung des Wortfußes im Vers erläutert er anhand des Antispasts (˘ – – ˘), dem er »langsamen Zeitausdruck« und »unruhigen Tonverhalt« zuschreibt:

In dem Verse:
    Da Waldströme durch Felsklüfte sich herwälzten.
hören wir, dem Tonverhalte nach, das Gehinderte der Bewegung, und dem Zeitausdrucke, ihre Langsamkeit.
Ferner in diesem:
    O Wehklage, die aufsteigend vom Abgrunde.
dem ersten nach, Unruh der müden Qual, und dem zweyten, das Langsame dieser Ermüdung. (SW XV, 210; dazu Hellmuth 1973, 262)

Eindrucksvoll ist bei aller Abstrusität der Kombinatorik auf »Patchworkbasis« (Albertsen 1995, 75) die semantisch-rhythmische Ausdruckskraft dieser Verse, und es ist bezeichnend, dass Norbert von Hellingrath Klopstocks Einführung der (vom Rhetor Dionysios von Halicarnassos beschriebenen) ›harten Fügung‹ in die deutsche Dichtung mit den Wortfuß-Strophen der Ode »Die Zukunft« erläutert (*Oden* I, 164f; Hellingrath 1911, 4). Mit seiner Stärkung der rhythmischen Komponente des Wortes geht keineswegs eine Schwächung der semantischen Komponente (Benning 1997, bes. 127) oder ›Entfesselung‹ vom Gegenstand einher (Menninghaus 1989, bes. 315f.). Die in vermeintlichem »Widerspruch« zur »konventionellen Erblast« stehende »innovative Sprengkraft seiner Sprach- und Verstheorie« (316) entsteht vielmehr aus der Aktivierung vielfältiger Wechselwirkungen zwischen semantischer und rhythmischer Komponente –

und damit letztlich aus dem konsequent angewandten *aptum*-Prinzip der antiken Rhetorik.

5.   Dichtung für das Ohr

Klopstock geht davon aus, dass die dichterische Sprache erst in der Deklamation als letztem Stadium der rhetorischen Bearbeitung ihre volle Wirksamkeit entfaltet (s. Hurlebusch 1988, 157f.), entsprechend den Ausführungen bei Quintilian, dass die »Gefühlswirkungen [...] matt werden, wenn sie nicht ihr Feuer erhalten durch die Stimme« (Quintilian XI 3, 2; s. Benning 1997, 23, 112-118):

> Die Deklamation ist also gewissermaßen untrennbar von der Sprache. Diese ist ohne jene nur eine Bildsäule; keine wirkliche Gestalt. [...] Liest man bloß mit dem Auge, und nicht zugleich mit der Stimme; so wird die Sprache dem Lesenden nur dann gewissermaßen lebendig, wenn er sich die Deklamation hinzudenkt. (»Von der Deklamation«, AW, 1049)

Klopstocks gesamte Dichtungstheorie beruht auf diesem Grundsatz, der auch »von der Sprachauffassung der biblischen Verkündigung beeinflußt« ist (Hurlebusch 1988, 157). Entsprechend wird die Kommunikationssituation im Gedicht als begeisterter Akt des Sprechens oder Singens dargestellt, in dem das Ich im Zeitalter der Verschriftlichung und Privatisierung der Literatur mit gemeinschaftsstiftenden Apostrophen die lautliche Tradition verlebendigt (s. Kohl 1995). Auch die Gründung von Lesegesellschaften beruht auf Klopstocks auditivem Ansatz (an Lavater, 1.5.1771, *Briefe* V, 271-275, 845-850). Weithase betont, dass sich kein anderer Dichter jener Zeit »so ausführlich mit der Theorie der gesprochenen Sprache beschäftigt« hat und dass er indirekt auch die Sprechkunst förderte (1961, I, 357; s.a. 357-371; II, 111-114).

Über die Deklamation eröffnet sich eine wichtige Verbindung zur Musik (s. Benning 1997, 115-118, 223-226): »Die Musik, welche Worte ausdrükt, oder die *eigentliche Musik* ist Declamation. Denn hört sie etwa dadurch auf dieses zu seyn, weil sie die schönste Declamation ist, die man sich nur denken kann!« (*GR*, 172; »Musik und Dichtkunst«, *Epigramme*, 38). Gelten lässt er die Musik zunächst nur als Gesang; allerdings bringt Mitte der siebziger Jahre der Text »Die Musiker« aus dem Konvolut zur *Deutschen Gelehrtenrepublik* eine ausführliche Erörterung auch der Instrumentalmusik (*GR*, Apparatband, Text I/6). Am höchsten schätzt Klopstock »das eigentliche Singen, nämlich den Ausdruk der Empfindungen« (*Briefe* V,

42), und es gehört in der Spätzeit zu seinen »seligsten Genüssen
[...], sich seine eigenen Lieder von seiner Frau und [Stief-]Tochter
vorsingen zu lassen« (Böttiger 1814, 322). Scharf verurteilt er die
Wahl »schlechter Gedichte« für die Vertonung, nur »damit die Musik die Herrin, und die Dichtkunst die Magd sey« (*GR*, Apparatband, Text I/6). Denn auch hier ist das *aptum* der Maßstab: »Ver-
einte Schönheiten wirken auf ein ander, und verstärken dadurch
ihre Eindrücke; [...] die Schönheiten des Dichters [wirken] auf des
Componisten, und so wieder des lezten auf des erste[n]« (ebd.).
    Klopstocks Klassifikation der Wortfüße erinnert an musikalische
Affektenkataloge (s. Benning 1995, 94; Unger 1941, 34-46, 99-
111); darüber hinaus bestimmten die klassischen Autoren im 17.
und 18. Jahrhundert zugleich die Dichtungs- und Musiktheorie.
Ähnlich wie Klopstock für die Dichtung (AW, 993) lehnt der Komponist und Musiktheoretiker J.A. Hiller für die Musik das von Batteux zum Grundsatz der Künste erhobene Nachahmungsprinzip ab
(Hiller 1781, Widmung, S. 3f.; zu Klopstock und Hiller s. *Briefe* V,
227, 770f.). Auch die Musik wurde mittels der Dreistillehre in »ruhige, muntere und enthusiastische Musik« unterteilt (so bei Chabanon [1779], 1781, 154), und die Erörterung komplexer Wirkungen
der Musik als »Sprache der Leidenschaften« verdeutlicht die Ver-
wandtschaft der Begriffe und Argumente in Musik- und Dichtungstheorie: Hiller fordert – nun als Verteidigung der potentiell zur
»blos nachtretenden Magd« erniedrigten Musik – die ebenbürtige
»Vereinigung der Poesie mit der Musik« (Hiller 1781, Widmung, S.
5). Über die gemeinsame Fundierung von Affektentheorie, Sprache
und Metrik hinaus bleibt besonders die Beziehung zur Kirchenmusik näher zu untersuchen: Wie Klopstocks religiöse Dichtung soll sie
»die Herzen zu Gott erheben; sie muß daher singend und ausdrucksvoll seyn« (Chabanon [1779], 1781, 97). In seinem Epos
behandelt Klopstock einen Stoff, der die Kantaten, Oratorien und
Passionen des 17. und 18. Jahrhunderts bestimmt; in der Lyrik entwickelt die Kirchenmusik Bedeutung für die Erfindung des freien
Verses (s.u., Kap. VI.3).
    Klopstocks Interesse an Vertonungen richtet sich durchgängig
auf die affektische Beziehung zwischen Wort und Musik. Besonders
befriedigen ihn wie auch Herder die Vertonungen von Gluck aufgrund ihres »Ausdrucks hoher Leidenschaften« (s. Lohmeier 1968,
41-44). Zur Apotheose seiner Dichtkunst wird der Gesang in den
himmlischen Triumphgesängen des *Messias*. Immer wieder veranlasst
er Kompositionen der Strophen (s. *Messias*, Bd. III, 235); und den
Erfolg seiner metrisch-rhythmischen Experimente misst er nicht an
dem (meist ablehnenden) Urteil der Zeitgenossen, sondern an der

Gelungenheit der Kompositionen (ebd.; s.a. *Briefe* V, 42). Denn im Gesang bewirkt die »Göttin Sprache« intensivste Bewegung:

Mit der Menschenstimme Gewalt, mit ihrem
Höheren Reiz, höchsten, wenn sie Gesang
Hinströmet, und inniger so
In die Seele sich ergießet. (»Die Sprache«, *Oden* II, 37)

V. *Der Messias*: Bewegung der ganzen Seele

Ein Profet, ein Engel Gottes kann nicht mehr die Seelen durchbohren, als unser Klopstock! Von Erstaunen zu Erstaunen reißt der sechszehnte Gesang, und der nächste zerschmelzt in himmlisches Entzücken. (Voß an Brückner, 7.3.1773, Voß 1829-1833, I, 133)

Der auf den *Messias* eingestimmte Johann Heinrich Voß bezeugt hier im Jahr der Veröffentlichung der letzten Gesänge die Wirkung eines Epos, das wie kein anderes Werk seiner Zeit außer dann vielleicht Goethes *Werther* die deutschen Gemüter bewegte.

Den Plan zu einem Epos fasste Klopstock schon um 1742, mit 17 Jahren (s. *Messias*, Bd. III, 188f.). Bis zur Vollendung 1772 blieb *Der Messias* mit seinen annähernd 20 000 Versen sein ›erster Beruf‹ (s. *Briefe* III, 52, 232; *Messias*, Bd. III, 187-254); die Überarbeitung beschäftigte ihn bis zuletzt. Die ersten drei Gesänge erschienen 1748 in den ›Bremer Beiträgen‹ und 1749 in einer von G.F. Meier betreuten Separatausgabe. In überarbeiteter Form bildeten sie 1751 mit Gesang IV und V den ersten Band. Weitere Bände folgten mit jeweils fünf Gesängen 1756, 1768 und 1773. Nach Abschluss der ›Halleschen Ausgabe‹ 1773 (Bd. I-III auch als ›Kopenhagener Ausgabe‹) veröffentlichte er 1780/1781 im Selbstverlag die als ›Ausgabe der letzten Hand‹ angekündigte ›Altonaer Ausgabe‹ (mit einer der drei Ausführungen in reformierter Orthographie); 1799/1800 erschien in der ›Göschenausgabe‹ die Ausgabe »des letzten Fingers« (an Clodius, 2.2.1796, *Briefe* IX, 39).

Die Arbeit erfolgte langsam, unregelmäßig und meist nicht in der Textfolge; sie beschränkte sich auf die ›poetischen Stunden‹ (s. *Messias*, Bd. III, 178-186, bes. 183), in denen er sich in den Stoff vertiefte, so in die Leiden des Messias am Ölberg: »Ich kan Ihnen sagen, daß ich auf Abadona am Ölberge stolz bin; obgleich damals, da ich ihn dort schauren, u trauren ließ, aller Stolz, auch der edle, weit von mir weg war« (an Cramer, 4.2.1791, *Briefe* VIII, 232f.). Manches entstand vor der Niederschrift: Er berichtet, »daß er viele Scenen im Messias, Oden, u.s.w. zu Pferde, zu Wagen, in Gesellschaft, auf Schrittschuen gearbeitet« (C.F. Cramer 1777-1778, 97). Der Überarbeitungsprozess lässt sich jetzt in der HKA anhand der textgenetischen Darstellung aller gedruckten Fassungen und Handexemplare sowie handschriftlicher Eintragungen zum Metrum verfolgen. Mit den Änderungen reagierte Klopstock stellenweise auf die theologische Auseinandersetzung um die frühen Gesänge (*Messias*, Bd. III, 199f., 215f.; Höpker-Herberg 1986, 244f.) sowie auf die Kritik der Freunde. Während der Plan schon früh ausgearbeitet war, betrafen die Überarbeitungen besonders Stil und Metrum: »In meinem Exempl. wimmelts von Glättungen, u Wegglättungen, vornäml. in Absicht auf das Sylbenmaaß, u dann auch des Ausdruks. Am Inhalte, dünkt mich, hab ich eben nichts zu verändern« (an Ebert, 5.5.1769, *Briefe* V, 146f.).

1.   Gattung und Stoff

Mit der Wahl des hohen Epos entschied sich Klopstock für eine Gattung, die von musterhaften Vorgängern bestimmt war: Stärker noch als das Drama wurde im 18. Jahrhundert das Epos »als literarische Auseinandersetzung mit der Antike gedichtet und rezipiert« (Martin 1993, 24). Während Gottsched auf den deutschen Vergil hoffte (ebd.), führte Klopstock die Deutschen unter Berufung auch auf die von Bodmer zum Vorbild erhobene englische Tradition in einen Wettstreit mit Homer, den in der folgenden Generation vor allem Voß mit seinen Homer-Übersetzungen und Goethe mit dem bürgerlichen Hexameter-Epos *Hermann und Dorothea* fortführten:

Die Natur war Homer, und Homer war die Natur! Homer also ist jenes große und reiche Genie [*ingenium*] das mit Hülfe der Natur, mit dem höchsten Urbilde dichterischer Vollkommenheit in seiner Sele, das Heldengedicht nicht allein erfunden, sondern es auch nach diesem schönsten Urbilde so glücklich vollendet hat. (*Declamatio*, 64; lat. 107)

Das Vorbild gilt allerdings mit einer gravierenden Einschränkung: Wie auch Vergil – »der Homeren durch nichts als die Nachahmung nachsteht« – ist er von der »Religion der Heiden« verblendet (ebd., 65f.; zur »Querelle d'Homère« s. Zelle 1995, bes. 100-103; s.a. Gottsched 1751, 469). In Gegensatz zu dem anfangs erwogenen nationalen Stoff (s. *Messias*, Bd. III, 187) bot ein christlicher Stoff somit die Möglichkeit der Überbietung selbst Homers (zum »Heiligen Wettstreit« in Bezug auch zur Typologie s. Jacob 1997, 112-135). Auch wenn Klopstock *Paradise Lost* nur in Bodmers Prosaübersetzung kannte (2. Auflage, 1742; s. Höpker-Herberg 1991, 46; s.a. Bender 1967), so garantierte doch schon der Stoff die Wirkung: »Gab es etwas, was den Menschen stärker rühren [...] konte, als jenes liebenswürdige Paar der ersten Menschen?« (*Declamatio*, 71f.).

In die Reihe der Vorbilder treten mit dem Stoff auch Moses »als Dichter« (*Declamatio*, 57) sowie die Propheten, denn die Bibel gilt als »das volkommenste Muster des erhabnen und wahrhaftig göttlichen Ausdrucks« (*Declamatio*, 57; s.a. AW, 1025; dazu Gutzen 1972, 63-86; Dyck 1977, bes. 91-130). Das christliche Epos vereinigt die Gipfel der klassischen Tradition mit dem von Gott gestifteten Wort:

Mit dem Homer streitet [Milton] um den Vorzug der Vortreflichkeit, nicht ohne weteifernden Mut, und edlen Stolz, und den hohen Spuren der heiligen Schriftsteller folgt er zitternd von ferne nach. (*Declamatio*, 73)

Mit »Kühnheit« (*audacia*) verkündet nun Klopstock den Plan, Milton »nicht allein zu folgen, sondern sich auch an einen noch größern und herlichern Stoff zu wagen« (ebd., 75). Damit begibt er sich auf die anspruchsvollste ›Laufbahn‹ überhaupt (s. *Messias* I 17; X 1-12; XVI 286; »An den Erlöser«, *Messias*, Bd. II, 300; s.o., S. 17-19). Indem er den Messias zum Gegenstand seines klassischen Epos wählt, macht er ihn zugleich zum maßgeblichen Vorläufer und zu seinem Meister:

O du mein Meister, der du gewaltiger
Die Gottheit lehrtest! zeige die Wege mir,
Die du da gingst! worauf die Seher,
Deine Verkündiger, Wonne sangen.   [...]

Zeig mir die Laufbahn, wo an dem fernen Ziel
Die Palme wehet! Meinen erhabensten
Gedanken lehr ihn Hoheit! führ ihm
Wahrheiten zu, die es ewig bleiben!

Daß ich den Nachhall derer, die's ewig sind,
Den Menschen singe! daß mein geweihter Arm
Vom Altar Gottes Flammen nehme!
Flammen ins Herz der Erlösten ströme! (»Der Erlöser«, *Oden* I, 97f.)

2. Kosmische Christologie

Strukturbildender Gedanke des Epos ist die graduelle Vereinigung der Schöpfung mit Gott durch die Mittlerschaft Christi. Mit der Darstellung einer ihrem liebenden Schöpfer zustrebenden Kreatur in einem kopernikanischen Weltraum gelingt Klopstock eine großartige Synthese zwischen Theologie und Naturwissenschaft, mittelalter-

lichem und modernem Weltraum, Zeit und Ewigkeit (s. Wöhlert
1915). Neuplatonischen Vorstellungen entsprechend, verliert sich
nach unten hin das monistische »Urlicht« (I 195):

> Mitten in der Versammlung der Sonnen strahlet der Himmel,
> Rund, unermeßlich, des Weltgebäus Urbild, die Fülle
> Jeder sichtbaren Schönheit, die sich, gleich flüchtigen Bächen,
> Ringsum durch den unendlichen Raum nachahmend ergießet. (I 231-234)

In Anlehnung an das neuplatonische Bild von einer Stufenleiter, auf
der jede Kreatur nach dem Grad ihrer Vollkommenheit ihren Platz
hat (s. Lovejoy 1936/1993), besteht der Kosmos aus selbständigen,
aber dem Ganzen dienenden Welten und Wesen, die sich in Ver-
wandlungsstufen der Gottheit annähern; in diesem Bildkomplex ergeben sich vielfältige Bezüge zur neuplatonischen Tradition im 18.
Jahrhundert und insbesondere Leibniz (s. Kaiser 1963, 44-63; Jacob
1997, 192-198). Diese Dynamik bestimmt auch die emotionelle
Aufwärtsbewegung, die dem sündigen Menschen als wirksamste Art
»Gott zu denken« (SW XI, 213f.) schon auf Erden den »Vor-
schmack« (XX 644) einer von irdischen Begrenzungen befreiten
Glückseligkeit vermittelt und damit dem Dichter zur höchsten rhetorischen Aufgabe wird. Die Bewegung erfüllt sich mit dem Weltgericht am Jüngsten Tage, »Wenn nun Gott die Kreise der Welten mit
seinem Himmel / Durch allgegenwärtiges Anschaun alle vereinet« (I
223f.).
     Mit der Bewegung zum »Urlicht« verknüpft Klopstock die Bewe-
gung zur ewigen Glückseligkeit als Erfüllung von Gottes »unendli-
chem Plan der Seligkeit Aller« (XV 1179-1182). Dem durch Endlichkeit, Sünde und Tod geprüften Menschen gilt Gottes besondere
Liebe: Zeugnis ist die erlösende Erniedrigung Christi, des »Mittlers«
(I 21 u.ö.). Auch der Lohn wird ein besonderer sein: »Er bauet auf
Elend / Freuden empor, die keiner der Immerglücklichen kennet«
(XV 1182f.; s.a. XV 863-1004). Bei allem Schrecknis wird so das
Weltgericht zum freudigen Ziel der Hoffnungen (s. *Messias*, Bd. III,
188f., 309-314). Die eschatologische Richtung verdeutlicht schon
die Anrede an die »mit dem kommenden Weltgerichte vertraulichen
Seelen« (I 22). Das der Erfüllung zustrebende Heilsgeschehen offen-
bart die zeitlose Wirklichkeit einer vor Erschaffung beschlossenen
Erlösung (I 90-93).
     Theologisch begibt sich Klopstock mit seinem Epos in ein
höchst kontroverses Spannungsfeld zwischen protestantischer Orthodoxie, Pietismus und Neologie (von Leibniz und bes. Christian
Wolff geprägte theologische Aufklärung; zu dem Komplex s. Kaiser
1963, 28-203; Kondylis 1981, 576-649; Jacob 1997). Orthodox

und Leibniz sowie Neologie eher entgegengesetzt ist die Christozentrik, wobei die Feier der Wunden Christi an den pietistischen Blut- und Wundenkult erinnert (z.B. XI 1259f.; XII 90-92; s. Kaiser 1963, 168-170). Wie für die Neologen bewegt sich im *Messias* der Mensch in einem Prozess moralischer Vervollkommnung zu Gott hin; wie im Pietismus ist dieser Prozess aktive Annäherung an das Vorbild Christi (s. Kaiser 1963, 174). In Opposition zur Orthodoxie geriet Klopstock mit seiner für die neuplatonische Tradition und die Leibniz-Nachfolge typischen Abschwächung des Bösen sowie der für den Pietismus charakteristischen Betonung der Eschatologie. Von Gott getrennt wird der Mensch weniger durch Sündhaftigkeit als durch Erdenschwere und Endlichkeit; die Aufwärtsbewegung erhält somit zentrale Bedeutung. Hatte Milton Satan als starken Widersacher Gottes dargestellt, bezwingt ihn bei Klopstock ein »Blick« des Messias (II 623). Für die Orthodoxie besonders provokant wurde der rührende Teufel Abbadona im 2. Gesang: seine ›guten‹ Attribute der Reue und Liebe zum Messias deuteten auf künftige Begnadigung, was auf die ketzerische Wiederbringung aller Kreaturen hinauslaufen musste (Apokatastasis Panton; s. *Briefe* VIII, 215; Kaiser 1963, 174-190; Höpker-Herberg 1986, 139-167, 246f.). Während Abbadona schon 1747 in einer handschriftliche Fassung »mit dem Bogen des Friedens umgürtet« wird (H2, 1747, II 830; *Messias*, Bd. IV, 290f.; s. 1. Mos. 9, 12; Offb. 4, 3), wäre eine Veröffentlichung zu dem Zeitpunkt zu riskant gewesen; schon zwei Jahrzehnte später erregte die Begnadigung Abbadonas im Weltgericht kaum Anstoß. Die Kontroverse zeigt, wie Klopstocks empfindsam-optimistische Interpretation dem Geist einer Zeit entsprach, die sich zunehmend kritisch mit den tradierten Dogmen auseinandersetzte. Die Meidung dogmatischer Abgrenzung öffnete das Werk einem Publikum, das von orthodoxen Protestanten bis zu Katholiken, von Pietisten bis zu Neologen reichte und auch Nicht-Gläubige miteinschloss.

3.   Wahrheit und Erdichtungen

»Alles, alles ist bei K[lopstock] in Teilen schön, sehr schön, nur im Ganzen nicht der rechte Epische Geist« (Herder 1877-1913, I, 284; s. Lohmeier 1968, 110-116); für Klaus Weimar ist die Gattungsbezeichnung »eher zufällig« (1969/70, 143f.; dagegen Martin 1993, 95). Dies lässt außer Acht, dass Klopstock das Werk in kritischer Auseinandersetzung mit dem klassischen Epos konzipierte. Wenn

Der Messias den traditionellen Gattungsbegriff nicht erfüllt, so liegt
dies im christlichen Gegenstand und in der rhetorischen Funktion
des Werks begründet. Obwohl das Epos in vielen grundlegenden
Aspekten durchaus dem von Aristoteles bis Gottsched mit variieren-
den Akzentsetzungen definierten Begriff entspricht (Aristoteles, *Poetik*, bes. Kap. 23-26; Gottsched 1751, 469-504; s. Martin 1993,
114-117) so begibt sich Klopstock mit seiner Wahl eines ›geschichtlichen Stoffs‹ und einer Handlung, die sich vorwiegend im Reiche
des von Bodmer und Breitinger empfohlenen ›Wunderbaren‹ abspielt, in Opposition zur Gottsched-Schule. Statt sich an die irdischen Koordinaten von Zeit und Raum zu halten und die Götter in
die Natur hineinzunehmen, stellt er die Überwindung solcher Be-
grenzung dar (s. Kaiser 1963, 204-234; Martin 1993, 114-139).
Das Unplastische des Epos ist somit für Aussage und Wirkung wesentlich.

Während Gottsched unter Ausschluss »wahrer Begebenheiten« in
der Dichtung nur fiktionales Geschehen billigt (1751, 149), bindet
sich Klopstock nach Art des Geschichtsschreibers an die vorgegebe-
ne Wahrheit (s. Hilliard 1987a, 152-174). Scharf verwahrt er sich
gegen Änderungen am »Plan«, mit denen kurioserweise Friedrich II.
experimentiert haben soll (*Briefe* VII, 113), denn der Plan ist theo-
logisch fundiert: »das Epos [... formt] in kunstmäßiger Steigerung
und Konzentration die Struktur der gesamten – typologisch verstan-
denen – biblischen Geschichtsüberlieferung nach« (Dräger 1971,
229). Anhand der Evangelien stellt Klopstock Kreuzigung, Auferstehung und Himmelfahrt dar (Matth. 26-28; Mark. 14-16; Luk. 22-
24; Joh. 13-21), arbeitet aber eine Fülle von weiteren Zitaten und
Anspielungen ein. Vor allem die Offenbarung des Johannes und
präfigurative Stellen des Alten Testaments deuten auf die Ewigkeit
jenseits der etwa vierzig Tage währenden Handlung (s. Martin 1993,
114-117). Symmetrisch behandeln zehn Gesänge das Leiden und
zehn die Freude:

I-III Exposition (Himmel; Hölle; Erde); IV Verrat, Abendmahl; V Gethse-
mane; VI Gefangennahme; VII Verhör durch Pilatus; VIII Kreuzweg und
Kreuzigung; IX Leiden am Kreuz; X Tod; XI Auferweckung der Heiligen;
XII Begräbnis; XIII Auferstehung; XIV-XV Jesus und Auferstandene erscheinen auf der Erde; XVI-XVII erstes Gericht, Erscheinungen; XVIII-
XIX Adams Visionen vom Weltgericht; XIX Himmelfahrt; XX Triumphzug
zum Thron Gottes. (s. Summarien in *Messias,* Bd. III, 143-161)

Bezüge zur emblematischen und rhetorischen Tradition vertiefen die
Struktur (s. Dräger 1971, 146-179; Hilliard 1987a, 121). »Erdichtungen« beschränken sich auf Einzelheiten, welche die Bibel »mit so

wenigen Worten [entwirft], daß wir notwendig Umstände hinzu-
denken müssen, um sie uns vorzustellen«, sowie auf »gewisse Wahrheiten, deren völlige Erkenntnis uns in diesem Leben noch nicht
notwendig ist« und die »uns so offenbart [sind], daß sie so viel Winke zu sein scheinen, weiter über diese Wahrheiten nachzudenken«
(AW, 1006). Maßstab ist »der Plan der Offenbarung« (AW, 1005);
hinzu kommt die »allgemeine Regel der Schriftausleger« – die typologische Exegese (s. Dräger 1971, bes. 54-88, 229-32). Die »Erdichtungen« sollen als Mittel der »Darstellung« die Wirkung des Heils-
geschehens auf die Affekte steigern. So verdeutlicht Klopstock die
Wirkung der *evidentia* mit Bezug auf das biblische »Die Gräber taten
sich auf ...« (AW, 1007; s. Matth. 27.52f.), ähnlich wie Quintilian
sie mit Bezug auf die Aussage »die Gemeinde sei erobert worden«
erläutert (VIII 3, 67-70). Die Vergegenwärtigung der zwei biblischen Verse beansprucht mehr als zwei Gesänge (XI, XIII 1-267,
XV; s. Hilliard 1987a, 168-171). Die Bibel bietet »Grundrisse«, welche der Dichter »studiert« und »nach den Hauptzügen aus[malt]« –
eine Form des ›Nachdenkens‹ über die Religion (AW, 998). *Der
Messias* erhält somit seine Bedeutung erst aus dem Bezug zur Bibel.

4. Dialog mit der Bibel

Berichte, dass man den 5. Gesang am Gründonnerstag las und den
10. Gesang am Karfreitag oder dass eine Nonne auf ihrem Betaltar
den *Messias* neben dem Gebetbuch und der Bibel liegen hatte (*Briefe*
VII, 70, 182), verdeutlichen, dass *Der Messias* im Wechsel mit Bibel,
Predigt, geistlichem Lied und Erbauungsliteratur rezipiert wurde;
die exegetische Struktur verbindet das Werk mit der Homiletik
(s. Dräger 1971; Hilliard 1987a, 167). Näherer Untersuchung be-
dürften Verbindungen mit der Kirchenmusik, besonders in Hinblick
auf die Rhetorik und auch unter Bezug auf die Frühaufklärung
(Brockes, Gottsched; s. Dreyfus 1996, 232-242). So stellen Bachs
Passionen das Geschehen durch musikalisch elaborierte Bibelzitate
dar, deren Wirkung auf die Affekte durch Reaktionen der Jünger
und des Volks, der Tochter Zions und der Christenheit erhöht wird.
Zentral ist auch dort die »deklamatorische Einheit zwischen Ton
und Wort« (Schweitzer 1936, 399). Obwohl Klopstock erst nach
der Bekanntschaft mit Gerstenberg 1764 beispielsweise Händels
Messiah kennenlernte, so ist doch die folgende Briefstelle signifikant,
denn es trennt nur ein Gedankenstrich das Oratorium vom dekla-
mierten Epos:

Wir haben diesen Winter in unseren Concerte recht köstl. gesungen z. E.
Händels Messias, dazu Ebeling u ich einen deutschen Text gemacht haben.
– Die Stolberge erzählten mir, Schubart hätte den Mess. in Augspurg decla-
mirt u viele Zuhörer gehabt. (Klopstock an Miller, 22.5.1776, *Briefe* VII,
29f.)

Da insgesamt der ›Gebrauchs‹-Charakter des *Messias* bislang eher als
ästhetischer Makel gesehen wurde, bleiben wichtige Bezüge zur zeitgenössischen Kultur im Dunkeln – Opfer der Autonomieästhetik.

   Der Bezug zur Bibel ist für ein Verständnis des *Messias* wesentlich, denn Zitate, Andeutungen und typologische Interpretation beleben im Akt des Lesens die Bilder und Bedeutungen (s. Biblische
Belege zum Text und Kommentierendes Namenregister, *Messias*, Bd.
VI). Im intertextuellen Dialog mit der Bibel evoziert noch das kleinste Motiv – Fels, Palme, Wind – die Bewegung vom Gegenständ-
lichen zum Geistigen und macht die ›Geschichte‹ für die ewigen
Freuden des unendlichen Lebens durchsichtig – ein Verfahren, das
vom Leser die Interaktion des ›Denkens‹ und ›Empfindens‹ verlangt.
Klopstock will damit »eine Bildsprache schaffen, die nicht aus der
Ähnlichkeit der Geisterwelt mit der Menschenwelt, sondern aus der
Unähnlichkeit beider Welten lebt« (Haverkamp 1982, 78). Die Bedeutsamkeit der Präfiguration zeigt der alttestamentliche Isaak angesichts der Leiden Christi am Kreuz. Er erinnert sich an die Zeit, als
Gott seinem Vater Abraham die Opferung des Sohnes befohlen hatte (1. Mos. 21). Jenes nicht vollzogene Opfer weist typologisch auf
die Opferung des Gottessohnes voraus (s. Dräger 1971, 54-57; Martin 1993, 118f.):

> Dein freudiger Sohn ging
> Neben dir her, und wollte mit dir dem Ewigen opfern!
> Aber da ich nunmehr auf dem Opferholze gebunden
> Lag, und der heilige Brand bey mir aufflammte, mein Auge
> Thränend gen Himmel blickte, du mich das letztemal küßtest,
> Dann dich wandtest, und nun den blinkenden Dolch, den Verderber,
> Über deinem Geliebten emporhieltst; da.. Doch von dieser
> Stunde Trauren schweig' ich! Jahrhunderte Freuden bekrönen
> Sie mit Seligkeit! Ach, dein Isak wurde gewürdigt,
> Gottes Opfer, das Opfer, das nun auf Golgatha blutet,
> Vorzubilden! (IX 286-296)

Konnotationen bereichern den Bezug zwischen Altem und Neuem
Bund: der »Verderber« (2. Mos. 12, 23) tötete beim Auszug aus
Ägypten jene, die sich nicht durch das Blut des Opferlamms auf
der Türschwelle als Mitglieder von Gottes Volk kenntlich gemacht
hatten (s. XX 30-45); und »bekrönen« weist voraus auf die Kronen

der Erwählten am Jüngsten Tage (Offb. 4, 4; z.B. *Messias* XX 128-131).

Die Komplexität des Beziehungsgeflechts zeigt Dräger exemplarisch anhand der einleitenden Szene vom Weg auf den Ölberg (I 39-81; s. Dräger 1971, 17-50). So spielt der knappe Vergleich vom Verbergen des Messias im Gebirge »Wie in das Heilige Gottes« (I 45) auf den traditionsbefrachteten Bilderkomplex vom Tempel an (Dräger 1971, 20-27; Lee 1981). Der Vorhang, der im Tempel des Alten Testaments das ›Heilige‹ vom ›Allerheiligsten‹ trennt (2. Mos. 26, 33 u.ö.), zerreißt bei Christi Tod (Matth. 27, 51 u.ö.), und die exegetische Tradition spiritualisiert das Bild in Richtung auf die »ewige Erlösung« durch Christus, den Hohenpriester, der sein eigenes Blut vergoss (Heb. 9, 11f.). Das Verbergen des Messias zum Gebet verweist so auf die Vorbereitung zur Erlösungstat, in der er zugleich Opferlamm und Hoherpriester ist (s. V 456f.; X 83f. u.ö.). Vertieft wird damit auch die einleitende Apostrophe an den »Geist Schöpfer«, der »den Menschen aus Staube gemacht zum Tempel sich heiligt!« (I 14).

5. Dargestellte Rede als epische Handlung

In den Mittelpunkt seines Epos stellt Klopstock eine Heldentat des Erleidens (s. Kaiser 1963, 234-248; Martin 1993, 133-139). Die ›Handlung‹ besteht in der Wirkung der Tat:

Wär eine für di Epopöe gleich grosse Handlung, u. zugleich eine kent, di das Herz so stark, u. fon so filen Seiten bewägt, wi di ist, welche ich gewält habe där nenne si, aber är beweise auch das Behauptete («Über den ›Messias‹, 1797-1801«, *Messias*, Bd. III, 174)

Entsprechend tritt narrative Beschreibung zurück; dargestellt wird seelische Teilnahme am Geschehen in Gebet, Klagelied, Hymne und Wechselgesang (dazu Langen 1966, 126-131). Der Ton ist nicht realistisch differenziert, sondern gleichbleibend erhaben; bewegend ist die Vielfalt der teilnehmenden Perspektiven, da diese Fülle die Vollkommenheit der Schöpfung verdeutlicht (s. Jacob zu Leibniz und A.G. Baumgarten, 1997, bes. 18-31). Besonders rührend wirkt der bekehrte Erz-Sünder Abbadona: »wenn [Abadona] den Mess. am Ölberge leiden sieht: so kan ich, durch ihn, die Leiden des Mess. in einer Erhabenheit zeigen, wie es mir sonst kaum mögl. war« (Klopstock an Cramer, 4.2.1791, *Briefe* VIII, 232).

Auch der Dichter selbst ist Zeuge: ohne die zeitliche und räumliche Distanz des klassischen epischen Erzählers singt er sein Lied als subjektiv von der Erlösung Betroffener und durchläuft alle Stufen der Sprachfähigkeit (s. Kaiser 1963, 248-258). Rede bestimmt das gesamte Epos. Bei den Engeln und Menschen finden sich Sprache und Gestik des Freundschaftskults (Höpker-Herberg 1986, 240). Der menschliche Messias verkörpert den guten, tugendhaften Redner (*vir bonus dicendi peritus*), der Pharisäer Philo dagegen den moralisch schlechten (*vir malus dicendi peritus*; s. Hilliard 1987a, 102-111). Und wie das Licht sich im Kosmos nach unten hin verliert, verkehrt sich himmlischer Gesang in höllisches Gebrüll, begleitet von »dumpfen, entheiligten Harfen, verstimmt zu den Tönen des Todes« (II 409). Die Bedeutung der Bibelstelle »allda kreuzigten sie ihn« (Joh. 19, 18; s.a. Luk. 23, 33) wird durch betroffenes Verstummen der Rede evoziert, in retardierender Anregung zum denkenden Empfinden der Wirkung dieser Erlösungstat:

> Die Kreuziger nahten
> Sich dem Versöhner. Da betraten die wandelnden Welten
> Mit weitwehendem Rauschen des Kreislaufs Stäten, von denen
> Jesus Tod sie verkündigen sollten. Sie standen. Die Pole
> Donnerten sanfter herab, und verstummten. Die stehende Schöpfung
> Schwieg, und zeigt' in den Himmeln umher die Stunden des Opfers.
> Auch du standest, der Sünder Welt, und der Gräber! das Grabmahl
> Dessen, der bluten sollte, mit dir! Nun schauten mit allen
> Ihren Unsterblichkeiten die Engel. Es schaute Jehovah,
> Hielt die Erde, die vor ihm sank, es schaute Jehovah,
> Siehe, der war, und seyn wird, auf Jesus Christus herunter:
> Und sie kreuzigten ihn. Die du unsterblich, wie sie bist,
> Welch' ihn sahen, o du, die seine Wunden auch sehn wird,
> Neige dich tief an das unterste Kreuz, umfass' es, verhülle
> Dich, o Seele, bis dir die bebende Stimme zurückkömmt! (VIII 239-253)

6.   Der sprachliche Ausdruck

Als Herder den *Messias* »nächst Luthers Bibelübersetzung« das »erste klassische Buch« der deutschen Sprache nannte (1803, 99), betonte er die traditionsstiftende Kraft eines Stils, den Klopstock unter Einsatz klassischer Techniken und Nutzung der ›Bildsamkeit‹ des Deutschen zu einem differenzierten, dynamischen Ausdrucksmittel heranbildet. Mit wechselnden Anreden, Aussagen, Ausrufen und Fragen sowie einem zuweilen geradezu abenteuerlichen Satzbau und

kreativ abgewandelten Wortschatz vermittelt er differenzierteste seelische Vorgänge und evoziert Bewegungen, die menschliche Zeit-
und Raumvorstellungen transzendieren. Leitprinzip ist die ›Erhebung‹ der poetischen Sprache über die ›kalte‹, rationale Prosa (s.
»Von der Sprache der Poesie«, AW, 1016-1026; Schneider 1960, bes.
Kap. III, V). Bei der Bildung seiner epischen Sprache orientierte
sich Klopstock vor allem an Luther (an Böttiger, 22.7.1797, *Briefe*
IX, 148), aber auch an Bodmer und Breitinger und der longinischen
Tradition, an den klassischen Sprachen sowie an Opitz und Haller
(s. AW, 1017f., 1024-1026). An pietistischen Sprachgebrauch erin-
nern dynamische Verbkomposita und die Zusammensetzungen mit
der negierenden Vorsilbe »un-« (s. Langen 1954, 438-451).

Den Schaffens- und Überarbeitungsprozess kennzeichnet das Experiment mit Mitteln der Verkürzung (Komposita, Eliminierung
von Artikeln, Inversion) und der Bildung anti-prosaischer »Wörter
von ausgemachter Stärke« (AW, 1020): unübliche Simplexformen
wie »schatten« (»Das erhub sich, / Schattete furchtbar«, XII 869f.; s.
Grimm 1854-1971, XIV, Sp. 2248f.); ungewöhnlicher Gebrauch
von Verben, wie »dir feyren« (V 795) oder »die Seelen [...], die Helden waren, und würgten« (IV 299); absolute Komparative wie »der
hellere Seraph« (I 285); Komposita wie »die donnergesplitterten
Wälder« (III 619), »sanftkühlendes Moos« (XV 1480), »schrecken-
erschaffend« (X 16), »furchtbarschön« (XX 318) oder »Seelenerqui-
ckung« (XVII 308). Bewegung erzeugt selbst die Struktur des einzelnen Wortes in Verbkomposita (z.B. »voranstrahlen«, XX 3),
substantivierten Verben (»das Säuseln«, I 215; »ein Verzweifelnder«,
I 540), Partizipien (»heißblutend«, XX 23; »quellentrunken«, XX
338). Ziel ist nicht das anschauliche Symbol, sondern die Auflösung
der Körperlichkeit in Bewegung, wie am Ende des vierzehnten Gesangs (XIV 1419):

Und der Engel verschwand mit langsamverlöschendem Schimmer.

Wechselnde Sprechakte vermitteln bewegte Teilnahme. Das Heran-
nahen der Schar zur Festnahme Jesu vollzieht sich nicht narrativ,
sondern durch Ausrufe und Anreden des Erzengels Gabriel an den
seraphischen Freund Eloa, an die Schar sowie an Judas selbst:

> Aber o sieh, wer drüben im Dunkeln
> Wild mit der Flamme sich naht. Euch sandte die Höll', Empörer!
> Welch ein niedriger Haufen! Allein der Schöpfer des Sandkorns
> Und der Sonnen, der Ewige herrscht, durch den Wurm, und den Seraph!
> Und ihr Führer, ihr Führer! Eloa.. So wird er nicht wandeln,
> Wenn die Posaune den Staub aus jenen Hügeln hervorruft,

Die vor dem Richter ihn deckten, so froh wirst dann du nicht wandeln,
Du Verräther! Er sprachs. Der Haufen nahte sich wüthend, [...] (VI 27-34)

Teichoskopisch fügt sich das irdische Geschehen in den Zusammenhang eines unendlichen Wissens um Himmel und Hölle. Der Aus-
sagesatz »der Ewige herrscht« stellt dem menschlichen Verbrechen
die Macht Gottes als Schöpfer und Richter gegenüber.

Den Satzbau kennzeichnen Inversionen, Ellipsen und andererseits
intensivierende Wiederholungsfiguren, wie hier in der Anrede an den
gekreuzigten Jesus (s. Schneider 1960, 82-84; Kaiser 1963, 251):

Starr, mit tiefgesunkenem Haupt, die heilige Schläfe
Mit der Krone der Schmach bedeckt, im Blute, das auch starr
Stillstand, jetzo nicht mehr um Gnade zum Richtenden rufte,
In die Himmel der Himmel hinauf, um die Gnade des Vaters!
Hing dein Leichnam, o hätt' ich Namen, dich würdig zu nennen,
Hing dein Leichnam, nicht Thränen, und nicht des bebenden Stimme
Nennet dich! hing an dem hohen Kreuz dein Leichnam herunter. (XI 720-726)

Bis ins einzelne Wort hinein verstärkt Klopstock die bewegende
Wirkung der Aussage ›Dein Leichnam hing starr am Kreuz‹: Ellipse
des Artikels in der Inversion »des bebenden Stimme«; Komposita
mit Richtungsadverbien (»hinaufrufen«, »herunterhängen«) oder
Adjektiven (»tiefsinken«, »stillstehen«), dynamisierende Partizipien
(»tiefgesunkenem«, »bedeckt«, »bebend«, »der Richtende«); sparsa-
mer Gebrauch von Adjektiven; die ungewöhnliche Verbform »rufte«. Für zeitgenössische und spätere Dichter bot dieses reiche Spektrum an Möglichkeiten der Bildung des Wortmaterials eine enorm
wichtige Anregung zur kreativen Arbeit mit der Sprache.

7.   Metrum und Rhythmus als Mitausdruck

Für sein Epos wählte Klopstock den Hexameter, das Versmaß Homers und Vergils, von Aristoteles als »das erhabenste und feierlichste
unter allen Maßen« bezeichnet (*Poetik* 24). Wenn es auch deutsche
Versuche gegeben hatte – nicht zuletzt von Gottsched –, so betrat
doch Klopstock auch im europäischen Kontext mit seinem Hexameter metrisches Neuland, ohne Konzessionen an die Rezipienten, die
alternierende, reimende Alexandriner erwarteten:

Die Bedeutung dieses Schritts ist kaum zu überschätzen. [...] Wenn er [...]
den antiken daktylischen Hexameter nachbildet, dann greift er über die

neuzeitlich-volkssprachliche Epik hinweg und sucht Anschluß an das klassische Altertum. An die Stelle eines meist über Frankreich vermittelten tritt
damit ein dem Anspruch nach originaler Klassizismus. (Martin 1993, 96).

Die Bedeutung lässt sich daran ermessen, dass der Hexameter in der
deutschen Dichtung ›heimisch‹ wurde und bis in den modernen
freien Vers hineinwirkt. Auch die Folgen für die poetische Sprache
waren weitreichend: Während alternierende Versmaße ›daktylische‹
Wörter so gut wie ausschlossen (z.B. »kommenden [...] [ver]trauliche
[...] ewigen [...] göttliches«, *Messias* I 22f.), konnte im Hexameter der
gesamte Wortschatz der deutschen Sprache benutzt werden. Der Erfolg der Adaption beruht nicht zuletzt auf Klopstocks pragmatischem
Ansatz und der rhetorisch bedingten Konzentration auf die akustische Wirkung des »poetischen Perioden«, die ihn an mancher prosodischen Klippe vorbeiführte (s. Hellmuth 1973; Albertsen 1984,
97-116; Wagenknecht 1981, 78-91). »Fremdlingen im Homer« ent-
gegnet er, sie müssten doch nur »eben den Ton auf die Worte eines
Hexameters sezen, den sie auf die Worte eines klingenden Perioden
einer Rede sezen« (an Bodmer, 21.9.1748, *Briefe* I, 18); dazu
stimmt auch der Bericht, er habe das Epos zunächst in poetischer
Prosa konzipiert (*Messias*, Bd. III, 189). Die Breitenwirkung des
Messias besonders bei Frauen läßt vermuten, dass das Metrum klassisch nicht gebildeten Lesern kein Hindernis war.

Selbstsicher verwirft Klopstock eine »ganz gebundne Nachahmung« der Klassiker und orientiert sich an der »Prosodie unsrer
Sprache« (AW, 1042, 1044; s.a. an Bodmer, 21.9.1748, *Briefe* I, 18):
er setzt betonte Silben (Wortakzent, einsilbige Wörter) statt der
klassischen ›Länge‹ und unbetonte statt der ›Kürze‹ und geht davon
aus, dass es für deutsche prosodische Verhältnisse sinnvoll ist, den
aus Daktylen und Spondeen bestehenden Hexameter so nachzuah-
men, dass der im Deutschen problematische Spondäus durch den
Trochäus ersetzt wird. Zäsuren handhabt er frei – Stein des Anstoßes für die strengeren Schüler Voß und A.W. Schlegel (Hellmuth
1973, 199; Kelletat 1964, 55-58). In Gegensatz zur »beständigen
Einförmigkeit« des Alexandriners (AW, 1045) schafft er damit ein
Versmaß, das den klassischen Hexameter an »Mannigfaltigkeit«
noch übertrifft (AW, 1042), wobei letzteres Ideal in der rhetorischen
Theorie von der Silbenfolge gerade in Abgrenzung vom Vers hoch-
geschätzt wird (s. Quintilian IX 4, 142f.).

Im Lauf der Überarbeitungen achtete Klopstock zunehmend auf
Übereinstimmung zwischen Wortakzent und ›Länge‹, auf markante
Unterschiede zwischen betonten und unbetonten Silben sowie auf
starke Versanfänge und Kadenzen (s. Schuchard 1927), immer jedoch als Verstärkung des semantisch-rhythmischen Ausdrucks:

Und, unhörbar den Engeln, nur sich und dem Sohne vernommen,
Sprach der ewige Vater, und wandte sein ernstes Gesichte
Gegen den Messias: Ich breite mein Haupt durch die Himmel,
Meinen Arm durch die Unendlichkeit aus, und sag: Ich bin ewig!
Sag, und schwöre dir, Sohn: Ich will die Sünde vergeben!   (1748, I 138-142)

Aber unhörbar den Engeln, nur sich und dem Sohne vernommen,
Sprach der ewige Vater, und wandte sein schauendes Antlitz
Nach dem Versöhner hin: Ich breite mein Haupt durch die Himmel,
Meinen Arm aus durch die Unendlichkeit, sage: Ich bin
Ewig! und schwöre dir, Sohn: Ich will die Sünde vergeben.
(1799/1800, I 140-144)

Der substituierte daktylische Versanfang »Aber unhörbar« und die
Kadenz »schauendes Antlitz« sind nun rhythmisch markanter; und
die Substitution »Versöhner« ergibt eine differenziertere Struktur als
die trochäische Sequenz »Gegen den Messias«. Der Anfang des vierten Verses ist rhythmisch klarer, die Kadenz dagegen verstößt nun
gegen das Metrum. Gerade dies verstärkt die Aussage: In der Frühfassung war »ich bin« unbetont, jetzt aber führen metrische Unregelmäßigkeit und Enjambement zur Gewichtung aller drei Worte. Vorrang vor metrischer Reinheit hat »die Sorgfalt, die den Gedanken
und ihrem Ausdruck gilt« (Quintilian IX 4, 147).

Nur zweimal finden sich unvollständige (›katalektische‹) Hexameter, in Anlehnung an fragmentarische Hexameter bei Vergil (s.
Martin 1993, 116): bei Christi Tod (X 1052) und Auferstehung
(XIII 695). Zuweilen verliert sich die akustische Struktur des Hexameters: in hymnischen Passagen (z.B. XVIII 633-638) und in litur-
gisch anmutenden Wechselgesängen (z.B. X 486-522; s. Langen
1966, 126-131); nicht zuletzt aus diesem Grund gilt Klopstocks
Hexameter als ›unklassisch‹ (s. Hamel 1884a, I, S. viiff.; Kaiser
1963, 249f.). Höhepunkt sind die lyrischen Triumphchöre des 20.
Gesangs, in denen eigens erfundene Strophen mit extrem abwechs-
lungsreichen rhythmischen Wirkungen das epische Versmaß transzendieren. Die Erfüllung jedoch vermitteln Hexameter:

Indem betrat die Höhe des Thrones
Jesus Christus, und setzete sich zu der Rechte des Vaters. (XX 1186f.)

8.   Der angemessene Rezipient

»Der Freigeist, und der Christ, der seine Religion nur halb versteht,
sehn da nur einen großen Schauplatz von Trümmern, wo der tief-
sinnige Christ einen majestätischen Tempel sieht« (AW, 1009).
Klopstock charakterisiert hier unterschiedliche Rezeptionshaltungen
– sowie das Hauptproblem für die Nachwelt (s. Jacob 1997, 238f.,
mit Bezug auf *Anton Reiser* von K.P. Moritz). Erst die affektvolle,
gläubig belebte Verbindung mit biblischen Worten und ihren viel-
schichtigen Bedeutungen eröffnet den »Tempel«, besonders im gemeinsam erlebten Vortrag. Beim Leser setzt *Der Messias* »die Bereitschaft [...] zu geduldiger Exegese« voraus (Dräger 1971, 242) sowie
die Einstimmung durch tagtäglichen, gläubig bewegten Umgang
mit Bibel und Bibeltradition. Selbst bibelkundige Zeitgenossen ver-
sagten zuweilen vor der Komplexität der Bezüge:

Wenn ihr überhaupt die Bibel so wenig kennt, wie gehts euch da beym
Messias? Es sind so viel kleine Sachen, die man nicht *ganz* versteht, wenn
man nicht ihre Allusion auf die Bibel weis. Es geht mir selbst oft manchmal
so, daß eine Stelle mir viel schöner wird, wenn Kl. mir ihre Beziehung erklärt. (Meta Klopstock an ihre Schwestern, 26.3.1757, *Briefe*/Tiemann,
404)

VI. Die Lyrik: Gesänge des höheren Flugs

Klopstocks Oden beleben Formen der lyrischen Dichtung, in denen sich die Stimme zum dichterischen ›Gesang‹ erhebt – klassische Ode, biblischer Psalm, ossianischer Bardengesang. Als übergreifende Bezeichnung gilt zumeist der Begriff ›Ode‹; in der Ausgabe letzter Hand stehen einzig die geistlichen Lieder und die Epigramme getrennt. Innerhalb der deutschen Tradition konnte Klopstock an die horazischen Oden von Pyra und Lange anknüpfen; Ramler sucht sie ab etwa 1745 nachzubilden (s. Viëtor 1923, 98-108). »Muster« ist ihm jedoch vor allem Horaz: »Horaz hat den Hauptton der Ode [...] durch die seinigen, bis auf jede seiner feinsten Wendungen, bestimmt. Er erschöpft alle Schönheiten, deren die Ode fähig ist« (AW, 995; s.a. Kaußmann 1931, 18-23 und passim; Förster 1939; Elit 1997). Die Oden- und Elegiendichtung durchzieht Klopstocks Schaffen, von der programmatischen Elegie »Der Lehrling der Griechen« (1747, *Oden* I, 3f.) bis hin zu »Die höheren Stufen« (1802, II, 165f.). Wenn auch die frühen Oden am bekanntesten sind und die klassischen Metren und Strophenformen in der deutschen Lyrik etablierten, so ist doch das letzte Jahrzehnt zahlenmäßig am produktivsten. Die verbreitete Ansicht von der ›Erstarrung‹ der Alterslyrik beruht meist auf der normativen Auffassung, dass gültige Lyrik »Situation des Lebens« ausdrückt (Herder 1877-1913, V, 206) und aus »seelischem Erleben«, nicht »nüchterner Reflexion« geschaffen sein muss (z.B. Böger 1939, 88f.).).

Vereinzelt erschienen frühe Oden in den *Bremer Beiträgen*, in Einzeldrucken und im *Nordischen Aufseher*; auch kursierten viele Abschriften (beispielsweise sind von Herder insgesamt 62 Abschriften erhalten, s. Hurlebusch 1982, 156). Bezeichnend für das Interesse, das den Oden entgegengebracht wurde, sind die zwei unautorisierten Ausgaben von Verehrern im Frühjahr 1771, kurz vor Erscheinen der autorisierten Ausgabe im Oktober 1771. Die in nur 34 Exemplaren gedruckte ›Darmstädter Ausgabe‹ *Klopstocks Oden und Elegien* (Fechner 1974) sowie Schubarts Sammlung *Friedrich Gottlieb Klopstocks kleine poetische und prosaische Werke* basieren auf fehlerhaften Abschriften und Drucken, enthalten jedoch manche wichtige Frühfassung; so steht »Das Landleben« – unstrophische Frühfassung der 1771 in Strophen gedruckten »Frühlingsfeier« – am Anfang der ›Darmstädter Ausgabe‹, an der Herder beteiligt war und

die Goethe vor allem schätzte (1985ff., XIV, 562f.; s. Lee 1999, 74-
76). Die anonym publizierte autorisierte Ausgabe der *Oden* (s. Höpker-Herberg 1990) enthielt 73 Oden, davon 38 neu, während die
älteren zum Teil in stark revidierter Form erschienen: So war »Auf
meine Freunde« (1747) unter dem Eindruck des Bardentums völlig
umgearbeitet worden und hieß nun »Wingolf« (s. *Oden* I, 8-31; ältere Fassung in der ›Darmstädter Ausgabe‹). Die nächste Odensammlung erschien erst im Rahmen der Göschenausgabe (Band I-II,
1798, mit 194 Oden; weitere 24 Oden in Band VII, 1804); 64 von
diesen Oden waren bis dahin ungedruckt (s. Hurlebusch 1982,
140f.); die früher gedruckten erschienen zumeist in überarbeiteter
Form.

Als lyrischer Dichter trat Klopstock somit erst spät an die breite-
re Öffentlichkeit, als das Interesse am *Messias* nachgelassen hatte;
dies veranlasste Johann Heinrich Merck in seiner Rezension zu der
eher provokativen Frage, »ob nicht eine Zeit bey der Nachwelt möglich ist, daß das Rad der Dinge da stehen bleibt, wo es heist: *Klopstock*, der gröste lyrische Dichter der Neuern, *schrieb auch den Messias*« (Merck 1968, 530f.). In Klopstocks Selbstverständnis spielte die
Lyrik dagegen eine untergeordnete Rolle. Er sah sich bis zuletzt als
Dichter des *Messias*.

Die enthusiastische Rezeption der frühen Oden durch Herder
und Goethe hat den Blick der Forschung auf subjektiven Gefühls-
ausdruck und Annäherung an konfessionelle ›Erlebnislyrik‹ pro-
grammiert. Ergebnis solcher Ansätze ist die Feststellung, dass Klopstock das goethesche Ideal nicht erreicht: So öffnet er Böckmann
zufolge »den Weg hin zu Goethes lyrischer Haltung, ohne aber dessen Ausdruckssprache schon zu verwirklichen« (1949, 593; s.a.
Schneider 1960, 110). Wenn auch der hier vorausgesetzte Maßstab
hinderlich wirkt, so bieten doch Böckmann und Schneider fundierte, umfassende und noch immer anregende Untersuchungen der
Sprache. An den klopstockschen Oden vorbei führt dagegen die Arbeit *Lyrik als Erlebnislyrik* von Feldt (1990) mit der Betonung einer
»Mimesis der Innenwelt« (104) und Klopstocks »Bestrebungen zu
einer Autonomsetzung des Subjekts gegenüber der Außenwelt«
(116); in den freien Rhythmen entdeckt Feldt den »Wechsel von der
Darstellung zur Ausdruckssprache« (113), um die Diskussion zu
Klopstocks Oden dann in der »Verbürgerlichungsbewegung« kulminieren zu lassen (116). Es wird hier willkürlich mit Begriffen ope-
riert, die weder das klopstocksche Gedicht noch auch den poetologischen und sozialen Kontext erhellen.

Die Konzentration auf subjektives Erlebnis und individuelle Aussprache lässt das für die horazische Ode Typische aus dem Blick ver-

schwinden; es ist kein Zufall, dass Goethe fast keine Oden schrieb. Denn typisch für die Ode ist das Besingen eines vom Subjekt getrennten Gegenstandes: Götter, Helden, der »siegende Boxer« und das »führende Rennpferd im Wettkampf« (Horaz, *De arte poetica*, 83-85; s.a. Gottsched 1751, 18f.; Culler 1981). Im Zentrum der Ode steht daher die Anrede an ein Gegenüber. Wenn Klopstock sein Gefühl für die Freunde darstellt, so nicht aus dem konfessionellen Impuls des Gefühls*ausdrucks*, sondern um den Rezipienten durch *Besingen* der Freundschaft zur Erfahrung dieses Gefühls zu erheben. Der wirkliche Gegenstand ist Ausgangspunkt für das Ersingen des Nichtwirklichen. Die ›Fanny‹-Oden sind nicht Beschreibung der Liebe, sondern Projektion in eine von der Gegenwart unterschiedene Zukunft: »Wenn dann du dastehst jugendlich auferweckt, / Dann eil' ich zu dir!« (»An Fanny«, *Oden* I, 64). Die Anrede belebt dialogisch das Nicht-Reale. Hier ergibt sich der Übergang zum Gebet – »Ach gieb sie mir, dir leicht zu geben!« (»An Gott«, I, 74) – sowie auch zur gemeinschaftsstiftenden patriotischen Lyrik.

Die Beziehung zwischen Dichter-Ich und empirischem Ich bei Klopstock ist weder damit erfasst, dass man diese gleichsetzt, noch auch damit, dass man das »individuelle Ich des Dichters« streng vom »lyrischen Ich der Oden« unterscheidet (Kaiser 1963, 317), denn eine solche Unterscheidung basiert auf der aristotelischen Trennung von empirischer und fiktionaler Welt. Im Wirklichkeitsbezug lässt sich keine grundsätzliche Grenze zwischen dem Brief-Ich und dem Sprecher im Gedicht ziehen (s. Kohl 1995, 8). Wesentlich ist vielmehr für Klopstocks rhetorische Poetologie der Unterschied im Grad der Bewegung und im Stil: Das Brief-Ich spricht nüchtern, das odische Ich im Zustand der Inspiration. So heben sich in der Erstfassung der »Frühlingsfeier« die mächtigen Eingangsverse scharf von der erläuternden Vorrede ab (s. *Oden* I, 133). Bei Klopstock steht das empirische Ich deswegen im Vordergrund, weil ein wirklicher Stoff als besonders überzeugendes moralisches Exemplum fungiert (s. Hilliard 1987a, 172; s.a. 152-171). Poetologisch zentral ist jedoch nicht das empirische Subjekt, sondern die Wirkung des Gedichts.

Indem Klopstock die Erhebung über die irdische Welt anstrebt, ist die Natur als solche nie Gegenstand des Gedichts: Wie Brockes feiert er die Natur als Schöpfung Gottes. Wie bei Leibniz (*Theodizee*, § 147) wirkt der Mensch als »der Erde Gott« (»Bardale«, *Oden* I, 52) in kreativem, auf Gott ausgerichtetem Nachvollziehen des Schöpfungsgedankens:

Schön ist, Mutter Natur, deiner Erfindung Pracht
Auf die Fluren verstreut, schöner ein froh Gesicht,
Das den großen Gedanken
Deiner Schöpfung noch Einmal denkt.   (»Der Zürchersee«, *Oden* I, 83)

Als Vorstellung ist die Natur ein besonders wirksames Mittel, um
die Phantasie des Rezipienten zu aktivieren und für den Gedanken
Gottes empfänglich zu machen (zur Natur als Thema s. Murat
1959a, 199-254). Das nahende Gewitter in »Die Frühlingsfeier«
bietet »Stufen«, auf denen sich Dichter und Rezipient zum Preisen
Gottes erheben (*Oden* I, 133, Anm.). »Der Zürchersee« endet mit
der Feier von »Hütten der Freundschaft«, die auch ferne Freunde
beherbergen würden: »Der Schattenwald / Wandelt' uns sich in
Tempe, / Jenes Thal in Elysium« (I, 85). Die mondschimmernde,
duftende Waldeslichtung in »Die Sommernacht« ist Szene für die
Erinnerung an die »Geliebten«: »und ich seh in dem Walde / Nur es
dämmern, und es weht mir / Von der Blüthe nicht her«; erst mit der
bewegten Apostrophe »o ihr Todten« verlebendigt sich in der Erinnerung auch die sinnlich nicht mehr erfahrbare Landschaft in der
abschließenden Apostrophe »Du o schöne Natur!« (I, 180). Vorstellungen aus der Natur beleben auch abstrakte Themen: So evoziert
Klopstock die Kraft deutschen Gesangs durch den Rheinfall bei
Schaffhausen (»Aganippe und Phiala«, I, 158), und Trost bietet dem
blinden Freund die Evokation des potentiell zerstörten Gehörs: Indem das Ich den Gedanken der vereinsamenden Taubheit wachruft
und sukzessive die einzelnen Elemente des äußeren und inneren
Ohres nennt – Gehörgang, Amboss, Fäserchen, Schnecke, das ganze
Labyrinth –, feiert er zugleich »das Wundergebäude, worin die ge-
regte Luft / Zum Laut wird, den du liebst« (»Das Gehör«, II, 55f.).
Bestimmend sind der hohe Ton und der anti-prosaisch erhabene
Stil: ans Lateinische erinnernde Inversionen, Kürze, ausdrucksstarke
Wörter. Allerdings finden sich viele Variationen: der pathetisch fei-
ernde Ton und mit Pindar assoziierte »beau désordre« in »Auf meine
Freunde« (*Oden* I, 8-29; Boileau 1966, 164, 227); der mahnende
Gestus in den späten paraenetischen Elegien (z.B. »Das Neue«, II,
90), der wehmütig elegische Ton in »Die frühen Gräber« (I, 171),
die anakreontische Motivik in dem schlichten Gedicht »Das Rosenband« (I, 120). Prinzip ist die vergegenwärtigende Darstellung ›lebendiger‹ Sprache, die den Gegenstand in der Vorstellung erstehen lässt
(s. Kaußmann 1931, 23-65; Weimar 1995). Klopstock nutzt das
affektsteigernde Potential der Anrede (s. Longinus XVf., XVIIIf.):
Hervorzuheben sind Apostrophe sowie *translatio temporum*, insgesamt aber eine ungemein bewegte Handhabung von Sprechakten

des Ich, vor allem expressiven Fragen und Ausrufen. Belebend wirkt
auch die dialogische Form (s. Langen 1966, 124-128). Die Radikali-
tät, mit der Klopstock die hohe Ode in der deutschen Dichtung
etabliert, ist literaturgeschichtlich bedeutsam, stand aber in der Fol-
gezeit einer Breitenwirkung im Wege: Einem still lesenden Publikum erscheint die ›private‹, sprachlich eher einfache Erzählung eines
vergangenen Erlebnisses natürlicher und damit leichter rezipierbar
als die pathetische Evokation einer emotionalen Extremstimmung,
die vom Leser einen gleichfalls extremen Akt des Nachvollzugs verlangt. Auch die klingenden mythologischen Namen der bardischen
Gedichte der sechziger Jahre kommen erst im Vortrag zur Geltung.

Formal weitet sich das Spektrum im Laufe von Klopstocks
Odenschaffen, ausgehend von horazischen Strophen und distichi-
schen Versmaßen, auf die er allerdings immer wieder zurückkommt.
Anfang der fünfziger Jahre experimentiert er mit neu kombinierten
Versen bzw. Versteilen (»Hermann und Thusnelda«, *Oden* I, 105f.; s.
Hellmuth 1973, 84-86). Die in den späten fünfziger Jahren vor allem in Anlehnung an den biblischen Parallelismus entwickelten frei-
en Verse erscheinen in späteren Gedichten immer wieder, allerdings
vorwiegend als ametrische Vierzeiler. Ab 1764 erfindet er ›Wortfuß‹-
Strophen (s.o., S. 64-66), die er von da an immer wieder benutzt.
Im letzten Jahrzehnt dichtet er auch in Formen, die Hexameter mit
regelmäßigen oder freien Versen verbinden. Vereinzelt finden sich
alternierende Versmaße (z. B. »Edone«, *Oden* I, 212). Nicht nur
chronologisch ist es verfehlt, in den freien Rhythmen die Kulmination seiner formalen Entwicklung zu sehen (z.B. Bjorklund 1981,
20): Charakteristisch ist das Experimentieren mit verschiedensten
Möglichkeiten. Gerade damit legte Klopstock den Grund für die
reiche Tradition metrisch freier Formen in der deutschen Literatur.

1.   Frühe Oden und Elegien auf Freundschaft und Liebe

Klopstocks früheste Oden entstehen aus dem Freundeskreis der Bremer Beiträger. Sie regen ihn zur Odendichtung an, bilden in manchen Oden den Gegenstand, erscheinen als Adressaten im Gedicht,
sind erste Rezipienten und wirken als Kritiker auf das Gedicht
zurück. Das Thema Freundschaft verbindet Klopstock mit der zeitgenössischen Dichtung (zu Haller, Hagedorn und Anakreontik
s. Hilliard 1986), aber weiter zurückreichend auch mit der Antike,
besonders Horaz, und dem Humanismus. Im 18. Jahrhundert erhält
es in Pietismus und Aufklärung – wenngleich mit unterschiedlicher

Wertung – neue Signifikanz (s. Rasch 1936; s.a. »Von der Freund-schaft«, AW, 934-942). Die Ode »Auf meine Freunde« (1747, *Oden* I, 8-30) dürfte wichtige Anregungen von Langes Ode »Die Freunde« empfangen haben (Lange 1747, 142-150; s. Viëtor 1923, 119; Kohl 1995, 25-27), zumal die Freundschaft bei Pyra und Lange im Zen-trum ihrer Bestrebungen stand, die deutsche Dichtung durch die horazische Odentradition zu beleben (s. Rasch 1936, 152-180):

> Ich will, ich will die Freunde besingen,
> Mit reinen Tönen klinget die Laute,
> Und du erscheinst mir göttliche Dichtkunst,
> In meiner Brust entbrennet Dein Feuer,
> Du selber stimmst mit lehrender Hand,
> Den lesbschen Darm, und hauchest mich an. (Lange 1747, 142)

Den Unterschied zwischen Klopstocks Oden und der zeitgenössi-schen Lyrik verdeutlicht der Anfang der Freundschaftsode, in der er mit Horaz (Ode IV, 2) und durch ihn mit Pindar wetteifert:

> Wie Hebe, kühn und jugendlich ungestüm,
> Wie mit dem goldnen Köcher Latonens Sohn,
> Unsterblich, sing ich meine Freunde
> Feyrend in mächtigen Dithyramben.
>
> Wilst du zu Strophen werden, o Lied? oder
> Ununterwürfig, Pindars Gesängen gleich,
> Gleich Zeus erhabnem trucknem Sohne,
> Frey aus der schaffenden Sel enttaumeln?
>
> Die Waßer Hebrus wälzten sich adlerschnell
> Mit Orpheus Leyer, welche die Hayne zwang
> Daß sie ihr folgten, die die Felsen
> Taumeln, und Himmelab wandeln lehrte; (»Auf meine Freunde«, *Oden* I, 8)

Die Wirkung der bewegten Metaphorik verstärkt Klopstock durch abwechslungsreiche Beziehung zwischen Syntax und Vers, expressive Sprechakte und spannungsvolle Inversionen, um die leidenschaftli-che Feier der Freundschaft ins Gefühl des Rezipienten zu übertragen und ihr so mit dem Gedicht Unsterblichkeit zu verleihen. Obwohl Klopstock diese Ode im Vergleich zum *Messias* »profan« nennt (an J.A. Schlegel, April 1748, *Briefe* I, 8), haben die Oden über die Freundschaft doch eine heilige Aufgabe, denn Freundschaft gilt ihm als »Glückseligkeit [...], die wir nicht allein in dieser, sondern auch in der künftigen Welt genießen können« (AW, 937), so wie auch die Liebe: »Die Freundschaft und die Liebe sind zwo Pflanzen aus einer Wurzel. Die letzte hat nur einige Blumen mehr« (AW, 936). Die

Oden festigen eine Seelengemeinschaft, die im Diesseits auf die ewige Himmelsgemeinde vorbereitet, indem »wir [...] uns bei der Hand unserm gemeinschaftlichen *letzten Endzwecke* zuführen« (AW, 937).

In den frühen Oden wird zumeist nicht Erfüllung von Freundschaft und Liebe dargestellt, sondern das Abwesende beschworen. Teils erklären dies autobiographische Bezüge: So in »An Fanny« (*Oden* I, 63f.) die unerwiderte Liebe zur Cousine oder in der »Abschiedsode; an G***« die Abreise Gisekes aus Leipzig (I, 44); dagegen verringert sich in den ›Cidli‹-Oden von 1752/53 an Meta die Spannung auf das Nicht-Wirkliche (z.B. »An Cidli«, »Gegenwart der Abwesenden«, »Das Rosenband«, I, 110f., 119f., 120; zu den ›Cidli‹-Oden s. Hebeisen 1998). Aber auch Oden auf gegenwärtige Freunde zeigen imaginierte Situationen sowie die Ausrichtung auf Tod und künftiges Leben im Zeichen der Vorbilder von Elisabeth Rowes *Friendship in Death* und Youngs *Night Thoughts*; diese Haltung ergibt sich aus der Tradition von Ode und Elegie, die gerade in der Apostrophe an das Abwesende ihren Grund haben (s. Culler 1981), sowie aus der rhetorischen Tradition, denn die extremen Emotionen der Freude (»Auf meine Freunde«, »Der Zürchersee«, I, 8-30, 83-85) und des Schmerzes (»An Ebert«, »Selmar und Selma«, I, 38-42, 58f.) erlangen in der Vorstellung besondere Überzeugungskraft (s. AW, 1035; dazu Hilliard 1987a, 120f.). Aus der Spannung zur gegenwärtigen Glückseligkeit mit dem Freund heraus evoziert der »finstre Gedanke« der Vorausschau auf Einsamkeit und Tod den intensivsten Schmerz (»An Ebert«, I, 58f.); und aus der gegenwärtigen Wehmut des Alleinseins heraus evoziert die Vorausschau auf künftige Liebe unaussprechliche Freude:

Ach, wie will ich, Cidli, dich lieben! Das sagt uns kein Dichter,
   Und selbst wir im Geschwätz trunkner Beredsamkeit nicht.
Kaum, daß noch die unsterbliche selbst, die fühlende Seele
   Ganz die volle Gewalt dieser Empfindungen faßt!
                 (»Die künftige Geliebte«, 1747/1748, *Oden* I, 35)

2.   Das sublimierte Gelegenheitsgedicht

Auf Metas Tod reagiert Klopstock mit der Herausgabe ihrer Werke und erklärt einleitend die »Ursachen, daß ich kein Gedicht, welches so viele von mir erwartet haben, [...] auf sie machen werde« (SW XI, 7). Die Erklärung mündet in der Feststellung: »Es ist noch ein Umstand, der Gedichte von dieser Art uninteressant macht. Wir haben ihrer zu viel« (SW XI, 8). So ließ er Glucks inständige Bitte um ein Gedicht auf den Tod seiner auch von Klopstock verehrten Nichte unerfüllt (s. *Briefe* VII, 23, 165). Hierin drückt sich Abwehr der Tradition des Gelegenheitsgedichts aus, die im frühen 18. Jahrhundert einen Großteil der deutschen Dichtung ausmachte und sie auch in den Augen der Zeitgenossen in Misskredit gebracht hatte.

Klopstocks Stellung am dänischen Hof machte es allerdings so gut wie unerlässlich, den Gönner dichterisch zu feiern (s. »Friedrich der Fünfte«, »Für den König«, »Die Genesung des Königs«, »Das neue Jahrhundert« u.a., *Oden* I, 86-88, 114-116, 145-147, 148-151; s. Thayer 1970; Pape 1998, 493-500). Er nutzt hier die Mittel der Ode zur Erhebung des Gelegenheitsgedichts über die Gebrauchslyrik. Der Anlass wird oft in wenigen Versen abgehandelt und die Betonung auf moralisch würdiges Handeln gelegt, wodurch der König erst die Huldigung rechtfertigt. Auf diese Weise erhält der Dichter eine dem besungenen Fürsten ebenbürtige Stellung, da er als moralische Instanz spricht. Zentrales Thema ist Friedrichs Wahrung des Friedens, wodurch Klopstock nicht nur diese Errungenschaft preist, sondern auch zur Aufrechterhaltung dieser moralisch erhabenen Politik auffordert. Die latenten Spannungen verdeutlicht die Tatsache, dass Klopstock den Schluss der Ode »Das neue Jahrhundert« ändern musste, nachdem ein Höfling daran Anstoß nahm, dass hier auf die erhoffte Abschaffung der Leibeigenschaft hingedeutet wurde (s. Thayer 1970, 200).

Eine Auseinandersetzung mit der Tradition des Huldigungsgedichts bietet kurioserweise eine Ode, die nach Klopstocks plötzlichem Verlassen des Karlsruher Hofes ein Dankgedicht an Markgraf Karl Friedrich von Baden hätte sein sollen (s. Muncker 1888, 472): In »Fürstenlob« (1775, *Oden* II, 6f.) steht jedoch nicht das Lob im Vordergrund, sondern die Anklage schmeichelnder »Vergötterer«, deren »Gesang / Kakerlaken, oder Oranutane / zu Göttern verschuf« und dadurch der Dichtkunst die Möglichkeit nahm, großen historischen Persönlichkeiten ein »Denkmaal« zu setzen.

3.   Neue Psalmen: Lieder und Gesänge

Klopstocks zukunftsträchtigste metrische Neuerung, der freie Vers, entstand aus der Arbeit an den *Geistlichen Liedern* (1. Teil 1758, ersch. 1757), einer im 18. Jahrhundert hochgeschätzten Gattung, die er neben dem *Messias* als »zweyten Beruf« ansah (*Briefe* III, 52; zur sozialgeschichtlichen Rolle des geistlichen Liedes s. Promies 1980, 586-588). Vor Predigt und gesprochenem Gebet bewertete er das Lied als wichtigsten Teil des Gottesdienstes (s. AW, 1015). Vorbild sind die Psalmen (AW, 1009f.), womit er sich in eine lange Tradition von Psalternachahmungen stellt, zu denen auch der Freund und Kopenhagener Hofprediger J.A. Cramer in dieser Zeit beitrug (1755-1764). Klopstocks Unterteilung der Psalmen in »erhabene [...] Gesänge« und »sanftere Lieder« bildet die Grundlage für seine Dichtung metrisch freier Gesänge einerseits, in denen er »viele zu sich erheben« will, und seiner geistlichen Lieder andererseits, in denen er sich mit »der moralischen Absicht, der größten Anzahl nützlich zu werden«, »zu den meisten [herunterläßt]« (AW, 1010; s. Krummacher 1969; Kohl 1990a, 15-36, 48-55).

Klopstocks geistliche Lieder stehen im Zeichen der Aufklärung (s. Albertsen 1992) und folgen etablierten Melodien, zeichnen sich jedoch durch ungewöhnliche ›Mannigfaltigkeit‹ aus. Er bedient sich vor allem »der machtvollsten Versmaße der reformatorischen Zeit« (Nelle 1903, 90), die oft durch unregelmäßige Verslänge und Vielfalt in Metrum und Reimschema gekennzeichnet sind, z.B. Luthers *Te Deum* »Herr Gott, dich loben wir«, (»Gott dem Vater«, SW VII, 81-83, u.ö.) oder »Mit Fried und Freud ich fahr dahin«:

> Jauchzt, Himmel! Erde, freue dich
> Mit uns Erlösten!
> Erbarmend, himmlisch, väterlich
> Uns zu trösten,
> Gibt der Richter seinen Sohn
> Für uns dem Mittlertode!   (»Der Erbarmer«, SW VII, 88)

Unkonventionell ist vor allem die Behandlung des sonst in seiner Dichtung gemiedenen Reims, mit unreinem Reim, identischem Reim, also Wortwiederholung, oder gar Enjambement (z.B. »unser wankender Verstand / Hat, abgewandt / Von Gott«, SW VII, 69). Langfristig haben sich Klopstocks Kirchenlieder vielleicht aufgrund der wenig volkstümlichen Form nicht behaupten können (aber s.u., S. 166).

Zwischen 1757 und 1759 entstand dann eine Gruppe von fünf religiösen Gedichten in freien Versen (*Oden* I, 122-145), und 1760 folgte in dieser Form »Das neue Jahrhundert« (I, 148-151); veröffentlicht wurden sie im *Nordischen Aufseher* 1758-1760, abgesehen von »Das Anschaun Gottes« mit Vorreden statt Titeln (Erstfassungen s.a. Kohl 1990a, 256-278). Berühmt wurde vor allem »Die Frühlingsfeier« durch Lottes Ausruf »Klopstock!« anlässlich eines gemeinschaftlich erlebten Gewitters in Goethes *Werther* (1985ff., VIII, 53; s. Alewyn 1979; Lee 1999, 161-188); mit diesem (insgesamt 134 Verse umfassenden) Gedicht »leitet [Klopstock] eine neue Epo-

che der Hymnendichtung, darüber hinaus der deutschen Lyrik ein«
(Gabriel 1992, 62):

> Nicht in den Ocean
> Der Welten alle
> Will ich mich stürzen!
> Nicht schweben, wo die ersten Erschafnen,
> Wo die Jubelchöre der Söhne des Lichts
> Anbeten, tief anbeten,
> Und in Entzückung vergehn!
>
> («[Die Frühlingsfeyer]«, zit. nach Kohl 1990a, 266)

Der argumentative Schwerpunkt der Hymne liegt jedoch nicht auf
der Darstellung des Menschen in der göttlichen Natur, sondern auf
Gottes barmherziger Offenbarung durch Christus. Dies gibt sich allerdings erst zu erkennen, wenn die Hymne unter Einbeziehung der
exegetischen Tradition in Zusammenhang mit den anderen vier
Hymnen gelesen wird (s. Kohl 1990a, 113-162). Das Ich der Hymnen mit seiner Gott preisenden Harfe und den Invokationen an den
Herrn steht in der Tradition Davids, es singt aber Psalmen des Neu-
en Testaments, wie besonders in der ersten Hymne »Dem Allgegenwärtigen« deutlich wird, die der alttestamentlichen Feier von Gottes
Allgegenwart in Psalm 139 eine christliche Perspektive entgegensetzt. Wie auch *Der Messias* zeigen die Hymnen insgesamt eine
eschatologische Ausrichtung, die vor allem die Bildlichkeit der abschließenden Hymne »Die Glückseligkeit Aller« bestimmt:

> Wenn meine Saat gesät ist,
> Dem Tage der Garben zu reifen;
> Wenn meine Seel im Himmel gepflanzt ist,
> Zur Ceder Gottes zu wachsen;
> Wenn ich erkenne,
> Wie ich erkennet werde!
> Wenn ich (schwing dich über diese Höhe
> Noch höher, mein Flug!)
> Wenn ich liebe, wie ich geliebet werde,
> Von Gott geliebet werde!
> Anbetung, Anbetung! von Gott!
> Ach dann – – doch wie kann ich es hier
> Von fern nur empfinden!
>
> («[Die Glückseligkeit Aller]«, zit. nach Kohl 1990a, 271f.)

Die literaturgeschichtliche Bedeutung dieser ›Gesänge‹ beruht auf
ihrer freien Form, die allerdings gerade durch die Verbindung mit
der erhabenen Thematik und Sprache die Tradition der ›freien
Rhythmen‹ (Terminus erst um 1890) begründet hat. Den Anstoß

gab das Ziel der Nachahmung der Psalmen, aber andere Traditionen
spielen hinein. Die früheste Hymne »Dem Allgegenwärtigen« zeigt
Beziehungen zur Kantatentradition und zu Wielands pindarischer
»Ode auf die Geburt des Erlösers« von 1754 (s. Kohl 1990a, 64-92,
300-304). In der Silbenfolge treten zum Zwecke des ›Mitausdrucks‹
Reminiszenzen an klassische Metren in den Vordergrund, so eine alkäische Strophe als dritte Versgruppe in »Dem Allgegenwärtigen«
und Hexameter-Kadenzen am Ende der »Frühlingsfeier«. In den revidierten Fassungen von 1771 wird dann der biblische Parallelismus
in vierzeiligen Strophen überspielt, besonders radikal im Enjambement (s. Albertsen 1971, 137-151). Von Prosa unterscheidet sich
das Gedicht grundsätzlich nur durch die Zeilengliederung, die zwar
in den Frühfassungen der Hymnen zumeist auf rhetorischen Einheiten basiert und daher auditiv wahrnehmbar wird, aber nur visuell
im Schriftbild definitiv fixiert ist. Besonders mit den revidierten
Versionen steht die Zeilengliederung zum Teil in Spannung zur syn-
taktischen Gliederung. Nun jedoch ist eine Form gegeben, in der jedes
Verselement als Ausdrucksmittel in den Vordergrund treten kann
(Wiederholung in Silbenfolge, Wort, Laut, Satzbau, Verslänge),
ohne a priori die Form zu bestimmen.

4.   Metrische Experimente und der Quell der Barden

Mit dem Jahr 1964 setzt eine Periode intensivsten lyrischen Schaf-
fens ein, die von zwei Entwicklungen geprägt ist, die den klassischen
Lyrikern ihren ersten Rang streitig machen sollen: der Entdeckung
der nordischen Mythologie und der Erfindung der Wortfußmetren
(s.o., S. 64-66). Die rhythmisch abenteuerlichen Wortfußstrophen,
die den triumphalen Schluss des *Messias* prägen und den Oden der
mittleren sechziger Jahre die Form geben, erfand Klopstock großteils
innerhalb weniger Wochen im Frühjahr 1764. Ein Verständnis für
Genese und Bedeutung der Form verdankt die Klopstock-Forschung
der Studie von Hellmuth (1973), der hiermit auch einen Beitrag
zum Verständnis der Beziehung zwischen Praxis und Theorie im
Werk eines Dichters liefert, der »in kompromißlosem Streben nach
dem idealen metrischen *Mitausdruck* immer extremere rhythmische
Möglichkeiten erprobt, wie sie in der neueren deutschen Versgeschichte nicht noch einmal gewagt werden« (Hellmuth 1973, 33).
      Die strenge, Metrum und Rhythmus definierende Form entsteht
in Auseinandersetzung mit der vorangehenden ametrischen Form
(Hellmuth 1973, 58f.): Einen Übergang bilden im Februar/März

1964 die Umarbeitung der »Frühlingsfeier« in Versgruppen von vier und sechs Zeilen (s. Müller 1961, 188-192), die Umdichtung einiger Verse des zunächst ametrischen Gedichts »Die Welten« (Februar 1964) in eine Wortfußstrophe, sowie die aus vier verschiedenen Wortfußstrophen bestehende Ode »Der Tod« (s. Hellmuth 1973, 166-170). Auf dem Höhepunkt der vor allem von ›Ossian‹ entfachten Bardenbegeisterung geht Klopstock 1767 in seinen Eislaufoden allmählich wieder zu freien – ›dithyrambischen‹ – Formen über, nun auch mit Hebungs- und Senkungsfolgen, wie sie für die neuen Wortfußmetren charakteristisch sind (z.B. »Die Kunst Tialfs«, *Oden* I, 215-219). Im Gegensatz zur strömenden Bewegung der frühen ametrischen Hymnen, die ihre rhythmische Kraft über lange, sich ständig verändernde Versgruppen mit vorwiegend daktylischen und alternierenden Sequenzen hin entwickeln, sind die Oden in strophischen Wortfußmetren von kurzen, rhythmisch einprägsamen Silbengruppen gekennzeichnet, die Klopstock von Vers zu Vers graduell verändert. Auffällig sind vor allem die ungewöhnlichen Folgen von unbetonten oder – wie hier – betonten Silben:

$$\smile - -, \ \smile - -, - - \smile$$
$$\smile \smile - -, \ \smile \smile - -, - - \smile,$$
$$\smile -, \ \smile \smile -, - - \smile,$$
$$\smile \smile -, \ \smile \smile -, - - \smile.$$

O Anblick der Glanznacht, Sternheere,
Wie erhebt ihr! Wie entzückst du, Anschauung
Der herrlichen Welt! Gott Schöpfer!
Wie erhaben bist du, Gott Schopfer!
    (»Der Tod«, Abschrift von Boie, 1764, zit. nach Hellmuth 1973, 167)

Bestimmend ist das Prinzip des Mitausdrucks, demzufolge der »Zeitausdruck« und »Tonverhalt« der Wortfüße den semantischen Gehalt verstärken soll: So evoziert in »Die Sommernacht« der 3. Päon ($\smile \smile - \smile$, »Wenn der Schimmer«) die Stimmung des Numinosen (s. Hellmuth 1973, 190-192) Klopstock sucht mit dieser Form eine spezifisch ›deutsche‹ Ode zu entwickeln (s. Hellmuth 1973, 166):

Melodieen, wie der Telyn in Walhalla, ertönen ihm
Des wechselnden, des kühneren, des deutscheren Odenflugs,
Welcher, wie der Adler zur Wolk' itzt steigt,
Dann herunter zu der Eiche Wipfel sich senkt. (»Thuiskon«, *Oden* I, 172)

Mit einer Form, die den prosodischen Gegebenheiten der deutschen Sprache gerecht wird, kann die deutsche Dichtung selbstbewusst der

Dichtung der Antike gegenübertreten (s. »Der Bach«, *Oden* I, 182-184; dazu Hellmuth 1973, 11-15). In der Feier von Hermanns Sieg über die Römer durch die »Barden Werdomar, Kerding, und Darmond« findet der kulturpatriotische Wettstreit eine geschichtlich bezeugte Fundierung (»Hermann«, I, 208-211). Die Wirkung des neu erweckten deutschen Gesangs vergleicht Klopstock mit dem mächtigen Rhein (»Aganippe und Phiala«, I, 158f.), und er preist eine Sprache, die sich nie fremden Einflüssen ergeben musste:

> Den Gedanken, die Empfindung, treffend, und mit Kraft,
> Mit Wendungen der Kühnheit, zu sagen! das ist,
> Sprache des Thuiskon, Göttin, dir,
> Wie unseren Helden Eroberung, ein Spiel!   (»Unsre Sprache«, *Oden* I, 200)

So wird die Tradition ›Ossians‹ belebt, der mit seinem ›entflammenden Gesang dem Griechen gleichet und trotzet‹ (s. »Unsre Sprache«, I, 199-201, Vers 53-56). Hatte Horaz die klassische Mythologie in der Ode kanonisiert (Viëtor 1923, 174), so ersetzt Klopstock sie nun durch die »Mythologie unsrer Vorfahren« (an Denis, 6.-9.9.1767, *Briefe* V, 24). In den Eislaufoden identifiziert er zunehmend die begeisternde Kunst mit dem Ursprung der bardischen Dichtung im kultischen Tanz, der nicht in warmen Sonnenlandschaften, sondern in der eisigen Mondlandschaft des Nordens seine numinose Wirkung entfaltet (s. Hilliard 1989); formal geht Klopstock von Oden in selbsterfundenen päonischen Metren (»Der Eislauf«, »Der Kamin«, »Braga«, *Oden* I, 172-174, 223-225, 188-190) zu freien Versen über (»Die Kunst Tialfs. Durch Wittekinds Barden: Wliid, Haining und Wandor«; s. I, 215-219; Hellmuth 1773, 180-188):

> Wie das Eis hallt! Töne nicht vor! ich dulde das nicht!
>   Wie der Nacht Hauch glänzt auf dem stehenden Strom!
>   Wie fliegest du dahin! Mit zu schnellem Flug
>   Scheuchest du Nossa weg! (»Die Kunst Tialfs«, *Oden* 1771, 245)

Damit ergibt sich ein für die Rezeption äußerst fruchtbarer Übergang, da mit dem Spektrum von »Die Frühlingsfeier« bis hin zu »Die Kunst Tialfs« (beide in der von Herder und Goethe intensiv rezipierten ›Darmstädter Ausgabe‹, 1-6, 144-148) eine reiche Vielfalt an rhythmischen Möglichkeiten im metrisch ungebundenen Gedicht geboten wird.

5. Gedichte zu Sprache und Poetik

Mit den neuen Strophenformen setzt eine Periode intensiver poetologischer und sprachtheoretischer Reflexion ein, die auch in Klopstocks Odendichtung bis zuletzt zentral bleibt. Seine Behandlung
von »Werkstattproblemen« hat unter Absolutsetzung des Gefühls als
alleiniger Quelle der Lyrik nicht unwesentlich zum Bild von seiner
Alters-»Erstarrung« beigetragen (Kaiser 1963, 321; s.a. Muncker
1888, 503; dagegen Schleiden 1954, 22). Dabei stellt gerade die
poetische Form den poetologischen Gehalt am wirkungsvollsten dar:

> Es erreicht die Farbe dich nicht, des Marmors
> Feilbare Last, Göttin Sprache, dich nicht!
> Nur weniges bilden sie uns:
> Und es zeigt sich uns auf Einmal.
>
> Dem Erfinder, welcher durch dich des Hörers
> Seele bewegt, that die Schöpfung sich auf!
> Wie Düften entschwebt, was er sagt,
> Mit dem Reize der Erwartung,
>
> Mit der Menschenstimme Gewalt, mit ihrem
> Höheren Reiz, höchsten, wenn sie Gesang
> Hinströmet, und inniger 30
> In die Seele sich ergießet.   (»Die Sprache«, *Oden* II, 37)

Ausgehend von der Überlegenheit der in der Zeit wirkenden Poesie
über Malerei und Bildhauerkunst evoziert Klopstock hier die Sprache von der *inventio* über die *elocutio* und *pronuntiatio* bis hin zu ihrer lebendigsten Wirkung im herzrührenden Gesang.
    Behandelte er in frühen Oden das Dichtertum und die eigene Be-
rufung (»Der Lehrling der Griechen«, »Stunden der Weihe«, *Oden* I,
3f., 46f.), so thematisiert er jetzt Aspekte der Poetologie: Regelpoetik
(»Ästhetiker«, II, 41f.); Nachahmung und Erfindung (»Der Nachahmer, und der Erfinder«, II, 121f.); Kunst und Natur (»Der Hügel und
der Hain«, I, 202-206); Darstellung (»Der Unterschied«, I, 228 230);
Fremdwörter (»Unsre Sprache an uns«, II, 128f.); Wortstellung (»Der
Kranz«, II, 34); Reim (»An Johann Heinrich Voß«, II, 57f.); Metrum
und Rhythmus bis hin zu einzelnen Vers- bzw. Wortfüßen (»Sponda«,
»Der Bach«, I, 168-170, 182-184); Deklamation (»Teone«, I, 196f.);
Übersetzung (»Die deutsche Bibel«, II, 61f.). Grundthema ist die Auseinandersetzung mit den klassischen und modernen Sprachen als Ansporn an die Zeitgenossen, die deutsche Sprache in wahrer *imitatio*
der griechischen Sprache heranzubilden: »Sie bildete sich durch sich!«
(»Unsre Sprache an uns«, II, 129).

6.   Französische Revolution und Spätlyrik

Unter Bezug auf die glühend patriotische Ode »Wir und Sie« (1766, *Oden* I, 184-186) beklagt die Elegie »Sie, und nicht Wir«, dass nicht das Vaterland, sondern Frankreich »der Freyheit / Gipfel erstieg, Beyspiel strahlte den Völkern umher« (1790, II, 72f., V. 11f.). Vorrangig ist jedoch das Glück über die Erfüllung politischer Hoffnungen für die Menschheit (z.b. »Ludewig, der Sechzehnte«, II, 67, Vers 9f.). Umso leidenschaftlicher ertönt nach dem Umschlag in Despotie Klopstocks Anklage der Verräter.

Schon bei Einberufung der *États généraux* spornt Klopstock im Dezember 1788 die Deutschen zur Nachahmung der »größten Handlung dieses Jahrhunderts« an (»Die *Etats Generaux*«, *Oden* II, 63, V. 13). »Ludewig, der Sechzehnte« evoziert im Mai/Juni 1789 mit eschatologischen Bildern die Zukunftsvision eines gebannten Eroberungskriegs (II, 67, V. 10-15). Und im August folgt die Elegie »Kennet euch selbst« mit einem an die »Frühlingsfeier« erinnernden Gewitter und einer abschließenden Idylle in Friede und Freiheit:

Alles ist reg', und ist Leben, und freut sich! die Nachtigall flötet
    Hochzeit! liebender singet die Braut!
Knaben umtanzen den Mann, den kein Despot mehr verachtet!
    Mädchen das ruhige, säugende Weib.

(»Kennet euch selbst«, Oden II, 69)

Ähnlich wie in den frühen Oden Freundschaft und Liebe die Gemeinschaft in Gott vorausbilden, ist die französische Revolution als Stufe in der Entwicklung zu endzeitlicher Erfüllung dargestellt (s. Kaiser 1963, 189f.). Entsprechend absolut ist die moralische Verurteilung der Gewaltherrschaft. Als Repräsentant der Menschheit kommentiert der Dichter das Geschehen in Tiervergleichen mit Gesten der Verwünschung und des Fluchs (z.B. »Das Neue«, »Der neue Python. Im Julius 1800«, *Oden* II, 90-92, 151). Diese geben den Gedichten ihre ungeheure Energie:

Jetzo lag an der Kette das Ungeheuer, der Greuel
    Greuel! itzt war der Mensch über sich selber erhöht!
Aber, weh uns! sie selbst, die das Unthier zähmten, vernichten
    Ihr hochheilig Gesetz, schlagen Erobererschlacht.
Hast du Verwünschung, allein wie du nie vernahmst, so verwünsche!
    Diesem Gesetz glich keins! aber es sey auch kein Fluch
Gleich dem schrecklichen, der die Hochverräther der Menschheit,
    Welche das hehre Gesetz übertraten, verflucht.

(»Der Erobrungskrieg«, Oden II, 84)

In der frühen Kritik wurden die Revolutionsgedichte meist negativ beurteilt: »So enthüllt er seine ganze Schwäche als Zeitdichter: ihm fehlt der Abstand!« (Kommerell 1928, 58; s.a. Muncker 1888, 508-519). In den 1970er und 1980er Jahren erfuhren dagegen gerade diese Gedichte eine neue Hochschätzung (z.b. Molzan 1978; Rühmkorf 1975; Zimmermann 1983), die allerdings das humanistische Gedankengut ausblendete (zu Fehldeutungen s. Strohschneider-Kohrs 1995). Die Ablösung eines fortschrittlich politischen Klopstock vom obsoleten *Messias*-Dichter verfehlt die Traditionszusammenhänge, die für die Bedeutung der Revolutionsgedichte wesentlich sind.

Die Thematik des verratenen Freiheitsideals durchzieht die letzten Jahre des Odenschaffens. In diese Zeit fallen aber auch manche der schönsten Oden über die Freunde und Geliebten. Ihrer gedenken »Die Erinnerung. An Ebert nach seinem Tode«, »Der Segen« auf die Großmutter, und »Das Wiedersehn« in Erwartung der Vereinigung mit Meta (*Oden* II, 112, 148f., 136f.). Den Eislauf besingt Klopstock noch einmal in »Winterfreuden« (II, 137f.); und »Die Wiederkehr« ist ein herbstliches Gespräch mit seinem Pferd (II, 100f.). Den Abschluss bildet »Die höheren Stufen« (1802, II, 165f.), eine Vision von der Erhebung in himmlische Gefilde nach dem Tod.

7. Epigramme

Die von der Ode streng geschiedene Gattung des Epigramms (die eigentlich eines besonderen Kapitels bedürfte) schätzte Klopstock vor allem in späteren Jahren aufgrund ihrer Kürze. Während Lessing die Gattung in seinen *Zerstreuten Anmerkungen über das Epigramm* mit der satirischen Tradition des Martial identifiziert hatte (1886-1924, XI, 256f.; s. *Epigramme*, 173), verweist Klopstock in epigrammatischer Form auch auf die versifizierten Spruchweisheiten der *Anthologia Graeca* (s. Schleiden 1954, 138; Knörrich 1991, 70f.):

Bald ist das Epigramm ein Pfeil,
Trift mit der Spitze;
Ist bald ein Schwert,
Trift mit der Schärfe;
Ist manchmal auch (die Griechen liebten's so)
Ein klein Gemäld', ein Strahl gesandt
Zum brennen nicht, nur zum erleuchten. (*Epigramme*, 13; s.a. *GR*, 107)

In satirischen Epigrammen setzt er sich mit Zeitgenossen auseinander: mit Sulzers Wolffianismus (»Sonderbare Zumutung«, *Epigramme*, 26, 201), Goethes Klagen über die Unzulänglichkeiten der deutschen Sprache (»Göthe, du dauerst dich«, 39, 233f.) oder mit der philosophischen Theorie vom Schönen und Erhabenen bei Kant und Schiller (»Daß ihn etwas bewege...«, 54; s. Hilliard 1987a, 119f.).

Die 223 erhaltenen Epigramme liegen als eigenständiger Band der HKA vor. Einen kritischen Beitrag bietet Kraft (1989); sonst haben vorwiegend poetologische Epigramme Beachtung gefunden, denn seine Dichtungstheorie fasst Klopstock hier in komprimierteste Form:

Gegenseitige Wirkung

Ist dein Gedank' erhaben, dann macht er edler dein edles
    Wort, und zugleich erhöht dieses den rithmischen Ton.
Aber ist dein Wort ein gemeines, so sinkt der erhabne
    Sinn, und solcherley Wort schwächt auch die metrische Kraft.

(*Epigramme*, 53)

Die Spannung zwischen großem Thema und knappstem Ausdruck verdeutlicht das folgende Epigramm (*GR*, 108; 15):

Sitt und Weise der Neuern

Die Römer sind es euch; die Griechen laßt ihr liegen:
Ihr nehmt das Ey; und laßt die Henne fliegen.

VII. Rhetorisches Drama

In Einklang mit dem Ziel, zunächst »die heilige Geschichte« zu behandeln und dann »die Geschichte *meines* Vaterlandes« (AW, 1052), verfasste Klopstock religiöse Trauerspiele, *Der Tod Adams* (1757), *Salomo* (1764) und *David* (1772), sowie vaterländische Tragödien, die er als ›Bardiete für die Schaubühne‹ bezeichnet (vornehmlich in Ableitung von *barditus* bei Tacitus, s.u., Kap. VII.2): *Hermanns Schlacht* (1769), *Hermann und die Fürsten* (1784) und *Hermanns Tod* (1787). In der Gesamtausgabe regt Klopstock im Rahmen seiner Apologie des Germanentums durch paarweise Anordnung der Dramen zu einer »Vergleichung« (SW VIII, 4) alttestamentlicher und germanischer Geschichte an. Gattungstheoretische Äußerungen sind spärlich (s. Schleiden 1954, 128f.) und beschränken sich auf Vorreden und Anmerkungen. In Gegensatz etwa zu Lessing oder Schiller stellt Klopstock getreu der Renaissancepoetik das Drama unter das Epos. Innerhalb der dramatischen Gattung beruht die Wahl der Tragödie auf dem Ziel der Erhebung deutscher Dichtung durch die höchsten Gattungen. Er geht vom französischen Klassizismus aus – in der Vorrede zum *Tod Adams* beruft er sich auf Racine und Corneille (AW, 774); insgesamt jedoch bildet er die Tragödie nach rhetorischen Prinzipien. Bühnenerfolg ist ihm eher sekundär (AW, 775).

Mehr noch als die anderen Gattungen war das zeitgenössische Drama vom Prinzip der *mimesis* als glaubwürdiger Naturnachahmung bzw. Fiktion bestimmt und von der Geschichtsschreibung geschieden. Klopstock dagegen orientiert seine Dramen an der Geschichte, getreu der humanistisch fundierten Verbindung von Dichtkunst, Rhetorik und Geschichte als ›schöne Wissenschaften‹ (s. Hilliard 1987a, 39f., 150-185): Geschichte und Dichtkunst sind gemeinsame »Gesetzgeberinnen« (SW VIII, 3). So heißt es in den Anmerkungen zu *Hermanns Schlacht*, »daß der Bardiet die Charaktere und die vornehmsten Theile des Plans aus der Geschichte unsrer Vorfahren nimmt« und »daß seine seltneren Erdichtungen sich sehr genau auf die Sitten der gewählten Zeit beziehn« (SW VIII, 243). Als Einleitung fungiert Tacitus; Anmerkungen erläutern Bezüge zur Geschichte. Ähnlich liefern die Anmerkungen zu *Salomo* Bibelzitate und eine Begründung, »warum man glauben kann, Salomo habe sich wieder zu Gott gewendet« (SW IX, 185).

Die Orientierung an der Geschichte ist humanistisch bestimmt (s. Hurlebusch 1989, 693, gegen Zimmermann 1987). Der Stoff dient als erhebendes Vorbild moralischer Größe – ein Ziel, das nicht nur den Dichter und den Geschichtsschreiber leitet, sondern auch die von Gott geführte Geschichte selbst. Die Vorrede zu *Der Tod Adams* geht davon aus, ein Trauerspiel handle von einem »großen Mann, für den uns die Geschichte und der Dichter einnehmen wollen« (AW, 774). Im Vordergrund steht die ›geschichtlich‹ verbürgte moralische Größe der Hauptfigur; der erhabene »Character« des Helden bietet die Voraussetzung für seine Erkenntnis des rechten Weges (s. Anm. zu *Salomo*, SW IX, 185). Anders als im Epos wählt Klopstock für die religiösen Dramen – in Einklang mit klassischer Tradition – Helden von außerordentlicher Größe, die den Zuschauer durch die Tiefe des Falls rühren: der gefallene Adam, der zu Hybris verführte David und der von Gott sich abwendende Salomo. Im Vordergrund steht die Beziehung des Helden zu seinem vorherbestimmten Schicksal (s. Kaiser 1963, 259-326); so vermitteln die Freunde Salomos die Wahrheit Gottes und suchen ihn vom rechten Weg zu »überzeugen« (SW IX, 173). Wie im *Messias* reduziert Klopstock die äußere Handlung auf ein Minimum und lenkt die Aufmerksamkeit auf die Reaktionen des Helden und der ihn umgebenden Nebenpersonen. Das Drama besteht daher aus einer breiten Darstellung von Ereignissen, die in den Quellen in aller Kürze erzählt werden – extremstes Beispiel ist der nur in einem biblischen Vers erwähnte Tod Adams (I Mos. 5,5).

Dass Klopstock zumindest die religiösen Dramen in Opposition zum Publikumsgeschmack entwickelte, erhellt aus der Verteidigung der Gattung in *Der Tod Adams* (AW, 775; s. Strohschneider-Kohrs 1965; 1997): Er geht davon aus, dass das Stück vor allem aufgrund des religiösen Stoffes und der »notwendigen äußersten Einfalt bei der Vorstellung« »niemals wird aufgeführt werden können« (AW, 775). Ensprechend wurde es zumeist als Lesedrama rezipiert, besonders im Ausland mit einigem Erfolg (s. Muncker 1888, 304f.); weniger beachtet wurden die anderen Bibeldramen. Noch geringer war trotz Bardenkult der Bühnenerfolg der Bardiete (ebd., 403f.). Eine erwogene Inszenierung von *Hermanns Schlacht* in Weimar scheiterte an Schillers Urteil, es sei »ein kaltes, herzloses, ja fratzenhaftes Produkt, ohne Anschauung für den Sinn, ohne Leben und Wahrheit« (an Goethe, 20.5.1803, Schiller 1892-1896, 41). 1907 wurde das Stück im Kontext des völkischen Germanenkults in einem ›Bergtheater‹ recht erfolgreich uraufgeführt, verschwand jedoch schon im Jahr darauf vom Spielplan (s. Friedrich 1978, 244).

1.   Christliche Trauerspiele

Die Bibeldramen stehen in enger Beziehung zum *Messias*, wo die Helden die Erlösungstat Christi bezeugen (s. *Messias*, Bd. VI, 384, 394f., 434). Besondere Bedeutung hat die typologische Beziehung zwischen Adam und dem Messias, seinem »Sohn« (*Messias* VIII 205f.), denn Adam ist »ein Bilde des, der zukünftig war« (Röm. 5, 14; s.a. I Kor. 15, 22). Die Dramen bieten so ein alttestamentliches Gegenstück: Sie handeln im »Vorhof zu dem Heiligtume«, in dem »noch eine gewisse Miene von Weltlichkeit« herrscht (AW, 774). Der Stil ist einfacher und ruhiger, und weniger gehoben ist auch die Form: Prosa in *Der Tod Adams*, Blankvers in *David* und *Salomo*.

Der Konflikt erwächst aus der tragischen Befangenheit der Helden in einer Welt, die noch nicht an der Erlösung teilhat, wenn auch die Handlung teleologisch die künftige Erlösung in sich trägt. Die Dramen bieten insofern eine christliche Auseinandersetzung mit der antiken Tragödie: Am Ende steht die moralisch erhabene Unterwerfung des Helden unter sein von Gott bestimmtes Schicksal und damit die Zuversicht in die Erlösung aufgrund der Gnade Gottes. Klopstock konzentriert die Handlung auf den Konflikt, wie er sich im Innern des Helden abspielt und in der Beziehung zur menschlichen Umgebung äußert – Rede fungiert somit als Handlung. Die Aktivität des Helden besteht im Erlernen passiv erduldender Fügung in den Willen Gottes: Auf Davids Frage »Was [...] soll ich thun [...]?« antwortet der Prophet Nathan »Dich unterwerfen!« (IV/7; SW X, 90). Die Nebenfiguren unterstützen diesen Prozess, zuweilen als Widerstand, den es zu überwinden gilt. Die Freunde haben die Aufgabe, den Helden durch die menschliche Gemeinschaft auf die künftige Gottesgemeinschaft vorzubereiten: »ewig ist / Die Freundschaft, ist hier nur in ihrer Kindheit« (I/1; SW IX, 9), verkündet Salomos beständigster und mitleidsvollster Freund Darda. Ein Zeichen von Salomos Bekehrung ist sein mitleidsvolles Weinen über die vom Molochdienst verlangte Opferung zweier unschuldiger Knaben (V/9, SW IX, 161).

Die Struktur dient unter Wahrung der Einheiten von Handlung, Ort und Zeit der stetigen Entfaltung des in der Exposition dargestellten Konflikts. Die drei Akte (›Handlungen‹) von *Der Tod Adams* zeigen das Nahen des Todes in Adams immer intensiver werdender Erfahrung des Gottesurteils »Du wirst des Todes sterben« (I Mos. 2, 17); das Fortschreiten des Tages bringt die Vollstreckung des Urteils. *Salomo* behandelt »eine Materie [...], die, am Tragischen, alle die bisher berühmt geworden sind, übertrifft« (SW IX, 4): das eingangs dargestellte Problem der Theodizee. Dem Zweifler ist Gott

> viel zu groß, ist viel zu erhaben,
> Sich, bis zu dieser Welt, herabzulassen,
> Und Herr des Staubes zu seyn!
> [...]   Nach langer Nächte Grübeln,
> Fand ich nichts anders aus, wenn ich den Guten
> Erdulden! und den Bösen glücklich sah! (I/6; SW IX, 28f.)

Die mittleren Akte zeigen jeweils eine Episode, die zu seiner Bekehrung beiträgt: die Opferung der Knaben (II), die Anklage der Mutter (III), die gescheiterte Befragung Molochs (IV). Im letzten Akt führt die ebenfalls gescheiterte Befragung Gottes zur Erkenntnis, dass der göttliche Wille schon offenbar ist. In *David* bringt der erste Akt sowohl Davids Stolz (die von Satan in einem Traum eingegebene Volkszählung) als auch seine Reue; der retardierende zweite Akt vermittelt die Ungewissheit über Gottes Antwort. Im dritten Akt beginnt die Strafe Davids mit der Wahl zwischen drei verheerenden Strafen an seinem Volk; die furchtbare Wirkung der gewählten Strafe auf das Volk bringt der vierte Akt. Auch hier ist Davids Erleben der Strafe zentral: Das Sterben ganzer Städte wird durch Botenberichte vermittelt, die unter Wahrung der Einheit des Ortes die Wirkung auf David in den Vordergrund stellen. Erst gegen Ende des letzten Akts kommt die Umkehr mit dem Stillstand der Todeswolke und Gottes Annahme des Opfers.

Auch die dramatischen Mittel stehen nicht im Dienst realistischer Darstellung, sondern verdichten den Konflikt. In *Der Tod Adams* wird der Tod durch das allmähliche Schwinden des Augenlichts und der Reduktion auf das Gehör fühlbar; Sinnbild ist die untergehende Sonne, Kulmination die Ankunft des Todes mit dem prophezeiten Einstürzen der Felsen. In *Salomo* vermittelt das Motiv der Dunkelheit die Gottesferne. In *David* zeigt das Ablegen der Krone und die Bekleidung mit »schlechtem Leinen« (V/15; SW X, 141) nicht nur Buße, sondern auch Hinwendung zur gläubig einfachen Haltung seines früheren Daseins als Hirte. Das Drama endet mit Davids Aufforderung zum Preis dessen, »Der über uns nicht Tod, der Leben beschloß!« (V/25; SW X, 160). Der alttestamentliche Stoff wird so durchsichtig gemacht für die Gnade des christlichen Gottes; ähnlich findet Salomo am Ende zu der neutestamentlichen Gottesanrede »Mein Vater« (V/14; SW IX, 180).

2.   Vaterländische Bardiete

Die Trilogie über den in jener Zeit vielbesungenen Cheruskerfürsten
Hermann (Arminius; von Klopstock schon 1752 in »Hermann und
Thusnelda« gefeiert, *Oden* I, 105f.; s.a. Fischer 1995, 158-182; von
Essen 1998, 99-143) stellt dem »berühmten römischen Denkmal«
des Geschichtsschreibers Tacitus ein »deutsches« Denkmal gegenüber, das »die Stelle der verlornen bardischen« einnehmen soll (SW
X, 309). Strukturbildend ist »eine seit dem Humanismus tradierte
Apologie des Deutschen gegen das Verdikt barbarischer Unkultur,
das antike römische Schriftsteller geäußert hatten«; diese bestimmt
auch das Bild des germanischen Helden, das als »idealisierende Kon-
trafaktur zum antik-römischen Barbaren-Bild« gezeichnet ist (Hurlebusch 1989c, 137). Ziel ist die Stärkung deutschen Selbstbewusstseins: »Wenn kommt es endlich dahin, daß der Deutsche, müde
Fremdes zu bewundern, wissen mag, wer er war, und wer er ist«
(SW X, 313). Die vaterländischen Dramen erfüllen so die zentrale
Aufgabe der Dichtung innerhalb der weltlichen Geschichte – eine
Aufgabe, die durch Huldigung unwürdiger Herrscher verraten wurde (»Fürstenlob«, *Oden* II, 6f.).
   Klopstock erstrebt eine dem germanischen Stoff angemessene
Gattung: den »Bardiet«. In seiner Ableitung des Gattungsnamen
nicht nur vom *barditus* bei Tacitus sondern vom keltischen »Bard-
das«, übersetzt als »die mit der Geschichte verbundne Poesie« (SW
VIII, 243), wird die Rede selbst zur dramatischen Aktion, wie dies
schon in den Bibeldramen angelegt war. Man kann die in die Handlung eingeflochtenen – ebenfalls »Bardiet« genannten (SW X, 235-
239) – Bardengesänge mit dem antiken Chor in Verbindung bringen (Beißner 1942, 32; Kaiser 1963, 280-282), vor allem aber
verwirklichen sie die Verbindung von Dichtung mit Geschichte. In
Hermanns Schlacht wird als Besonderheit germanischer Kriegsfüh-
rung – unter Berufung auf Tacitus – die Verbindung von »Schlachtgesang und Kriegsgeschrey« hervorgehoben (s. SW VIII, 245): »zur
Aufmuntrung« des eigenen Heers und als Drohung für den Gegner
»tönt der Gesang hinunter in die Schlacht«, aber auch als »Opferge-
sang« greift die Bardendichtung direkt in das Geschehen ein (1. Scene, SW VIII, 83).
   Klopstocks Zuversicht in die politische Schlagkraft dieser Dramen spricht aus einer Erklärung bezüglich der Überreichung eines
Exemplars von *Hermanns Schlacht* an Karl Wilhelm Ferdinand,
Erbprinz zu Braunschweig und Lüneburg:

Wenn ich der Erbprinz wäre, so liesse ich Hermanns Schlacht unter freyen
Himmel im Harz, just auf einen solchen Felsen am Thale der Schlacht, als
zum Schauplaz angegeben ist, aufführen, u lüde, ausser einigen Kennern,
auch einige preussische Bataillons, die sich in dem lezten Kriege besonders
hervorgethan hätten, dazu ein. (An Ebert, 14.7.1770, *Briefe* V, 236)

Klopstock schätzt den Erbprinzen als »Deutschen«: Er ist »geistvoll,
offen, schnell, kühn, entschloßner, als Jedermann jeder europäischen
Nation« (an Ebert, 3.4.1770, *Briefe* V, 226). Damit ist er der Unterstützung durch den patriotischen Dichter würdig: Klopstock betont,
»daß ich, in jenen alten Zeiten, hinter Ihm in der Schlacht gewesen
seyn würde, um den Inhalt meiner Bardiete in der Nähe zu sehn —
Ich will doch hoffen, Sie wissen, daß diese Nähe die Pflicht der Barden war« (an Ebert, 18.2.1769, *Briefe* V, 124). Der Dichter wirkt
durch anfeuernde Rede.
   Entsprechend steht die geschichtlich wirksame Rede im Zentrum
der Bardiete. Schauplatz in *Hermanns Schlacht* ist der Felsen, von
dem aus die Barden dichtend und opfernd die Schlacht beeinflus-
sen, um dann Hermann ein dichterisches Denkmal zu setzen. In
Hermann und die Fürsten geht es um die Auseinandersetzung zwischen den Fürsten verschiedener deutscher Stämme über die beste
Strategie im Kampf gegen die Römer; die Größe Hermanns zeigt
sich in seiner strategischen Überlegenheit und moralischen Größe
als *vir bonus dicendi peritus*. In *Hermanns Tod* entfaltet sich seine
Größe im Kampf gegen die Verschwörung der Fürsten, wobei der
Konflikt in einem dramatischen Treffen in der ›Halle‹ Hermanns
gipfelt. In diesem Drama wird besonders durch den Abwechslungsreichtum in der Rede das Ziel der Herzrührung wirksam: Knappe
Liebesbezeugungen zwischen Hermann und Thusnelda, ihre Klagen
um die Söhne, lyrische Darbietungen des Volkes über ein naturver-
bundenes freiheitliches Leben, und Visionen Hermanns alternieren
mit heftigen Wortwechseln und Berichten von der draußen toben-
den Schlacht.
   Im Vordergrund steht nicht nur die moralische Größe Hermanns, sondern auch seine geschichtliche Bedeutung als »Befreier
Deutschlands« von der Gewaltherrschaft Roms. Tragisch ist nicht
nur sein Untergang, sondern auch das Scheitern der Vision eines
vereinigten Deutschland, das dem Eroberungskrieg der Römer hätte
Einhalt gebieten können. Die Verherrlichung Hermanns verurteilt
zugleich den Partikularismus und die moralische Schwäche der Fürsten, die seine Vision von einer freien Welt zunichte machen:

Und dann ziehen wir an den Gebirgen herab, und sehns, wie die schönen
Täler unten voll von Sklavengewimmel sind; allein das bald hernach uns

die Retterhand drückt und schüttelt! Und dann weiter, stets weiter hin, und
sehn die hohe Rom vor uns liegen, sie mit ihrem Kapitol! den Tyrannen
nicht! der verkroch sich! aber die Untertyrannen fechten! aber die bluten,
oder die Kette rasselt um sie! Und dann! ja dann, alle anderen werden dann
frei gemacht, durch die Deutschen frei gemacht! Mutter und Kind! Weib
und Mann! und der Knabe! und der Greis! und der Bräutigam! und die
Braut! (*Hermanns Tod*, 6. Scene; AW, 814f.)

VIII. *Die deutsche Gelehrtenrepublik*

Beim allgemeinen Publikum stieß das Werk auf Ablehnung; und »Die Professores schrein in Collegiis dawider« (Voß an E. Boie, 12.6.1774, Voß 1829-1833, 245). Die junge Dichtergeneration des Sturm und Drang und Göttinger Hain begrüßte dagegen *Die deutsche Gelehrtenrepublik* als »Die Einzige Poetick aller Zeiten und Völcker« (Goethe an Schönborn, 10.6.1774, Goethe 1985ff., XXVIII, 377). Ob Goethe mit ›Poetik‹ das gesamte Werk meint oder die speziell auf Dichtung bezogenen Teile wird aus dem Brief nicht deutlich. Eine Herauslösung der ›Poetik‹ jedenfalls findet sich hier nicht; das Buch wirkt als Ganzes. Kirschstein nimmt dagegen in der einzigen größeren Arbeit zur *Gelehrtenrepublik* das Urteil Goethes zum Anlass, »diesem Teil des Buches größeres Interesse zuzuwenden, als dem übrigen, äußerlich nicht sehr reizvollen Gemisch von Form und Inhalt« (1928, 160). In den letzten Jahrzehnten ist dann die ›Poetik‹ zugunsten einer Interpretation des Werkes als politischer Programmschrift zurückgetreten: Es ist »antiabsolutistisches Legitimationsmodell« (Zimmermann 1981, 80) oder Entwurf eines »Freiraums für das Bildungsbürgertum innerhalb absolutistischer Staatsgebilde« (Jørgensen/Bohnen/Øhrgaard 1990, 253). In der Forschung zerfällt das Werk somit in zwei Teile, Aspekte oder Textgruppen, die eher zufällig durch die abenteuerliche Montage-Form miteinander verbunden sind. Kaum berücksichtigt wurden bislang Beziehungen zu Werken der Zeitgenossen, z.B. zu Herders *Fragmenten*; der Apparatband in der HKA (Werke VII/2) dürfte dazu neue Perspektiven eröffnen. Im folgenden stehen Grundmotive des Werkes im Vordergrund, wobei Heterogenität, Fragment und Versuch als Teile eines kohärenten Projekts gelesen werden sollen.

Der im ersten Entwurf zu einer »Gelehrten Republik« benutzte Name »Hellenopolis« (s. *Arbeitstagebuch*, 10-20, 107-113, 244-246, bes. 14) verweist auf Platons Idealstaat. Wie Kirschstein verbindend hervorhebt, fällt bei Platon »den Gelehrten und speziell den Philosophen eine entscheidende Führerrolle« zu (1928, 12). Bei Klopstock sind es jedoch nicht die Philosophen, sondern die Gelehrten der ›schönen Wissenschaften‹, die geistig führend sind: die Zunft der Geschichtsschreiber, die Zunft der Redner und die Zunft der Dichter. Klopstock führt die Tradition der humanistischen Gelehrtenrepubliken fort und setzt der Institution des politischen Staates eine an der humanistischen Universität orientierte Institution der Gelehrten entgegen, um deren Status zu legitimieren (s. Carroll 1991). Mit speziellem Bezug auf die Dichter – deren Zunft »noch nie [...] so groß als jezt gewesen« ist (*GR*, 10) – tritt auch die Poetik ins Blickfeld. Denn die *Poetik* von Aristoteles hatte den Zweck, die Dichtung philosophisch zu legitimieren, um ihrer Abwertung durch Platon entgegenzuwirken. Klopstock entwirft dagegen eine rhetorisch strukturierte Legitimation der Dichtung – eine rhetorische Poetik. Während die aristotelische Poetik von Batteux systematisch die Dichtung von Rhetorik und Geschichtsschreibung abtrennt, um sie im Reich der schönen Künste anzusiedeln, geht es Klopstock in diesem Werk darum, in vielfältigen Ansätzen die Dichtung mit den (anderen) Wissenschaften zu verbinden und sie im Gelehrtenstaat zu verankern. Das Werk ist somit zugleich als anti-platonischer Idealstaat und als anti-aristotelische Poetik angelegt. Signifikant ist auch das Abrücken von ›Hellenopolis‹: In Gegensatz zum griechischen bzw. übernationalen Idealstaat Platons entwirft Klopstock eine *deutsche* Gelehrtenrepublik.

Programmatische Schärfe erhält *Die deutsche Gelehrtenrepublik* durch die Verwirklichung rhetorischer Ideale in literarischer Form. Dezidiert richtet sich das Werk damit gegen den aristotelischen Literaturbegriff, dem sich Gottsched und dann vor allem Batteux verschrieben; mit Batteux' *Les Beaux Arts réduits à un même principe* (1746) befasste sich Klopstock intensiv im Zeitraum des ersten Entwurfs Ende 1755 (s. *Arbeitstagebuch*, 274-282). In Gegensatz zu Batteux, der systematisch ›abhandelnd‹ die Nachahmung der Natur zum einigenden Prinzip der schönen Künste einschließlich der Dichtung macht, stellt Klopstock in einer Fülle unterschiedlichster Texte die Wirkung als einigendes Prinzip der Wissenschaften einschließlich der Dichtung dar. Damit ist die Dichtung eingebunden in die agonale Dynamik, welche die *respublica eruditorum* bestimmt.

Die kulturpolitische Dimension der *Deutschen Gelehrtenrepublik* zieht die Konsequenz aus dem anti-aristotelischen Programm, indem sie in die Praxis hinausführt: Das Werk enthält Dokumente aus der geschichtlichen Welt und kulminiert in der Aufforderung, »sich auf diesem grossen Schauplaze der Eroberung für die Republik aufzuopfern« (*GR*, 230). Diese war (auch) direkt an die realen Dichter des Göttinger Hain gerichtet und wurde von ihnen so verstanden (s. Lüchow 1995); die Rezeption des Werkes bei der Gruppe bedürfte allerdings in Hinblick auf die äußerst komplexe Beziehung zwischen Dichtung und Politik näherer Untersuchung.

Dem blutig-realen Eroberungskrieg, den Klopstock aufs schärfste verurteilte, setzt er hier das Ideal einer Eroberung ausländischer

Wissenschaften entgegen, so wie schon die erste Ode »Der Lehrling der Griechen« dem Ruhm des Helden den »besseren Ruhm« des Dichters gegenüberstellt (*Oden* I, 3f.); eine entsprechende Unterscheidung findet sich mit Bezug auf Jonathan Swifts Diktum von Deutschland als der ›dümmsten Nation‹: »Wir sind [den Engländern], seit Swiften, Rache schuldig, (Nationalrache, die blutige ausgenommen, ist edel)« (an Böttiger, 22.7.1797, *Briefe* IX, 148; s.a. 502, 551). Bis ins Detail übernimmt die sprachlich-geistige Eroberung nicht nur Motive der Erkundung und Bebauung, sondern auch jene einer expansionistischen Politik:

Hinzugehn, und in jenem grossen Umkreise der Wissenschaften, die Länder, welche nur halb besessen werden, ganz einzunehmen; die Mitbesizer der andern Hälften nicht nur dadurch zu schwächen, daß wir in diesen Hälften besser als sie anbaun, sondern auch dadurch, daß wir es da thun, wo wir uns allein niedergelassen haben; nirgends der falschen Cultur zu schonen [...] und nicht eher von dannen zu ziehn, als bis der Dampf überall aufstiege: uns aufzumachen, und neue Länder zu suchen, auf der kühnen Fahrt selbst nicht die kleinste Insel, kein Pünktchen in dem Oceane liegen zu lassen, sondern überall zu landen, alles zu umgehen, auszuspähn, zu untersuchen; in den anbaulichen Entdeckungen gleich die Erde aufzureissen, und Saat zu streun; und treibt die unüberwindliche Unruh des Aufsuchens so gewaltig fort, daß nur in dem nächsten dem besten Felsen gegraben wird: *Hier sind Deutsche gewesen!* damit wenn Sturm oder Nadel Ausländer auch dahin bringen, sie unser früheres Recht sehn; dennoch gleich einen der edlen Abentheurer nach der Heimath zu schicken, damit er deutsche Anbauer herüber führe [...] (*GR*, 228f.)

Ging der Wettstreit im erhabenen *Messias* in die Vertikale, so geht er nun in der kulturexpansionistischen *Deutschen Gelehrtenrepublik* in die Weite.

Während dieser »adlige Geist des Wettkampfs« noch Kindt zu begeistern vermag (1941, 624), stieß er schon kosmopolitisch gesinnte Zeitgenossen ab (s. Kozielek 1978, 57); auch Kirschstein äußert »Bedenken« (1928, 89f.). Nach 1945 ist das (in Sport und Wirtschaft akzeptable) Agon-Motiv in der Literatur äußerst problematisch geworden, besonders, wenn »ein Unterton zu vernehmen ist, der chauvinistischen Tendenzen erschreckend nahe liegt« (Kozielek 1978, 57). Erstaunlicherweise wurde in den siebziger und achtziger Jahren immer wieder versucht, der *Deutschen Gelehrtenrepublik* eine ›fortschrittliche‹ politische Aussage abzugewinnen, um Klopstock als revolutionär gesinnten Bürger für die Gegenwart zu retten. Dies lässt sich nur bewerkstelligen, indem man den »reaktionär« klingenden Formulierungen mittels dialektischer Wertung »dennoch eine fortschrittliche Funktion« verpasst (Kozielek 1978, 58); indem man am Kern des Werkes vorbeizitiert (Zimmermann 1981); oder indem man, vorsichtig lavierend, die Botschaft reduziert auf »indirekte Impulse, die eine allerdings nur vermittelte Veränderung gesellschaftlicher Realität ermöglichen sollen« (Große 1977, 67). Zimmermanns Meinung, man käme um die »Traditionsgeschichte« herum, weil »die Strukturen der literaturgesellschaftlichen Verhältnisse im 18. Jahrhundert« im Vordergrund stünden (1981, 72), oder Großes Ignorieren der Bezüge zur rhetorischen Tradition, weil diese die »Konsistenz und Selbständigkeit des Klopstockschen Gedankengebäudes« verdecken könnten (1977, 16), verkennen, dass das Werk an einem humanistisch strukturierten Dialog teilhat und humanistische Werte tradiert. Es zeigt sich hier die generelle Tendenz der Klopstock-Forschung zur Ausblendung des ›Fremden‹. Anregungen, die von der spannungsvollen Auseinandersetzung zwischen antagonistischen Positionen ausgehen können, werden damit abgestumpft und Einsichten in Traditionszusammenhänge verhindert.

Das hochdifferenzierte Beziehungsgeflecht, welches das Werk mit der humanistischen Tradition verbindet, hat erst Hilliard (1987a) verdeutlicht. Mit dieser Arbeit sowie vor allem der Hamburger Klopstock-Ausgabe ist erkennbar geworden, dass *Die deutsche Gelehrtenrepublik* als Inbegriff von Klopstocks geistigem Selbstverständnis sowie seiner Sprach- und Dichtungsauffassung zu gelten hat. Der Ansatz über die Rhetorik macht das Werk nicht weniger fremd und nicht weniger kontrovers, sondern zeigt, wie Klopstock mittels humanistisch geschärfter Waffen die etablierte kulturelle Ordnung in dem partikularistisch zersplitterten deutschen Reich in Bewegung zu bringen sucht, um seine Vision von einer wirksamen deutschen Sprache und selbstbewussten deutschen Kultur in all ihren Ausprägungen für die gesamte Zivilisation zu realisieren und so die anspornende Wirkung der Griechen noch zu übertreffen. Von hier führt weder ein direkter Weg zur Etablierung der bürgerlichen Gesellschaft noch ein direkter Weg zu einer nationalsozialistischen Blut- und-Boden-Politik, wenn auch die extreme nationale Ausprägung des klassisch fundierten Agon Klopstocks Werk mit der Politik des Nationalsozialismus verbindet (zur Nationalismus-Thematik s. Fischer 1995; Herrmann/Blitz/Moßmann 1996). Zu prüfen wäre hinsichtlich der Patriotismus-Debatte im 18. Jahrhundert mit Bezug auf die klassische Tradition eine (parteiische) Unterscheidung C.F. Cramers, dass Klopstocks »Patriotismus sich darin vom falschen entfernt, daß er nicht ausschließend ist, daß er nie andre Nationen schimpft, herabsetzt, beleidigt! Nur wetteifernd, nicht ungerecht ist er!« (1777/1778, 136f.). Insgesamt verdeutlicht Klopstocks *Deutsche Gelehrtenrepublik* durch die radikale Ausprägung des aus der Klassik

tradierten Gedankenguts zu Kultur, Sprache und Nation sowie auch
durch die Rezeption, welch komplizierte Strukturen und Apologien
auch schon im 18. Jahrhundert bei Erörterung ›der historischen
Entwicklung‹ zu erkunden sind.

Klopstock veröffentlichte *Die deutsche Gelehrtenrepublik* als »Ersten Theil« und plante für 1775 ebenfalls auf Subskriptionsbasis einen zweiten Teil. Angesichts der unerwartet negativen Rezeption
gab er diesen Plan jedoch auf und ließ auch ausgearbeitete Texte
großteils unveröffentlicht. Die folgende Darstellung beschränkt sich
auf einige zentrale Motive im ersten Teil, gewissermaßen um Lese-
strategien zur anfänglichen Orientierung vorzuschlagen. Erst das Erscheinen des HKA Apparatbandes mit dem reichhaltigen unpubli-
zierten Material und fundierten Kommentar wird die Basis für eine
Erforschung des gesamten Komplexes bieten, der in der Literaturgeschichte gegenwärtig als Neuland zu betrachten ist.

1.   Kulturpatriotismus als Staatsentwurf

Die Fiktion der ›Gelehrtenrepublik‹ knüpft an eine Vorstellung an,
die in der zweiten Hälfte des 18. Jahrhunderts zumindest als Gemeinplatz durchaus noch aktuell war (s. Kirschstein 1928, 46-66,
bes. 46f.): »Die besten Köpfe in Deutschland machen der weiten
Entlegenheit ohnerachtet, zusammen eine Art von kleiner Republik
aus«, schreibt Nicolai an Gerstenberg (9.7.1765, Kirschstein 1927,
338; s.a. Friedrich II. 1985, 60; Barner 1984). Anders als in ›Hellenopolis‹ steht in der *Deutschen Gelehrtenrepublik* der Nationalge-
danke im Vordergrund: Ziel der fiktiven ›Gelehrtenrepublik‹ und
zugleich apologetisches Ziel des Werkes ist die Stärkung des deutschen Selbstbewusstseins im Wettkampf mit anderen europäischen
Gelehrtenrepubliken. Identitätsstiftend wird der germanische Ursprung der Republik betont, z.B. in den Namen der ›Autoren‹ Salogast und Wlemar, in dem als »altes deutsches Wort« bezeichneten
Titel »Aldermann« (*GR*, 12), in der Zusammenkunft des Landtags
»an dem alten Eichenhaine« (*GR*, 93) und in der stilistischen Anlehnung der »Geseze« an die salischen Gesetze (s. *Arbeitstagebuch*, 244;
Kirschstein 1928, 115f.). Gepriesen werden deutsche Eigenschaften
wie »die wolbedachte Mischung deutscher Gutherzigkeit, und deutsches Ernstes« (*GR*, 61), »Bescheidenheit« (*GR*, 45) und »deutsche
Einfalt, Kraft, Entschlossenheit« (*GR*, 98) – als »idealisierende Kon-
trafaktur zum antik-römischen Barbaren-Bild« und als Gegensatz zu
den zeitgenössischen Vorstellungen vom französischen Charakter

(Hurlebusch 1989c, 137; s.a. *Briefe* V, 767f.). Rhetorisch verdichtet evoziert Aldermann Ekhard deutsche Überlegenheit: »Wisset ihr denn auch, was in einer deutschen Seele vorgeht? Überm Rheine flamt's auf, und dampft's; überm Meere brent's und sprüht's Funken: aber diesseits glüht's!« (*GR*, 216).

Apologetisch orientiert Klopstock die Struktur seiner *respublica litteraria* bzw. *respublica eruditorum* an der (unstabilen) humanistischen Gliederung der Fakultäten, um die Dichtung mit den anderen ›Wissenschaften‹ zu verbinden und ihr eine führende Rolle zu geben (s. Hilliard 1987a). »Oberzünfte« sind die »darstellenden Zünfte« (Geschichtsschreiber, Redner, Dichter; d.h. ›schöne Wissenschaften‹) und »abhandelnden Zünfte« (Gottesgelehrte, Naturforscher, Rechtsgelehrte, Astronomen, Mathematiker, Weltweise u.a.; traditionell die ›höheren Wissenschaften‹) (*GR*, 9-11). Während die grundsätzlich aus den Fakultäten der Theologie, Medizin und Rechtswissenschaft bestehenden »abhandelnden Zünfte« für neuere Entwicklungen aufnahmefähig sind, bleiben die »darstellenden Zünfte« streng traditionell. Bildende Künste und Musik sind ausgeschlossen; »Hochverrath« ist es, »wenn einer die Künste über die Wissenschaften erhebt« (*GR*, 58). Allerdings bringt ein späteres Textstück die Aufnahme der Musiker durch die Gelehrten (»Die Musiker«, *GR*, Apparatband, Text I/6).

Eine Republik ist Klopstocks Gelehrtenstaat im klassischen Sinne der *respublica* (s. Kirschstein 1928, 49): Öffentliche Angelegenheit ist es, den Gelehrten materielle und geistige Unabhängigkeit zu sichern (das vorrangige praktische Anliegen des ›Wiener Plans‹), und entsprechend obliegt den Gelehrten Verantwortung gegenüber der Öffentlichkeit. Gemeinsames Ziel ist die Vorrangstellung deutscher Kultur im Wettkampf besonders mit Frankreich und England. Ausführlich behandelt wird nur die öffentliche Dimension staatlicher Struktur, die sich in der korporativen Verfassung manifestiert und auf Landtagen wirksam wird. Wohnung, Essen oder Kinder spielen keine Rolle; Frauen erscheinen nur einmal als Mitglieder der dilettantischen ›Zunft der Kenner‹ (*GR*, 8). Die Republik ist »aristokratisch« und so der »beynah demokratischen« englischen überlegen; mit ihrer für alle verbindlichen gesetzlichen Einrichtung übertrifft sie die »oligarchische« französische (*GR*, 17). Unterscheidendes Merkmal in der hierarchischen Rangordnung ist der Grad wahrer Gelehrsamkeit, die durch selbständiges Denken, seltene Nachahmung und das Streben nach originalem Entdecken und Erfinden gekennzeichnet ist (*GR*, 8). Der Kontext der Gelehrtenrepublik bleibt vage: Erwähnt werden das »Vaterland« (*GR*, 98) und »deutsche Fürsten« (*GR*, 58). In dem wichtigen Verhältnis zu den »Grossen« stehen die

Unabhängigkeit der Gelehrten und ihre Rolle als Gewissen der Nation im Vordergrund (»Erster Morgen«, bes. *GR,* 95f.). Die Nichtgelehrten sind aufgefordert, deutsche Wissenschaft zu schätzen und zu fördern.

Bis ins Detail ist das Werk von der »metaphorischen Umsetzung praktisch-politischer Begriffe« gekennzeichnet, welche die gesamte Tradition der Vorstellung vom Gelehrtenstaat prägt (Kirschstein 1928, 11) – wohl vorrangiger Stein des Anstoßes für Herder: »Unausstehlich dem Einen Einfall Umfang gegeben!« (an Hamann, Mai 1774, Hamann 1955-1965, III, 94). Die Satire geißelt die Schwächung der Gelehrtenrepublik im nationalen Wettstreit. So wird es zum Problem, als von »ausländischen Gelehrtenrepubliken [...] nachtnächtlich mehr verstorbne Schriften an[kommen], die als Gespenster umgehen, und [...] vorgeben, als machten sie daheim Epoke« (*GR,* 23). Gegenmaßnahme ist die Vermehrung der »Nachtwächter«, deren berufliche Qualifikation in der Übersetzung mittelmäßiger Bücher oder dem Plagiat besteht (*GR,* 31, 48). Auch vor Krankheit und Trunkenheit ist die Republik nicht gefeit: »die grosse ansteckende und gar gefährliche Krankheit unsers erleuchteten achtzehnten Jahrhunderts« ist das »Geschwäz zu wenigem Inhalt« (*GR,* 29), und bestraft wird, wer »sich täglich in den Schriften der neuen Sophisten, zum Exempel Voltairens und seiner Säuglinge besäuft« (*GR,* 44f.). »Hochverrath« verübt, wer »zu Ruh und Frieden räth, nachdem unsre Republik Wettstreit um den Vorzug mit den ausländischen Republiken beschlossen hat« (*GR,* 57-60), und »ewige Landesverweisung« bestraft die Behauptung, »daß die Griechen nicht können übertroffen werden« (*GR,* 60). Der Agon ist somit ›gesetzlich‹ verankert. ›Außenpolitisch‹ entwickelt ihn am Ende die Eroberungsvision, welche die Bemühungen um Wissenschaften, Sprache und Poetik in dem Ziel vereinigt, die benachbarten Kulturnationen im »edlen, [...] ehrenvollen, [...] vaterländischen Wettstreit« zu besiegen (*GR,* 233).

2. Utopie als Geschichte

Mit dem Titel *Die deutsche Gelehrtenrepublik* stellt Klopstock sein Werk in die lange Tradition von Idealstaaten, die auf Platon zurückgeht und besonders im Humanismus enorm wirksam wurde, so noch in dem 1748 als *Die gelehrte Republic* übersetzten Werk von Diego de Saavedra Fajardo, *La república literaria* (1655; Angaben s. Kirschstein 1928, 18). Diese Tradition steht wiederum in Zusammenhang mit den groß angelegten enzyklopädischen Bestrebungen, die sich in der Schaffung von Akademien und Sprachgesellschaften konzentrierten und – besonders auch durch Leibniz – noch das 18. Jahrhundert prägten (s. Kirschstein 1928, 7-66). Dass der Einigung nationaler Kulturbestrebungen auch politische Schlagkraft zukommen konnte, hatte Richelieu mit seiner Gründung der Académie Française gezeigt.

Den engen Bezug der *Deutschen Gelehrtenrepublik* zu Klopstocks kulturpolitischen Bestrebungen zeigt das energisch durchgeführte Subskriptionsverfahren sowie die Integrierung von Dokumenten des ›Wiener Plans‹ (s.o., Kap. III.2) vor dem Höhepunkt des Landtags am ›Zwölften Morgen‹ (*GR*, 219-226) mit der Überschrift: »Unterstüzung der Wissenschaften, die wir zu erwarten haben« (*GR*, 219). Gleichzeitig wirbt er durch das Werk Mitkämpfer, die das Projekt in die Zukunft tragen sollen: Sein Interesse an den Dichtern des Göttinger Hain war vor allem kulturpolitisch motiviert. Diese patriotischen Dichter – die auch tatkräftig als Subskriptionssammler mitwirkten – sind das reale Pendant zur Kohorte von »edlen und vaterländischen Jünglingen«, die am ›Zwölften Morgen‹ des Landtags, zutiefst bewegt von der Rede des wortführenden Aldermannes, die Sache der Republik zu der ihren machen (*GR*, 232; s. Lüchow 1995).

Die Bedeutung der Verbindung von Geschichte und Dichtkunst erhellt die Rolle der Fiktion: Das fiktive Geschehen wird durch ›geschichtliche‹ Versatzstücke so eng wie möglich an die Geschichte herangerückt. Die Distanz zur Wirklichkeit soll nicht wie im allegorischen Übertragungsprozess aufrechterhalten werden, sondern das Werk fordert mit allen rhetorischen Mitteln zur Überwindung der Distanz heraus, um die Fiktion in der künftigen Geschichte zu verwirklichen. Hieraus erklärt sich die Bedeutung der Geschichtsschreibung im Werk, aber auch die Durchbrechungen linearer Zeit sowie die abenteuerliche Montage unterschiedlichster Textsorten, die mit wechselnden Perspektiven das kulturpatriotische Projekt ›dokumentieren‹: mit Versatzstücken aus historischen Dokumenten; mit prosaischen und versifizierten Epigrammen; Abhandlungen, epitaphartigen »Denkmalen der Deutschen« und knappen Anmerkungen sowie materialreichen Fußnoten. Die »Verfasser« sind die staatlich beauftragten Geschichtsschreiber Salogast und Wlemar; Klopstock ist nur »Herausgeber« (*GR*, 1, 148). Während die ersten beiden Teile die Rechtsgrundlage der Republik vorstellen (»Einrichtung« und »Geseze«), bietet der umfassendste dritte Teil die »Geschichte des lezten Landtags« im Jahre 1772. Das Werk selbst stellt den Prozess der fortlaufenden Geschichte und Geschichtsschreibung dar: Es evo-

ziert eine kontinuierliche deutsche Geschichte, die mit der Entstehung der Republik in einer Zeit anfängt, als es »nicht lange her
[war], daß sich die Deutschen noch Franken genant hatten« (*GR,*
6). Von Luther heißt es, er habe selbst einen Landtag einberufen
wollen (*GR,* 25). Einen Text trugen die Dichter des Göttinger Hain
unfreiwillig kurz vor Fertigstellung des Werkes bei, als sie eine feh-
lerhafte Übersetzung zu einem (von Klopstock verfassten) alten Gesetz ›in Otfrieds Sprache‹ lieferten, die Klopstock dann als übereilte
Übersetzung einer teilweise von Moos bedeckten Felseninschrift in
die Episode einbaute (*GR,* 213-216; Lüchow 1995, 179-181). Der
brandneu von Klopstock auf dem Landtag präsentierte ›Wiener
Plan‹ ist als »Fragment aus einem Geschichtschreiber des neunzehnten Jahrhunderts« (*GR,* 220) in die Zukunft projiziert, wodurch die
Vergangenheit mit der Zukunft verbunden wird. Vorrangig ist die
moralische Funktion der Geschichtsschreibung: »Freyheit« gilt ihr
als »erster Grundstein« (*GR,* 17). Aufgabe der Gelehrten ist es, »sich
durch tiefe Untersuchung der Geschichte, und durch meisterhafte
Vorstellung des gefundnen Wahren, den Grossen, welche die Ehre
liebten, furchtbar zu machen« (*GR,* 95f.).

Ziel der ›Gelehrtenrepublik‹ ist die Förderung und Bewahrung
geistiger Werke und vorrangiges Auswahlkriterium die »zu erwarten-
de und verdiente Dauer« (*GR,* 22). Einem »Werk der Darstellung« –
also vor allem einem Werk der Dichtkunst – ist die Möglichkeit besonders dauerhafter Wirkung beschieden (*GR,* 9). Die ›Gelehrtenrepublik‹ zielt somit in dieselbe Richtung wie die Dichtung sowie
auch die Heilsgeschichte. Die Kongruenz zwischen Klopstocks früher »Berufung« zum *Messias*-Dichter und seinen Bemühungen um
die ›Gelehrtenrepublik‹ verdeutlicht das Bild von der »Laufbahn«
(*Messias* I 17; *GR,* 227). So wie Gottes Schöpfung ein himmlischer
»Entwurf von Seligkeiten« für alle seine Geschöpfe ist (*Messias* XV
1179-1183), der sich allmählich in der Heilsgeschichte offenbart,
stellt *Die deutsche Gelehrtenrepublik* einen eudämonistischen »Entwurf« für die profane Verwirklichung höchster menschlicher Möglichkeiten dar:

Das alte wiedergefundne Gesez hat Ekharden, und er die Republik nicht
wenig Schritte vorwärts auf der grossen Laufbahn gebracht. Wo das gegeb-
ne neue Gesez mit seiner Wirkung stehn bleibt, da fängt unser Entwurf an.
(*GR,* 227)

3.   Dichtung als Wissenschaft

Wirkungsmittel oder ›Waffe‹ der Gelehrtenrepublik ist das Wort – in Fortführung einer Metaphorik mit langer Tradition – z.B. Jonathan Swifts *The Battle of the Books* von 1704. In einer Gegenüberstellung von »Handeln« und »Schreiben« im Abschnitt »Von den Grundsäzen der Republik« wird der Schrift nicht nur tatsächliche Wirkung zugesprochen, sondern der Vorrang gegeben, weil sie dauerhaft zu wirken vermag (*GR*, 22). Ähnlich beruft sich ein ›Aldermann‹ auf Cäsar – Inbegriff des wirksam Handelnden –, der von Cicero gesagt habe, »Sein Lorber wäre schöner, als die Lorbern aller Triumphe. Denn es wäre grösser, die Gränzen des römischen Geistes eben so sehr erweitert zu haben, als die Triumphirenden die Gränzen des Reichs erweitert hätten« (*GR*, 146; dazu Hilliard 1987a, 49, 66). Auch in Form der emblematischen Gegenüberstellung von Feder und Schwert erscheint das Argument (s. Henkel/Schöne 1996, Sp. 1504), um die Streitsüchtigkeit der Gelehrten zu kastigieren:

Ein Nachtwächter hat unter andern dafür zu sorgen, daß die, welche durch eine spize oder scharfe Feder im Zweykampf erlegt sind, und nun als Gespenster umgehen, des Spukes nicht zu viel machen. [...] Wir Gelehrten streiten so viel, daß ja zulezt auch wol mancher bleiben muß. Als vor kurzem der berühmte Paracelsus Gompel von seinem Gegner nicht rittermässig erlegt, sondern auf gut irokesisch so war zerstümmelt worden, daß er vor aller Welt Augen, Glied bey Glied, dalag; konten seiner gleichwol drey Nachtwächter nicht Herr werden, so gewaltig spükt er, und schrie immer dabey: Ich bin aber doch nicht erlegt! (*GR*, 31f.).

Abgelehnt wird die scholastische Tradition einer Vereinigung der »Gelehrtenrepubliken Europa's« in einer »grossen lateinischen Republik« zugunsten der »Kraft und Schönheit« der deutschen Sprache (*GR*, 129; s.a. 116-119; Hilliard 1987a, 70-73). Die Begründung, dass »von der Sprache grossentheils die Denkungsart eines Volks abhängt« (*GR*, 25), soll die Gelehrten zu ihrer Unterstützung anregen – ein apologetisch motiviertes Argument, dessen Bezug zu den neueren Thesen der Sprachwissenschaftler E. Sapir und B.L. Whorf kaum linear darstellbar wäre. Dieser Gedanke motiviert die Einfügung der Texte »Aus einer neuen deutschen Grammatik« (*GR*, 120-126, 138-141) und »Von einem zu schreibenden deutschen Wörterbuche« (*GR*, 163) als Belustigungen des Geistes an den ›Abenden‹ des Landtags.

Die Dichtung wird auf vielerlei Weise mit den (anderen) ›Wissenschaften‹ verknüpft, vor allem durch das Prinzip der Wirkung. Diese ist Grundlage für den »Vorschlag zu einer Poetik, deren Re-

geln sich auf die Erfahrung gründen« (*GR*, 172f.), der für Goethe
im Vordergrund gestanden haben dürfte:

> Wir werden die Natur unsrer Seele nie so tief ergründen, um mit Gewisheit
> sagen zu können, diese oder jene poetische Schönheit muß diese oder eine
> andre Wirkung [...] *notwendig* hervorbringen. Gleichwol sind die meisten
> Regeln in fast allen Theorien der Dichtkunst so beschaffen, daß sie, ohne
> Voraussezung jener notwendigen Wirkung, unerweislich bleiben. [...] Mei-
> ne Frage ist [...]: Was muß der Theorist thun, der wahre Regeln festsezen
> will? (*GR*, 172f.)

Voraussetzung ist der deklamierte Text: »Man ist nicht sicher, völlig
richtige Erfahrungen zu machen, wenn man den Dichter nur zum
Lesen hingiebt, und sich hierauf die Eindrücke sagen läst. Man muß
ihn vorlesen, und die Eindrücke sehen« (*GR*, 173). In dem knappen
Vorschlag zu einer empirischen Fundierung der Poetik entwickelt
Klopstock seinen rhetorischen Ansatz, indem er die ›Natur‹ der
Dichtung aus der Perspektive ihrer Wirkung definiert.

Mit den Wissenschaften verbunden wird die Dichtung ebenfalls
durch »Erfindung« als Prozess der Erforschung von Wirkungen:

> Wer erfindet, der sint entweder die Ursachen zu schon vorhandenen Wir-
> kungen aus, oder auch zu solchen Wirkungen, die erst noch entstehn sol-
> len, und die er selbst hervorbringen, oder durch andre will hervorbringen
> lassen. [...] Bey der zweyten Art der Erfindungen ist es offenbar, daß man
> nicht gut erfunden habe, wenn die abgezwekte Wirkung nicht erfolgt; und
> gut, wenn sie erfolgt. Man nehme zum Exempel an, daß der Arzt durch sei-
> ne neue Arzeney *völlige* Genesung, der Dichter durch sein Gedicht *starke*
> Rührung, der Mechaniker durch seine Machine *Forttreibung* einer gewissen
> *Last* zu einer gewissen *Weite* haben hervorbringen wollen; so kann man von
> dem Werthe ihrer Erfindungen nicht anders, als nach dem Erfolge, urtheilen.
> (*GR*, 80f.)

Wesentlich ist hier die apologetische Funktion: »Erfindung« teilt die
Dichtung sowohl mit einer höheren Wissenschaft, der Medizin, als
auch mit einem Handwerk. Diese Affinitäten entziehen sie dem Zugriff der schönen Künste. Dass der Begriff »Wirkung« in Opposition
zum aristotelischen Prinzip der »Nachahmung« zu lesen ist, erhellt
aus einer Gegenüberstellung an anderer Stelle:

> Von der Entdeckung und der Erfindung.
> [...] Wer erfindet, sezt Vorhandnes auf neue Art und Weise zusammen. *Wie*
> du nun zusammensezest, und was zulezt, hast du's bewerkstelligt, vor ein
> Zwek, Ziel und Absicht daraus hervorblicken, das ist's eben, worauf es da-
> bey gar sonderlich ankommt. [...]

Von der Nachahmung.
Das Urbild ist der Baum, die Nachahmung sein Schatten; und dieser ist
immer bald zu lang, und bald zu kurz, nie die wahre Gestalt des Baums.
[...] (*GR*, 67)

Mimetische ›Nachahmung‹ und rhetorische ›Wirkung‹ sind Schlüs-
selbegriffe für die Erörterung der Natur der Poesie im 18. Jahrhundert. Während in Klopstocks früherer, von der Verteidigung des
Messias bestimmten Auseinandersetzung mit Batteux in »Gedanken
über die Natur der Poesie« (AW, 992-997) die »Bewegung« – als
stärkste Wirkung – im Vordergrund stand, verschiebt sich der Ak-
zent nun auf die »Wirkung«, welche die Dichtung mit anderen Wissenschaften gemein hat.
   Die Rolle und Bedeutung der Begriffe wird durch ihre Positio-
nierung innerhalb des diachronischen und synchronischen Dialogs
mit anderen Texten bestimmt. Dass dies nicht nur bei Klopstock so
ist, erhellt der Nachahmungsbegriff, da hier mit dem Bezug zur rhetorischen *imitatio* einerseits und aristotelischen *mimesis* andererseits sowie zur zeitgenössischen Debatte über Originalität und Nachah-
mungssucht ein höchst differenziertes System von Argumenten
gegeben ist, dass auch die Zeitgenossen zur poetologischen Positio-
nierung nutzten. Interessant wird die Destabilisierung der ›Nachahmung‹ durch Klopstocks emphatische Aufwertung der rhetorischen
Tradition. Denn durch die Berührung der rhetorischen und mimetischen Tradition im Begriff ›Nachahmung‹ ergibt sich gewissermaßen
eine Brücke zwischen den Traditionen, die neue poetologische Wege
eröffnet. Dass Goethe einen solchen Weg beschreitet, legen Bezüge
zum »Vorschlag zu einer Poetik, deren Regeln sich auf die Erfahrung
gründen« in *Dichtung und Wahrheit* nahe (*GR*, 172f.; s.u., S. 140-
142). Klopstocks Poetik, die sich anscheinend mit der Ankunft Herders und Goethes auf ihr »ästhetisches Ende zubewegt« (Benning
1997, 129f.), bringt gerade zu dem Zeitpunkt den Argumentations-
komplex zwischen ›Nachahmung‹ und ›Wirkung‹ in Bewegung und
findet so Eingang in die Poetologien des Sturm und Drang und der
Romantik – wobei auch die Verbindungen zu den (Natur-)Wissen-
schaften eine Untersuchung wert wären. Die Begeisterung der jungen Dichtergeneration um 1775 zeigt, dass Klopstock mit der *Deutschen Gelehrtenrepublik* poetologisch auf der Höhe der Zeit stand.
Bei Goethe lässt sich verfolgen, wie Komponenten der Theorien von
›Nachahmung‹ und ›Wirkung‹ neu zusammensetzt werden, um aus
einem agonalen Prozess heraus eine Poetik der Natur bzw. des Naiven zu entwickeln.
   Der vermeintliche Anachronismus der *Deutschen Gelehrtenrepublik* ist in der Forschung besonders an Klopstocks ›Rückzug‹ in die

Dichtungsauffassung der Sprachgesellschaften festgemacht worden
(s. Hilliard 1987a, 33f.). Tatsächlich sind jedoch die Bezüge zu den
Sprachgesellschaften als Programm für die Rolle der Dichtung in
der Gesellschaft zu sehen. Wenn am sechsten ›Abend‹ die »Ulmen-
gesellschaft« (*GR*, 171) zusammenkommt, um Fragen »Zur Poetik«
in einem Prozess zu diskutieren, dessen Vergnügen und Ergiebigkeit
in der (an Boileaus Odentheorie erinnernden) »Lebhaftigkeit und
Schnelligkeit, ja selbst [...] Unordnung« besteht (*GR*, 170), so wird
damit an eine kontinuierliche Tradition gemeinschaftlicher Beschäftigung mit Sprache und Dichtung angeknüpft. Zu denken ist nicht
nur an Zesens ›Rosengesellschaft‹ oder ›Palmenorden‹ und Brockes'
›Teutschübende Gesellschaft‹, sondern auch an die Bremer Beiträger,
den Darmstädter Kreis, den Göttinger Hain. Und die Tradition geht
weiter: ›Aldermannstage‹ des Freundschaftsbundes um Hölderlin,
George-Kreis, Gruppe 47, Prenzlauer Berg. In diesen Zusammenhang gehören auch die in die Breite orientierten Lesegesellschaften
als »neue Institutionsform« im letzten Drittel des 18. Jahrhunderts –
ein maßgeblicher Initiator war Klopstock (s. Kiesel/Münch 1977,
174-175; *Briefe* V, 271-275, 845-850).

Die gemeinschaftliche Rezeption von Literatur führt in der auf
individuellen Ausdruck und Autonomieästhetik festgelegten deutschen Literaturgeschichte des 18. Jahrhunderts ein Schattendasein.
Unter sozialgeschichtlichem Aspekt jedoch wird deutlich, wie komplex das ›Wesen‹ der Dichtung in dieser Blütezeit deutscher Literatur tatsächlich war (s. Promies 1980): Es bestand nicht in der einen
echten Dichtung, sondern in spannungsgeladenen Kontroversen
zwischen antagonistisch sich profilierenden Auffassungen von der
Literatur und ihrer Rolle für Individuum und Gesellschaft.

Der dialogischen, auf lebendige sprachliche Verwirklichung zielenden Literaturauffassung Klopstocks wird Arno Schmidt in seinem
kontrovers angelegten Hörspiel-Essay »Klopstock oder Verkenne
Dich selbst!« mit »Vorspiel« gerecht, indem er verschiedene heutige
Stimmen und Rezeptionshaltungen mit zeitgenössischen Stimmen
und Zitaten in lebhaft differenziertem Stil und Tonfall abwechseln
lässt ([1958], 1988b, I, 89-117). Dem ›heutigen Leser‹ wird *Die
deutsche Gelehrtenrepublik* aufgrund ihrer »unsäglichen Sprachgewalt
und ‹Modernität›« empfohlen: die »erratischen Blöcke der Gelehrtenrepublik, scharfkantige Riesentrümmer, von denen jeder einzelne
eine Landmarke ist!« (1988a, 9f.; 1988b, 112). Als »modern« hebt
Arno Schmidt damit die rhetorische Kraft und anti-aristotelische
Struktur des Werkes hervor, durch die es in die ›wissenschaftliche‹
Welt hineinragt. Das negative Urteil Herders widerlegt Schmidt
nicht nur mit Bezug auf die im Werk enthaltenen »gewichtigsten

theoretischen Anweisungen« (1988b, 109), sondern auch mit dem
Zitat des folgenden »Guten Raths der Aldermänner«, in dem das
rhetorische Feuer schöpferisch wirksam wird (s. Quintilian, »Zum
Geleit«):

Die Luftschlösser des Gelehrten.

Den Entwurf zu einem Buche machen, das Neues enthält (mit Schnelligkeit, mit Feuer, mit Ungestüm!) und zugleich glauben, man werde den Entwurf ausführen, ist innige Herzenslust, und vielmehr als Vergnügen. So hab
ich ihrer nicht wenige heut entworfen, und morgen die Hofnung aufgege-
ben sie zu schreiben. Vergessen sind sie! Doch bin ich darum weniger glük-
lich bey den Entwürfen gewesen? (*GR*, 87)

IX. *Grammatische Gespräche*

Im Spätwerk galt Klopstocks Interesse zunehmend der Untersuchung und Förderung der deutschen Sprache. Voß berichtet 1774:

Wenn ich mit Klopstock allein bin, sprechen wir fast beständig über die deutsche Grammatik, woran er sehr stark denkt. Es ist kein Wunder, daß er so tief in die Geheimnisse der Sprache steigt. Er kann Einen Punkt einen ganzen Tag vor Augen behalten. (An E. Boie, 12.6.1774, in Voß 1829-1833, I, 247)

Als Teil der *Deutschen Gelehrtenrepublik* veröffentlichte Klopstock Fragmente »Aus einer neuen deutschen Grammatik« (*GR*, 120-126, 138-141, 183-189, 199-202) zu Aspekten der Phonetik, Phonologie, Orthographie und Morphologie. 1779/1780 erschienen elf weitere »Fragmente« in *Über Sprache und Dichtkunst*, und Ende 1793 dann das Werk *Grammatische Gespräche* (datiert 1794). Weitere Arbeiten aus dem Komplex erschienen in Zeitschriften. Mehr noch als die *Deutsche Gelehrtenrepublik* ist es ein Werk, das »nur von solchen Freunden der Dichtkunst genau beachtet worden [ist], denen die Angelegenheiten der Muttersprache, ihre Bildung oder Verbildung, wichtig sind; und deren giebt es in Deutschland äußerst wenige« (A.W. Schlegel 1828, I, 247). Die Forschung hat sich kaum dafür interessiert; ein Gesamtbild des Konvoluts wird erst die HKA bieten.

Klopstock plante zunächst eine Grammatik für den praktischen Gebrauch und berechnete sogar eine »wohlfeile Schulausgabe« (Voß 1804, 186). Der Freund Boie verspricht sich ein Korrektiv zu den Ausschweifungen der Stürmer und Dränger:

Die Nachricht, daß wir eine deutsche Grammatik von Ihnen zu erwarten haben, freut mich sehr. Es ist Zeit, daß Sie durch Ihr Ansehn einmal der Sprache wieder Festigkeit geben. Sie ist in Gefahr durch unsre sogenannten Genies viel zu verlieren. (Boie an Klopstock, 18.1.1776, *Briefe* VII, 4)

Für Klopstock selbst kam die Gefahr von anderer Seite: Seine Grammatik ist ein Werk der Opposition gegen die wachsende Autorität Johann Christoph Adelungs auf den Gebieten der Wortkunde, Grammatik, Stilistik und Orthographie. Klopstock unterschied die deutsche Sprache von den Mundarten und sprach als Bürger Hamburgs der Aussprache in Niedersachsen die größte Reinheit zu, kämpfte jedoch gegen eine exklusiv normierende Regelung des Sprachgebrauchs an. Adelung dagegen bestimmte die ›Mundart‹ der gehobenen Gesellschaft Obersachsens zur nationalen Standardsprache und suchte unter Betonung eines klassizistischen Stilideals die kreative Rolle der Dichter für die Herausbildung der Nationalsprache einzuschränken; von Klopstocks Wortschöpfungen nahm er in seinem Wörterbuch keine Notiz (s. Baudusch 1984, bes. 173; zu Wieland und Adelung s.a. Lerchner 1984). Verband Klopstock – analog seinem Geschichtsverständnis – die Höhepunkte sprachlicher Entwicklung mit großen Individualleistungen, so betonte Adelung die Rolle von Region, Gesellschaft und Fortschritt.

Den sprachpolitischen Zweck der geplanten Grammatik verdeutlicht der allegorische Aufsatz »Zur Geschichte unsrer Sprache« (1779; AW, 968-970): Luther findet die heranwachsende deutsche Sprache verwildert bei ihren »Müttern den Mundarten« (968) und bildet das Mädchen heran. Den von »der schnellentstehenden Liebe« (969) ergriffenen Klopstock bittet die durch »Gesellschafterei« (969) und falsche Ernährung geschwächte Sprache dann um einen Minnedienst:

Willst du die Lebensregeln, die ich mir vorgeschrieben habe, bekannt machen, damit sich, wer mich mit Nahrung versieht, danach richte? [...] Aber wird dich die Trockenheit, die dies für so viele hat, nicht davon abschrekken? (AW, 969f.)

Mag auch später die Trockenheit des Vorhabens den Liebhaber abgeschreckt haben, so war doch ein fragmentarischer Charakter schon in der *Gelehrtenrepublik* angelegt (*GR*, 120). Wenn Muncker im Vergleich mit Adelungs philosophisch und geschichtlich fundiertem *Umständlichen Lehrgebäude der Deutschen Sprache* (1782) Klopstocks »Mangel an System und Methode« (1888, 526f.) beklagt, rückt damit Klopstocks entgegengesetztes Ziel in den Blick: Seine ›Grammatik‹ ist kontroverse, dialogische Stillehre. Schon der Titel bezieht sich auf den humanistisch tradierten Begriff von der Grammatik, welcher der Literatur eine stilbildende Funktion zuweist.

Die vorgesehene Reihenfolge der ›Gespräche‹ ist aus der Vorrede ersichtlich (SW XIII, 3-6):

Die Grammatik (1. Gespräch). Die Aussprache (2. Gespräch). Der Wohlklang (3. Gespräch). Die Wortbildung (4. Gespräch). Die Sylbenzeit (5. Gespräch). Die Wortänderniß (6. Gespräch). Die Kühr [d.i. Wahl der dem Gedanken angemessenen Wortart] (7. Gespräch). Wortändrung (8. Gespräch). Wortfolge (9. Gespräch). Verskunst (10. Gespräch). Die Bedeutsamkeit (11. und letztes Gespräch).

Das Buch enthielt nur die ersten vier, das siebente und Teile des achten und zehnten Gesprächs sowie sechs »Zwischengespräche«. Weitere Teile veröffentlichte Klopstock 1795/1796 in Zeitschriften.

1.   Die Siegerin im Wettstreit

Humanistische Motive und Argumente verbinden die *Grammatischen Gespräche* mit dem 17. Jahrhundert (Langen 1952, Sp. 1211-1222 und passim; Schleiden 1954, 39f.; Baudusch-Walker 1958, 29-32, 58-60 und passim; Hilliard 1987a, 33f.); meist gilt dies als Beweis für die Obsoletheit des Werkes, als »retreat into problems, attitudes, methods and themes which are more reminiscent of seventeenth- and early eighteenth-century discussions than of the age of Goethe« (Hilliard 1987a, 33). Schleiden entwickelt gar die These von einer frühen Entstehung, »weil um 1795 das erdrückende Übergewicht des französischen Kultureinflusses in Deutschland längst einer gesunden Entwicklung der bodenständigen deutschen Kultur gewichen war« (1954, 39, 155f.). Tatsächlich jedoch stand die deutsche Sprache noch immer in schlechtem Ruf. Klopstocks Ziel ist es, mit humanistisch fundierten Strategien die Nationalsprache zu fördern.

Das Wettstreitmotiv rückt den Vergleich mit der französischen Sprache in den Vordergrund, die »beynah schon seit einem Jahrhunderte« beansprucht, »die erste der neueren Sprachen« zu sein (SW XIII, 53) – lediglich aufgrund von »politischen Ursachen«, wie die »Einbildungskraft« hervorhebt (54). Die Problematik der Nationalsprache beschäftigte intensiv auch Klopstocks Zeitgenossen, so Lessing, Herder, Wieland, Adelung und Campe (s. Baudusch-Walker 1958, passim). Immerhin hatte Friedrich der Große noch in seiner 1780 publizierten Schrift *De la littérature allemande* die Mängel der »halb-barbarischen« deutschen Sprache sowie den exemplarischen Charakter des Französischen hervorgehoben – auf Französisch (Friedrich II. 1985, 62) –, und Ernst Moritz Arndt bezweifelt noch 1806, »ob selbst jetzt ein König die teutsche Sprache zu seiner Vertrauten machen würde« (zit. nach Steinmetz 1985, 267). Die Auseinandersetzung mit Zesen zieht sich durch das gesamte 18. Jahrhundert (s. Baudusch-Walker 1958, 29f.), und die Kontroversen um Wortschatz und Orthographie sind Beispiel für die rege und äußerst differenzierte Diskussion um die Nationalsprache. Dass die deutsche Sprache auch noch am Ende des 18. Jahrhunderts den Ruf eines mangelhaften künstlerischen Mediums hatte, belegt die Bemerkung

Wielands, sie habe wie der deutsche »Nationalcharakter« »etwas Unbeholfenes« ([1797], Böttiger 1813, 15). Goethe schimpft über »diese barbarische Sprache« (an Frau von Stein, 26.1.1786, Goethe 1985ff., XXIX, 624) und bezeichnet in den *Venetianischen Epigrammen* die deutsche Sprache als »schlechtesten Stoff« (Nr. 29, Goethe 1985ff., I, 449; s.a. Nr. 76, S. 459). Klopstock lässt im »Zweiten Wettstreit« die deutsche Sprache selbst antworten:

Göthe, du dauerst dich, daß du mich schreibest? Wenn du mich kenntest;
Wäre dieß dir nicht Gram: Göthe, du dauerst mich auch.
(SW XIV, 94; s. *Epigramme*, 233-235; s.a. Lyon 1882, 123-125)

Im Zentrum der *Grammatischen Gespräche* stehen die Vorzüge des Deutschen, die damit gefestigt und den Zeitgenossen bewusst gemacht werden sollen. Mit den gallizistischen Reformvorschlägen Friedrichs des Großen geht Klopstock in einem 1795 publizierten »Zwischengespräch« ins Gericht (SW XIV, 3-16), und Kants »Kunstwörter« satirisiert er in dem Fragment »Die Bedeutsamkeit« (1795, SW XIV, 115-140; s.a. *Epigramme*, Nr. 118, 40, 244-246). Die Ablehnung überflüssiger Fremdwörter veranlasst eine satirische Erörterung des von den »Kraftmännern« in Imitation des eitlen Voltaire eingeführten Fremdwortes »Genie« (SW XIV, 71f.). Ihre Eliminierung auch in der grammatischen Metasprache (s. »Die Wortbildung«, bes. SW XIII, 131-133; Baudusch-Walker 1958, 54-100) soll die Bestimmtheit und Eigenständigkeit der deutschen Sprache stärken, damit sie im Wettkampf bestehen kann.

Das Motiv des Wettstreits gibt der apologetischen Argumentation die Spitze. Aus dem 17. Jahrhundert tradierte Argumente bestimmen im »Wettstreit um den Vorzug« zwischen »Galliette«, »Ingleß« und »Teutone« den deutschen Anspruch auf Vorrang (»Zweites Zwischengespräch«, SW XIII, 53-60; zur Tradition Langen 1952, Sp. 1083; Schneider 1960, 84-86; Hilliard 1987a, 33). Die Funktion der Beraterin »Hellänis« beruht auf dem Gemeinplatz, dass der Rang moderner Sprachen am Grad der Ähnlichkeit mit dem Griechischen gemessen werden kann. Ausgerechnet Galliette äußert die These, Hellänis und Teutone seien möglicherweise »Verwandte« (SW XIII, 59f.) – womit der deutschen Sprache der Sieg sicher wäre. Humanistisch tradiert ist vor allem der Einsatz der Übersetzung als Beweismittel für den Rang der Sprachen, so im »Zweiten Wettstreit« (1795; SW XIV, 17-104; s. Muncker 1888, 529-533).

Im Vordergrund stehen beim Erweis der Ähnlichkeit des Deutschen mit dem Griechischen Klopstocks eigene Bemühungen um die deutsche Sprache, so sein Stilprinzip der Kürze (s. »Die Kürze der deutschen Sprache durch Beispiele gezeigt [...]«, 1800-1801; s.a.

Schneider 1960, 57-86): Hatte schon Quintilian vor übertriebenem
»Wetteifer um die Kürze des Ausdruckes« gewarnt (VIII 2, 19), so
wird dies nun warnend als potentieller Fehler Teutones bei der origi-
nalgetreuen Übersetzung erwähnt. Vorausgesetzt wird jedoch, dass
dies ein »schöner Fehler« ist (SW XIII, 57), denn Kürze gehört zu
den »Tugenden des Ausdrucks« (Quintilian IX 1, 45) und gilt als
der »am lautesten genannte Vorzug der beyden alten Sprachen« (SW
XIV, 24). Ein schlagender Beweis für den Vorrang Teutones ist
schließlich der Hexameter (SW XIII, 58): Nur die deutsche Sprache
vermag Homer in das ihm angemessene Versmaß zu übersetzen.

2.   Sprache im Gespräch

Klopstocks Änderung der Darstellungsform in Gespräche sah Voß
nicht nur in Hinblick auf die Rezeption mit Bestürzung: »Es scheint
ihm unter seiner Würde zu sein, Grammatik als Grammatiker zu
schreiben, und er merkt nicht, wie sehr es unter der Würde der
Grammatik ist, so spaßhaft dargestellt zu werden« (an Miller,
25.9.1785, Voß 1829-1833, II, 112). Gerade die Form jedoch reizte
Klopstock, nicht zuletzt als »Aufheiterung meines Alters« (»Vorrede«, SW XIII, 3). Er bezieht sich auf einen Dialog des griechischen
Satirikers Lukian, der »Meldung von einer Klage thut, welche Mitlaut Sigma wider Mitlaut Tau vor den Selbstlauten erhob« (SW
XIII, 14f.; dazu Muncker 1888, 524; s.a. Eichinger/Lüsebrink
1989). Schon Gottsched hatte den kurzen Dialog vom »Rechtshan-
del der doppelten Buchstaben« im Anhang seiner *Sprachkunst* zum
Vorbild genommen, um »eine an sich trockene Buchstabenkritik an-
genehm zu machen« (Gottsched 1752, 663). Entsprechend verbittet
sich bei Klopstock die personifizierte »Einbildungskraft« die »Trok-
kenheit« (SW XIII, 9) und betont den didaktischen Vorteil der Belebung (SW XIII, 11).
    Über diesen didaktischen Zweck hinaus verwirklicht die Form
des Gesprächs zwischen Elementen der ›Grammatik‹ das poetologische Ziel der »Darstellung«. Die der *evidentia* zuzurechnende Perso-
nifizierung der Sprache in poetologischen Oden (z.B. »Unsre Sprache«, *Oden* I, 199-201) wird hier zu einer lebhaften Gesellschaft:

Ausspr[ache].   So höret denn endlich einmal auf, Mitlaute, und machet dem
Lärme, und dem Geschrey ein Ende, daß man ein Wort in Ruhe mit euch reden kann. Doch ich weiß es, warum ihr nicht zu schweigen seyd. Ihr könnt
der Freude über die neuen Namen nicht satt werden, die ihr bekommen
habt. Setzt euch, Mitlaute. *Es.* Wenn du willst, daß wir es thun sollen, so

sprichst du anders mit uns. Du mußt sagen: Setzet euch, Blaselaute, Bebelaute, Stotterer. *En.* Ich bin der Nennlaut! *A.* Das ist ein sonderbarer Name. Wir benennen, denke ich, doch wohl alle, [...] *Ausspr.* So werdet denn endlich ruhig, und setzet euch, ihr Sauser und Brauser, ihr Zitternden und Bebenden, ihr Stotterer, Mämpflinge, Gackser und Ohrenbläser. *Es.* Was willst du denn? Wir sitzen ja schon. *Rivarolade.* Wie muß diese Sprache klingen! Denn es ist offenbar, daß die Aussprache alles mildert, weil wir Fremden zugegen sind. *Palissotie.* Ich denke nicht, daß man sich bey uns mit Erlernung des Deutschen weiter abgeben wird. Selbst mit dem Übersetzen muß es ein Ende haben! (»Die Aussprache. Zweites Gespräch«, SW XIII, 19f.)

Im Dialog sind zeitgenössische Diskussionen um die Sprache in Szene gesetzt: »Ich denke, niemand wird die satirische Schilderung einiger Lehren Adelungs ohne Lachen lesen können, eine Schilderung, die gleichwohl bis zur Wiederholung der eignen Worte des schwerfälligen Grammatikers treu ist« (A.W. Schlegel 1828, I, 247). Die Debatte um die Namen satirisiert Adelungs Bezeichnungen für die Laute in seiner Grammatik – Mampflaut, Nennlaut, Zitterlaut, Sauselaut, Bebelaut, Blaselaut, Gacklaut, Stotterlaut (Adelung 1782, I, 129f.) – aufgrund ihrer Ungenauigkeit und Härte. Der verkürzende Gebrauch des Verbs »schweigen« in der Bedeutung ›zum Schweigen bringen‹ weist auf die Wortschatzdiskussion: Während Adelung den Gebrauch für obsolet erklärt, erkennt ihn Campe unter Verweis auf zeitgenössische Belege an (Grimm 1854-1971, XXV (1899), Sp. 2431f.). Die Perspektive der Franzosen A.C. de Rivarol und C. de Palissot de Monteney (s. SW XIII, 19; Muncker 1888, 524) dient als ›Beweis‹, dass Adelungs Sprachbehandlung den Ruf der Härte fördert und die deutsche Sprache so auch kulturpolitisch schwächt.

Wie sehr diese ›Gespräche‹ aus der gesprochenen Sprache leben, verdeutlicht ein Bericht Böttigers über das Vorlesen durch Klopstock:

Die kleinen Schlauheiten und Neckereien, mit denen sich diese Redefiguren in den Gesprächen herumtreiben, wußte er durch mimische Darstellung in Stimme und Geberde vortrefflich anzuzeigen. Kurz, mir wurde es nun sehr einleuchtend, daß diese grammatischen Gespräche wahre Geschöpfe seiner Dichterphantasie voll versteckter Feinheiten und Beziehungen auf Adelung, Ramler u.s.w. wären, daß man aber Klopstock selbst zum Vorleser derselben haben müsse, um nicht am todten Buchstaben irre zu werden. (Böttiger 1814, 327)

Während die dialogische Form und personifizierende Belebung des Gegenstandes die meisten Leser befremdete, sah August Wilhelm Schlegel darin eine Anregung zur Fortsetzung von Klopstocks Erforschung der Sprache:

Grammatik. Um die vielen vorgebrachten Klagen zu prüfen, bedürfen wir ruhigerer Muße. Aber wollen wir nicht sogleich noch erklären, Poesie, daß sich Klopstock durch Anregung so vernachlässigter Untersuchungen um uns beide verdient gemacht hat?

Poesie. Von ganzem Herzen. (A.W. Schlegel 1962, 259)

X. Produktive Auseinandersetzungen

Den Schriftstellern seiner Zeit galt Klopstock als »ein Genie, das auch in der Sprache eine neue Zeit anfängt« (Herder 1877-1913, II, 42), als »ein unnachzuahmendes Original« (Gerstenberg 1762, zit. nach Lee 1999, 52) und als »größter Dichter unserer Nation« (Wieland im *Neuen Teutschen Merkur* 1797, 193). Dies bedeutet, dass von Wieland bis hin zu den Frühromantikern kein Dichter um dieses Vorbild herumkam. Die Reaktionen und die Rezeptionsprozesse sind jedoch äußerst vielfältig, wobei natürlich auch andere zeitgenössische Dichter intensiv rezipiert wurden: So wurde für den Göttinger Hain – um nur ein Beispiel herauszugreifen – die Klopstockrezeption »gattungsgeschichtlich vorbereitet durch die Beschäftigung mit Ramlers Oden« (Kranefuss 1978, 138). Wenn die folgende Darstellung reduktiv nur die Rolle Klopstocks bespricht, so ist dies durch das Thema und den knappen Raum bedingt.

Klopstock war anderen Dichtern Ansporn und Irritation. Die Komplexität der Wirkung des Vorbildes verdeutlicht ein Brief von Voß, einem führenden Mitglied des Göttinger Hain:

Ich zweifle gar nicht mehr daran, dass ich mich unter des Bundes Flügeln unsterblich singen werde. Noch denk' ich immer an Ramler, den will ich übersingen; ist das geschehn, dann denk' ich an keinen, dann denk' ich nur an mich. Denn Klopstock, Klopstock der möcht' einem doch wieder bange machen. Aber nie hinter ihm! zur Seite giebt's der Wege genug! und brichst du dir deine Dornenbahn auch nicht so weit hinein, als er die seinige, so soll man dich doch in eine Gattung mit ihm setzen. Wer immer nur aus sich selbst herausspinnt, der muss in seiner Art Original werden. (Voß an Brückner, November 1773, zit. nach Herbst 1872-1876, I, 109)

Mit einer Fülle von Metaphern bestimmt er sein Schaffen im Verhältnis zum etablierten Dichter: der (Oden-)Flug, der Weg in unerforschtes Gelände – ein Motiv, das von Horaz bis Young zur Betonung der Originalität dient (s.o., Kap. I; s.a. Lee 1999, 191-193) – und das ebenfalls konventionelle Bild von der Spinne (s. Grimm 1854-1971, XVI, Sp. 2527f.). Obgleich die *aemulatio* bestimmend ist, führt die Angst vor bloßer Imitation zur Meidung des schon beschrittenen Weges und das mangelnde Vertrauen in die eigene Überlegenheit zur Meidung des Wettstreits. Die größte Unabhängigkeit verspricht das naturhafte Schaffen aus dem Inneren heraus, wobei

das Bild vom Spinnen trotz Hervorhebung der *natura* keine Einschränkung der *ars* impliziert. Dieses Bild findet sich auch später bei
Klopstock in einer von Böttiger überlieferten Beschreibung des
Schaffensprozesses, nun in Verbindung mit Metaphern von sponta-
ner organischer Befruchtung und höherer Eingebung: Er erklärt, der
»Grundkeim« einer Ode »befruchte sich plötzlich in ihm, und ohne
daß er es im geringsten darauf anlege, wie durch das Einflüstern eines Genius«; er wende dann den Gedanken »so lange, bis er aus ihm
den Plan herausgesponnen habe« (Böttiger [1795], 1814, 331f.).
Dies ist der Schaffensprozess des Meisters, der alle Stadien der *imitatio* durchlaufen hat.

Deutlich wird bei Voß, dass als Rezeptionsvorgang noch die Meidung des vom Vorgänger beschrittenen Weges bis hin zum Antagonismus signifikant sein kann (s. Lee 1999, unter Bezug auf Bloom
bes. 25). Die Rolle Klopstocks in der zweiten Hälfte des 18. Jahrhunderts brachte es mit sich, dass jeder Dichter zu seinem Werk
Stellung beziehen musste, wodurch die Rezeption seines Werks zum
Seismographen poetologischer Veränderungen wird. Die Intensität
und Unterschiedlichkeit der Rezeption verdeutlichen Lessing, Wieland und Herder. Bei allen drei Zeitgenossen war das persönliche
Verhältnis zu Klopstock von Spannungen gekennzeichnet, wobei
sich in der Spätzeit – wenn auch auf Distanz – Freundschaft entwickelte: Angesichts der Konflikte mit der jungen Generation über-
wogen nun die Gemeinsamkeiten.

Lessing sticht unter den Kritikern des *Messias* aufgrund der Dif-
ferenziertheit seiner Besprechungen hervor; umgekehrt erfüllt das
Werk in der Bildung seiner Urteilskraft eine wichtige Funktion: um
1751/52 beschäftigt er sich »mit dem *Messias* in einer Weise [...] wie
nie wieder mit irgend einem Werke der deutschen Poesie« (Muncker
1880, 94; s.a. Großer 1937, 64-84), und er kommentiert in der Fol-
gezeit sowohl das Epos als auch Rezensionen des Werks. Klopstock
und Lessing verbindet das Interesse an der Etablierung einer deutschen Nationalliteratur; Lessing war einer der wenigen, die Klopstock in den ›Wiener Plan‹ einweihte. Poetologisch jedoch prägen
sich die unterschiedlichen Tendenzen der Aufklärung in ihrem Werk
zum Gegensatz aus. Vereinfacht gesehen, steht Lessings Werk in der
aristotelisch-philosophischen Tradition, während sich Klopstock der
rhetorischen Tradition verschreibt; Lessing appelliert primär an die
Vernunft, Klopstock an die Imagination; Lessing wendet sich im
mittleren Stil an ›die meisten‹, Klopstock im hohen Stil an ›die wenigen‹. Entsprechend hebt Lessing den Wert von Klopstocks Prosa
und die prägnante Darstellungsweise in den Abhandlungen hervor
(18. Literaturbrief, Lessing 1886-1924, VIII, 45) und empfiehlt das

Studium seines Stils, äußert jedoch grundlegende Bedenken gegenüber seiner Sprachauffassung. In der Besprechung des für die Einführung des freien Verses bedeutsamen Aufsatzes »Von der besten Art über Gott zu denken« (SW XI, 207-216) verpflichtet er die Sprache auf die rational erfassbare Wirklichkeit: »Die Sprache kann alles ausdrücken, was wir deutlich denken; daß sie aber alle *Nüancen* der Empfindung sollte ausdrücken können, das ist ebenso unmöglich, als es unnöthig seyn würde« (49. Literaturbrief, Lessing 1886-1924, VIII, 132f.). Lessings spätere Verteidigung seiner Besprechung zeigt, wie er die zeitgenössische Kritik aus Lobhudelei und Pauschalangriff herauszuführen sucht:

weil Herr *Klopstock* dieses und dieses schöne Stück gemacht hat; so müssen alle seine Stücke schön seyn? Ich danke für diese Logik. [...] deswegen, weil ich ihn für ein großes Genie erkenne, muß er überall bey mir Recht haben? Mit nichten. Gerade vielmehr das Gegentheil: weil ich ihn für ein großes Genie erkenne, bin ich gegen ihn auf meiner Hut. Ich weiß, daß ein feuriges Pferd auf eben dem Steige, samt seinem Reiter den Hals brechen kann, über welchen der bedächtliche Esel, ohne zu straucheln, gehet. (111. Literaturbrief, Lessing 1886-1924, VIII, 261f.).

Während für Lessing die Konstanz kritisch distanzierter Beurteilung charakteristisch ist, vollzieht sich bei Wieland – ähnlich wie später bei Schiller – ein Umschwung von jugendlicher Verehrung zu entschiedener Distanz (s. Tiemann 1937, 96-111). Rückblickend berichtet er: »Über meinem Vergil, Haller, Milton, und Klopstocks ersten fünf Gesängen vergaß ich Essen und Trinken, Spiel, Schlaf, mich selbst und die ganze Welt« (*Teutscher Merkur* 1782, III, 133); und im Frühwerk dichtet er inhaltlich wie sprachlich in Anlehnung an Klopstock, wobei dann wieder Reflexe seines Werkes bei Klopstock zu finden sind (s. *Arbeitstagebuch*, 357; Muncker 1908, 33-35; Kohl 1990a, 77-92; Jacob 1997, 172-216). Ende der fünfziger Jahre verlässt Wieland »die ätherischen Sphären [...] und wandelt wieder unter den Menschenkindern« (Lessing 1886-1924, VIII, 166). Er entwickelt sich nun zum aufklärerischen Kritiker Klopstocks, im Zeitraum der *Deutschen Gelehrtenrepublik* bis hin zum Antagonismus, wobei Klopstock sein Werk in jener Zeit als »Begattungsunfug« ablehnt (an Gerstenberg, 22.2.1771, *Briefe* V, 263; s.a. Lüchow 1995, 181-184). In der Spätzeit empfiehlt Wieland jungen Dichtern das Studium Klopstocks, da dieser »unsre Sprache zuerst in den Homerischen und Virgilischen Vers und in die schönsten lyrischen Rhythmen der Alten sich schmiegen gelehrt« (*Teutscher Merkur* 1789, I, 101):

Niemand hat besser als Er die Kunst verstanden, ihre Widerspenstigkeit zu bezähmen, und aus diesem oft so spröden Stoffe seinem Genius, so zu sagen, einen edlen und geschmeidigen Luftkörper zu bilden. (*Teutscher Merkur* 1782, IV, 72)

Bei Herder gestaltet sich der Rezeptionsprozess eklektisch und vor allem um 1770 sehr intensiv, wobei sich in der Auseinandersetzung mit dem älteren Dichter Strömungen verfolgen lassen, aus denen sich Sturm und Drang und Weimarer Klassik speisen (s. Lohmeier 1968; Lee 1999, passim). Den *Messias* rezipiert er vorwiegend durch Herauslösung empfindungsvoller Segmente (Lohmeier 1968, 168f.). Vor allem begeistert ihn der ›musikalische‹ Lyriker, womit er – wie auch J.H. Merck in seiner Rezension der *Oden* (1771) (1968, 527-531) – die humanistische Rangordnung umkehrt. Teil dieser einflussreichen Umwertung ist die Auffassung des Gedichts als Naturwesen: Jede von Klopstocks Oden »blühet, eine eigne lebendige Organisation an Gestalt, an Duft und Farben« (Herder 1803, 99; s.a. Lohmeier 1968, 162f.) Besonders bewundert er Klopstocks Sprache, »wenn sie aus den *Tiefen der Menschlichen Seele* Gedanken und Empfindungen nicht spricht, sondern Gestalten bildet. Hier ist er für mich am meisten Dichter und Weiser und Psycholog« (Herder 1877-1913, II, 42). Herders Sprachauffassung ist Lessings diametral entgegengesetzt: In einer Replik auf den 49. Literaturbrief betont er, »eine Empfindung muß mit ihren Nuancen sich *bestmöglichst* ausdrücken« (I, 522).

Klopstocks Beitrag zur deutschen Dichtung bezeichnet Herder mit jenen Qualitäten, die dann auf Goethe übergehen: Er ist ihm ein Dichter, der »sich den Schöpfungsgeist anmaßte« und den »Geist der Freiheit eigentlich in Deutschland zuerst ausbreitete: wirklich ein Genie, das selbst in seiner Eccentricität groß ist« (I, 165). Klopstock ist allerdings erst der Psalmensänger Asaph, der einem David-artigen Nationaldichter den Boden bereitet (XII, 227). Lohmeier beklagt die »Tragik, daß Herder Goethe nicht als den erhofften Nationaldichter erkannt oder anerkannt hat« (1968, 181); allerdings mag gerade diese mangelnde Anerkennung durch den Mentor Goethe angespornt haben, dem Asaph einen David, dem Johannes einen Messias entgegenzusetzen.

In diesen drei Zeitgenossen wird deutlich, wie stark die Rezeption von individuellen Voraussetzungen und Interessen geprägt ist und welch eine zentrale Rolle Klopstocks Werk im literarischen Diskurs der Zeit spielt. Durch Auswendiglernen wurden der *Messias* und die Oden zum bleibenden geistigen und sprachlichen Bestand. Rezitation schulte Sprachempfinden und rhythmisches Gehör. Anhand seiner Verse diskutierte man den Wert deutscher Literatur, die

Beziehung zwischen Religion und Dichtung, die Rolle des Epos, die Möglichkeit einer erfolgreichen Adaptierung antiker Versmaße sowie die Vorzüge und Nachteile der deutschen Sprache für den Ausdruck des Gefühls. Die gemeinschaftsstiftende Kraft seines Werkes verdeutlicht vor allem der Klopstock-Kult des Göttinger Hain. Dass die Präsenz eines solch überragenden Vorbildes nicht unproblematisch war, erhellt der eingangs zitierte Brief von Voß. Für Goethe wird die Verinnerlichung zum Problem, wenn er unter Bezug auf Klopstocks Hexameter bemerkt, die jüngere Generation hätte sich »von Jugend auf [...] in jene Rhythmik eingeleiert« (Goethe 1985ff., XVII, 24; s. Lee 1995, 118f.; 1999, 42f.), denn bei ihm fängt der Rezeptionsprozess schon in der Kindheit mit der Auswahl der »zartesten und heftigsten« Stellen aus dem *Messias* an, die dann »so geschwind als möglich ins Gedächtnis« gefasst und mit der Schwester »um die Wette« rezitiert wurden (XVI, 91) – eine rhetorische Rezeption rhetorischer Dichtung.

Die progressive Dynamik des Wettstreits zeigt sich deutlich in der nächsten Generation, die zwar mit Klopstock aufgewachsen ist, ihn aber als überholt beiseiteschiebt. So beweist A. W. Schlegel in den späten neunziger Jahren seine überlegene Meisterschaft durch übertrumpfendes Aufgreifen der von Klopstock als »niedrige Tändeleyen« (*Declamatio*, 86) verworfenen gereimten Verse:

Wenn die Schwierigkeit etwas bei der Sache entscheidet, so kann ich dir sagen, daß es sehr schwer ist, im Deutschen in gereimten Silbenmaßen wohlklingend und ausdrucksvoll zu schreiben. Vielleicht dürfte ich mich rühmen und es beweisen, daß ich auch das andere, in griechischen Silbenmaßen, kann, wenn ich will. Es möchte sogar viel leichter sein; versucht habe ich es; denn ich glaubte auch einmal vor uralten Zeiten an Klopstock. (A. W. Schlegel, »Betrachtungen über Metrik. An Friedrich Schlegel«, 1962, 181)

1. Phasen zeitgenössischer Rezeption

Messias (1748-1773)

Um den *Messias* kristallisiert sich in der Mitte des 18. Jahrhunderts die Diskussion zur deutschen Literatur, denn die riskante Wahl des hohen Epos und biblischen Stoffes, des klassischen Hexameters und eines extrem von der Alltagsprosa abweichenden Stils rückte das Werk in den Brennpunkt der Fehde zwischen den Gottschedianern und den Schweizern um die Nationalliteratur (zur Rezeption s. *Mes-*

sias, Bd. III, 194ff, 206, 213-217; Großer 1937; Höpker-Herberg 1986, 168-208, 232-248; zur Sprache bes. Schneider 1960, 29-40). Als Epos in der Tradition von Homer, Vergil, Tasso und Milton hatte das Werk von Anfang an auch kulturpolitische Bedeutung. Für Lessing ist es »der ewige Gesang, / Durch den der deutsche Ton zuerst in Himmel drang« (»Die Religion«, Lessing 1886-1924, I, 265); einer Erlanger Rezension vom Jahre 1749 zufolge »rettet [der Meßias] unsre Ehre«, da »Teutschland nun nicht länger mehr hinter Griechenland, Rom, Italien, Engelland und Frankreich« zurückzustehen braucht (zit. nach Großer 1937, 48). Wieland bewertet Klopstock höher als Milton und meint 1751, die deutsche Literatur sei nun in der Lage, »alle Abendländischen Völker herauszufordern« (an Bodmer, 29.10.1751, Wieland 1963ff., I, 23f.).

Vor allem begünstigte der religiöse Stoff die Rezeption: »Die Klopstockverehrung nahm die Gestalt einer Laienbewegung an, die nicht zufällig an diejenige gemahnt, die der Held seines Epos auslöste« (Alewyn 1978, 121). Die Bilder und exegetischen Ausführungen waren auch Ungebildeten gegenwärtig, so dass das Epos mannigfaltigste Assoziationen mit der Lutherbibel und der pietistischen Gefühlskultur wachrief. So konnte es in Zeiten der Krise Erlösungsgewissheit vermitteln (z.B. *Briefe* VII, 33). Die Christus-Thematik legte auch in der Besprechung des Werkes eine religiöse Sublimierung nahe, die den Dichter mit dem Helden und das Epos mit dem Stoff identifizierte: Bodmer will »den neuen Messias den Heiden [...] verkündigen« (an Zellweger, 2.3.1749, zit. nach *Briefe* I, 264); Rabener klagt, »Herr Klopstocks Messias ist mitten unter uns getreten, und wir kennen ihn nicht« (an Bodmer, 7.5.1749, zit. nach Höpker-Herberg 1986, 183; s. Joh. 1, 26).

Geistliche machten zunächst einen hohen Anteil des literarisch interessierten Publikums aus; einflussreiche Befürworter waren der Abt Jerusalem, der Berliner Hofprediger Sack, der Wiener Jesuitenpater Denis und Bernstorffs Legationsprediger Schreiber, dessen Begeisterung Klopstocks Einladung an den dänischen Hof bewirkte (s. Großer 1937, 42; Magon 1926, 60). Klopstocks nicht immer orthodoxe, aber gerade dadurch zeitgemäße Exegese und empfindsame Ausmalung biblischer Texte boten reichlich Stoff für theologische Auseinandersetzung – z.B. um die Wiederbringung des Teufels Abbadona –, aber auch für konfessionsübergreifende Erbauung und anteilnehmendes Weinen. Dies ist der sentimentalische Typus zeitgenössischer Literatur: »ich habe von Lazarus u Cidli oft vorlesen müßen mitten in einem Ringe von Mädchens, die entfernter wieder von Mannspersonen eingeschloßen wurden. Man hat mich mit Thränen belohnt« (Klopstock an Fanny, 10./11.7.1750, *Briefe* I,

104). Wichtig war besonders die Rezeption durch Frauen; bereitet war der Boden von der Erbauungsliteratur und den Romanen Richardsons. So pilgerten in der Zürcher Zeit »einmal zwei Mädchen über den See, ganz allein in der Absicht, *Klopstocken* zu sehen. Die eine nahm ihn bei der Hand und sagte: ›Ach, wenn ich die Clarissa lese und im *Meßias*, so bin ich außer mir‹« (zit. nach Großer 1937, 32); deutlich wird hier, wie die Bewegung der Affekte zwischen Erbauungsliteratur und Belletristik vermittelt und zu dem für die Jahrhundertmitte charakteristischen Säkularisierungsprozess beiträgt. Rezipiert wird *Der Messias* dann auch über den zeitgenössischen Roman, so besonders das schwärmerische Lob im *Siegwart* des Hainbündlers Johann Martin Miller: Der ungarische Dichter und *Messias*-Übersetzer Ferenc Kazinczy berichtet, »Ich kam zu Ihre Werke durch den so sehr bekannten Siegwart, den ich so viele edle Empfindungen danke« (an Klopstock, 27.12.1789; *Briefe* VIII, 180; s.a. Tiemann 1937, 51f.). Die gefühlsbildende, gemeinschaftsstiftende Kraft des Epos zeigt ein Brief Wielands an Sophie Gutermann, wenn er darin »eine unendlich schöne Beschreibung einer Liebe, wie die unsrige ist«, entdeckt (Ende Juli 1751, Wieland 1963ff., I, 20). Die Wirkung des lauten Lesens beschreibt ein Vierteljahrhundert später der Klopstock-Verehrer C.F.D. Schubart, der »von Jugend auf [...] Deklamation aus dem Messias« gelernt hatte und das Werk nun im süddeutschen Raum in öffentlichen Lesungen vortrug:

Hohe und Niedre, Geistliche und Weltliche, Katholische und Lutherische kamen mit Messiaden unterm Arm in die Vorlesung. O das war ein festlicher Anblick, wie alles so in feyerlicher Stille da saß, wie die Empfindung auffuhr, und in Verwunderung und Thränen ausbrach. *Klopstock! Klopstock!* scholl's von allen Lippen, wenn eine Vorlesung geendigt war. (An Klopstock, 22.5.1776, *Briefe* VII, 30)

Modellfunktion entwickelt *Der Messias* für die Dichter:

Veränderungen und Verbesserungen [...], die ein Dichter, wie *Klopstock*, in seinen Werken macht, verdienen nicht allein angemerkt, sondern mit allem Fleisse studieret zu werden. Man studieret in ihnen die feinsten Regeln der Kunst; denn was die Meister der Kunst zu beobachten für gut befinden, das sind Regeln. (19. Literaturbrief, Lessing 1886-1924, VIII, 50)

Dass dabei die Notwendigkeit der Deklamation ernstgenommen wurde, macht eine Bemerkung von Voß zu den letzten Gesängen des *Messias* im Vergleich mit den frühen deutlich:

[Man muß] sorgfältiger deklamiren, wenn man die ganze Wirkung fühlen will. Ein Gesez, das auch bei seinen meisten Oden gilt, die man sonst gar

nicht empfindet, und, wenn sie gut abgesungen werden, göttlich fühlt.
Überhaupt ist Klopstock der lebendigste Dichter, der je gewesen, und sach-
te liest man ihn gar nicht recht. (An Brückner, 24.2.1773, Voß 1829-1833,
I, 124f.)

Zu seiner Homer-Übersetzung erklärt Voß später unter Bezug auf
eine Beurteilung durch Herder, Wieland und Goethe, er habe »für
den lebendigen Vortrag gearbeitet, und wolle nicht mit den Augen,
sondern mit den Ohren vernommen werden« (an E. Voß, 5.6.1794,
Voß 1829-1833, II, 383).
   Literaturgeschichtlich interessant ist die *Messias*-Rezeption auch
deswegen, weil die als neu empfundene Dynamik von Gefühl, Sprache und Rhythmus die literarische Entwicklung zu dynamisieren
scheint. Zunächst gilt das Epos als seiner Zeit voraus:

[Gellert und Rabeners] Bedünken nach ist »Messias« noch zu frühe aufge-
treten, ehe der Geschmack der Deutschen genugsam zubereitet war, sich in
solche Höhen nachzuschwingen. Von der bisherigen biß an Klopstoks Poesie sey ein solcher Sprung, da die meisten deutschen Leser den Zwischenraum nicht absehen mögen. (Schultheß an Bodmer, 27.9.1749; zit. nach
Höpker-Herberg 1986, 193f.)

Dazu stimmt die von Eckermann überlieferte Bemerkung Goethes
über Klopstock und Herder: »Mit ihrem Auftreten waren sie der
Zeit voran und haben sie gleichsam nach sich gerissen« (9.11.1824,
Goethe 1985ff., XXXIX, 122). Entsprechend akut wird der Prozeß
des Veraltens wahrgenommen: »jetzt aber ist die Zeit *ihnen* vorange-
eilt« (ebd.).
   Im Wettkampf der Nationen ermöglicht das Epos den Vergleich
mit Höchstleistungen anderer Nationen – auch wenn der Sieg be-
stritten wird: »The inferiority of Klopstock's Messiah is inexpressi-
ble«; »a very *German* Milton indeed!!!« (Coleridge [1817], 1983,
133f.; 205f.). Einigen Erfolg hatten Übersetzungen ins Englische,
die jedoch kaum die Natur des Originals vermittelten (s. Fechner
1995, bes. 142; Coleridge 1983, 196). Positiv wurde von Klopstock
vor allem die Übersetzung ins Italienische durch Giacomo Zigno
beurteilt (s. *Briefe* VII, 175; Fechner 1995, 146-149); noch für
Mussolini gilt Klopstock als »der Tasso Deutschlands« (1908, 1227;
1943, 17). Besondere Bedeutung hatte der *Messias* in Ländern, wo
er die Entwicklung der volkssprachlichen Literatur förderte: so in
Dänemark, Holland, Ungarn und Russland (s. Magon 1926; Menne
1898, bes. 37-61; *Briefe* VIII, 179-182; Botnikowa 1978; Freydank
1978). Die Herausforderung zum Wettstreit hörte der neue Milton
William Blake – ihn provozierte Klopstocks Unterfangen zu einem

fäkalsatirischen Gedicht: »When Klopstock England defied, / Upro-
se terrible Blake in his pride [...]« (1793; Blake 1972, 186f.; s. Pierce 1928).

Oden (1771)

Einen neuen Impuls gab der Klopstock-Rezeption 1771 die Ausgabe
der *Oden*. J.H. Merck preist den »Schöpfer unsrer Dichtkunst, des
deutschen Numerus, der Seelensprache des Vaterländischen Genius«
(1968, 527f.), und Herder begrüßt sie geradezu ekstatisch:

Ode! sie wird wieder, was sie war! Gefühl ganzer Situation des Lebens! Gespräch Menschlichen Herzens – mit Gott! mit sich! mit der ganzen Natur.
Wohlklang! er wird, was er war. Kein aufgezähltes Harmonienkunststück!
Bewegung! Melodie des Herzens! Tanz! In Fehlern und Eigenheiten, wie ist
ein Genie noch überall lehrend! (Herder 1877-1913, V, 206).

Herder trifft hier das Wesen der Oden Klopstocks: dialogischer
Charakter, Belebung durch personifizierende Anrede, differenzierte
Gefühlsbewegung, die für das Gehör gestaltete Sprache, mitreißende
Rhythmik. Wie auch andere Dichter der Zeit rezipiert er die Oden
jedoch eklektisch, und es ist insgesamt die Vielfalt der Rezeptions-
haltungen und Voraussetzungen, welche Klopstocks Oden in dieser
Zeit zu einem äußerst wichtigen Gedichttypus macht, der zu Elegie,
Hymne, Psalm und Lied hin offen ist: Gattungskonstituierend
für die Ode und darüber hinaus für die lyrische Gattung ist die
»Gemüthsbewegung« (Voß an Brückner, 24.2.1773, Voß 1829-1833,
128).
   Typisch für Herder ist die Aufwertung der Lyrik gegenüber dem
Epos und die Auffassung vom Gedicht als Ausdruck persönlichen
Gefühls (s. Lohmeier 1968, 142-197). Wertvoll sind ihm besonders
jene Freundschafts- und Liebesgedichte, die sich als »Umstände des
Lebens« lesen lassen (an Caroline, 7.3.1772, Herder 1926-1928, II,
45f.); dazu Caroline: »In *Klopstok* und [Ewald von] *Kleist* haben
auch unsre Seelen sich gefunden« (M.C. Herder 1820, I, 151). Herders selektive Rezeption der Oden ist richtungweisend für die Re-
zeptionsgeschichte: So zitiert Kaiser (1963, 321) zustimmend das
Diktum, Klopstocks Oden seien zum Teil »sehr kunstvolle Abhandlungen unodenmäßiger Gegenstände« (Herder 1877-1913, V, 355).
Ähnlich urteilt Schiller: Conz berichtet, dieser habe in seiner Ausgabe viele Oden mit »derben Tintenzügen« durchgestrichen, eine Kritik, die allerdings »meist nur diejenigen getroffen hatte, worin der
Geist der Reflexion und eine oft grammatisch-wissenschaftliche Ten-

denz vor der eigentlich begeistert-lyrischen voranherrscht« (Hecker/
Petersen 1904-1909, II, 31).

Bedeutend sind die Oden sowie Klopstock als Meister lyrischer
Dichtung besonders für die Dichter des Göttinger Hain: 1773 überreichen sie ihm den Gedichtband »Für Klopstock«, damit er beurteilen möge, »wer Genius hat, und wer nicht« (Voß 1829-1833, I,
136; s. Lübbering 1957). Wenn auch Klopstocks Formen, Sprache
und Motivik große Teile der Dichtung des Kreises prägen – beispielsweise findet sich bei Hölty, J.M. Miller und Voß die ›künftige
Geliebte‹ (s. Kelletat 1967, 81, 84f., 153f. 272) –, so ist für die Fol-
gezeit ebenso wichtig die Offenheit des Kreises für andere Dichter
(Ramler, Gleim, Uz, Gerstenberg) und in der Nachfolge von
Rousseau und Herder für einfache, volksmäßige Formen. Dadurch
entsteht ein reiches Spektrum an Möglichkeiten der Lyrik.

Ähnlich wie der *Messias* wurden Klopstocks Oden den zeitgenössischen Dichtern zum Muster. Dies verdeutlicht J.H. Mercks Lob
seiner Überarbeitungen für die Ausgabe von 1771:

Welcher Text zu Vorlesungen unsrer Dichtkunst und Sprache, wenn durch
Varianten Klopstock mit sich selbst verglichen, und dadurch der angehende
Dichter gebildet würde! (Merck 1968, 530)

Die Verinnerlichung der Oden durch sentimentalische Zeitgenossen
verkörpern Lotte und Werther: Schon die Erinnerung an »Die Frühlingsfeier« lässt sie in einem gemeinschaftsstiftenden »Strome von
Empfindungen« versinken (Goethe 1985ff., VIII, 54; *Oden* I, 133-
137; Frühfassung »Das Landleben« in ›Darmstädter Ausgabe‹, 1771,
1-6; s. Alewyn 1979; Lee 1999, 161-188; Haverkamp 1982, 112-
163). Wie vertraut Klopstocks Oden manchem zeitgenössischen
Dichter in ihrer lautlichen Gestalt wurden, erhellt aus Erzählungen,
dass Herder und Friedrich Stolberg sie sich noch auf dem Sterbebett
vorlesen ließen (s. Lohmeier 1968, 73; Trunz 1964, 359); Hölderlin
rezitierte sie in den letzten Jahren »stundenlang [...] laut mit großem
Pathos« (zit. nach Beck/Raabe 1970, 96).

Dramen (1757-1787)

Die zeitgenössische Rezeption der Dramen ist mit Ausnahme von
Der Tod Adams (s. Strohschneider-Kohrs 1965; 1997) kaum unter-
sucht; Herzog (1925) liefert zwar wichtiges Material zur Klopstock-
Rezeption besonders durch Lenz, Klinger, Wagner, Leisewitz und
Goethe, großteils stehen aber dabei nicht Klopstocks Dramen im
Vordergrund. Der mangelnde Bühnenerfolg legt nahe, dass sie ange-

sichts der Dominanz aristotelischer Theorie und shakespearescher Praxis zu jener Zeit, »kaum einen gattungsverändernden Anklang finden« konnten (Jørgensen/Bohnen/Øhrgaard 1990, 248f.); Lessing meint mit Bezug auf *Hermanns Schlacht*, es sei ein »vortreffliches Werk, wenn es auch schon etwa keine Tragödie seyn sollte« (an Nicolai, 4.8.1767, Lessing 1886-1924, XVII, 234). Gerade daraus, dass sich Klopstock »weitgehend jenseits der herrschenden Normen und literarischen Gepflogenheiten dieser Zeit« bewegt, erwächst jedoch Strohschneider-Kohrs zufolge die innovative Wirkung von *Der Tod Adams* (1757): »Als ein ›gewagtes‹ poetisches Experiment ist Klopstocks Adam-Drama im literarischen Umfeld der Jahrhundertmitte zu verstehen; und so ist es gesehen worden« (Strohschneider-Kohrs 1997, 36); als Beispiele für den gattungsverändernden Impuls nennt sie die Todesfurchtszene des Prinzen von Homburg sowie Egmonts Gefängnismonologe im 5. Akt, vor allem aber den »hochdifferenzierten, gefühlsbestimmten Prosa-Sprachstil mit seiner nuancenreichen Ausdrucksgestik« (35f.; s.a. 51).

Für Lenz ist Klopstock der wichtigste Dichter der Jugendjahre, und auch später bleibt er neben Goethe zentral (Herzog 1925, 15-30); näher zu untersuchen wäre, inwieweit Klopstocks Dramen für Lenz als Gegensatz zur zeitgenössischen Dramatik eine Modellfunktion erfüllen konnten, so in der Auseinandersetzung mit Lessing (s. zum *Pandämonium Germanikum* Herzog 1925, 29). Auch in Schillers *Die Räuber* finden sich Bezüge zu Klopstock, so zum *Tod Adams* (s. Boxberger 1868; Tiemann 1937, 120). Goethes *Götz von Berlichingen* ist offenbar in Auseinandersetzung mit *Hermanns Schlacht* entstanden – er will sich damit von dem, was »von jener Sucht in mich eingedrungen sein mochte, [...] befrein« (Goethe 1985ff., XIV, 583; s. Herzog 1925, 86f.; Kozielek 1978, 55f.). Insgesamt dürfte der von Klopstocks rhetorischen Dramen ausgehende Impuls bedeutender sein, als es die Bühnenwirksamkeit erscheinen lässt.

Die deutsche Gelehrtenrepublik (1774)

Beim breiten Publikum war *Die deutsche Gelehrtenrepublik* ein Flop (dazu Goethe 1985ff., XIV, 563-565; ausführlich dokumentiert wird die Rezeption im Apparatband zu *GR*). Auch die ältere Dichtergeneration lehnte das Werk zumeist ab: »im ganzen Buch Knabenwerk und Spiel! Unausstehlich dem Einen Einfall Umfang gegeben!« (Herder an Hamann, Mai 1774, Hamann 1955-1965, III, 94); »Wann hat jemals ein Mensch gedacht, gesprochen, gefaselt und gefabelt, wie dieser Mensch? Ist es möglich, mit mehr Genie und selbst mit mehr Vernunft zu rasen?« (Wieland an Jacobi,

28.5.1774, Jacobi 1825-1827, I, 169). Nicht deutlich wird aus der Darstellung der Rezeption in *Dichtung und Wahrheit* die inspirative Wirkung auf die junge Dichtergeneration (s. Herzog 1925; Eberle 1951; Kozielek 1978). Für die Dichter des Göttinger Hain war es »ein göttliches Buch, voll Tiefsinns, voll Scharfsinns, voll Genies, voll Salzes« (F.L. Stolberg an Voß, 17.5.1774, Stolberg 1891, 17). Für Goethe war es die Poetik schlechthin:

> Klopstocks herrliches Werck hat mir neues Leben in die Adern gegossen. Die Einzige Poetick aller Zeiten und Völcker, die einzige Regeln die möglich sind! Das heisst Geschichte des Gefühls wie es sich nach und nach festiget und läutert und wie mit ihm Ausdruck und Sprache sich bildet; und die biedersten Aldermanns Wahrheiten, von dem was edel und knechtisch ist am Dichter. Das alles aus dem tiefsten Herzen, eigenster Erfahrung, mit einer bezaubernden Simplizität hingeschrieben! [...] hier fliesen die heiligen Quellen bildender Empfindung lauter aus vom Trone der Natur. (Goethe an Schönborn, 10.6.1774, Goethe 1985ff., XXVIII, 376f.)

Kaum haltbar ist die verbreitete Meinung, dies sei eine »Poetik ohne Wirkung« (Kraft 1989, 131). Die Rezeption bei zeitgenössischen Dichtern bedürfte eingehender Untersuchung mit Berücksichtigung individueller Voraussetzungen, literarischer Gruppierungen sowie verschiedener Gattungen. Die Komplexität der Rezeptionsprozesse verdeutlicht besonders Goethe, da das Werk in der Phase seiner intensiven Rezeption Klopstocks erschien (s. Lee 1999, allerdings ohne Berücksichtigung der *Gelehrtenrepublik*). Bedeutsam ist daher, dass sich im 12. Buch von *Dichtung und Wahrheit* – das indirekt diese Rezeptionsvorgänge dokumentiert – eine Passage findet, die subtile Verbindungen mit Klopstocks »Vorschlag zu einer Poetik, deren Regeln sich auf die Erfahrung gründen« (*GR*, 172f.) aufweist. Goethe entwickelt hier eine Poetik der Natur, indem er das Ideal vom Redner mit dem aristotelischen Kunstprinzip der *mimesis* verquickt:

> Aristoteles, Cicero, Quinctilian, Longin, keiner blieb unbeachtet, aber das half mir nichts: denn alle diese Männer setzten eine Erfahrung voraus, die mir abging. Sie [...] überzeugten mich nur allzu lebhaft, daß erst eine große Fülle von Gegenständen vor uns liegen müsse, ehe man darüber denken könne[...]. Meine Bekanntschaft mit so vielem Guten jener alten Zeiten war doch immer nur schul- und buchmäßig und keineswegs lebendig, da es doch, besonders bei den gerühmtesten Rednern, auffiel, daß sie sich durchaus im Leben gebildet hatten, und daß man von den Eigenschaften ihres Kunstcharakters niemals sprechen konnte, ohne ihren persönlichen Gemütscharakter zugleich mitzuerwähnen. Bei Dichtern schien dies weniger der Fall; überall aber trat Natur und Kunst nur durch Leben in Berührung, und so blieb das Resultat von allem meinen Sinnen und Trachten jener alte

Vorsatz, die innere und äußere Natur zu erforschen, und in liebevoller Nachahmung sie eben selbst walten zu lassen. (Goethe 1985ff., XIV, 587f.)

Kontext ist eine »Stockung von Produktionskraft« sowie das Problem einer Befreiung von der Forderung »moralischer Zwecke vom Künstler« (ebd., 539). Goethes Anerkennung des rhetorischen Ideals erhellt aus der ›lebendigen Überzeugungskraft‹ der gelesenen Werke; der Hervorhebung des persönlichen Charakters in Zusammenhang mit der Kunst (*vir bonus dicendi peritus*); der notwendigen Fülle des sachlichen Wissens (*copia rerum*); und der Orientierung an Rednern mehr als an Dichtern. Wenn Goethe als Fazit hervorhebt, dass das »Leben« Natur mit Kunst verbindet, so betont er den für die Rhetorik typischen Bezug zur Praxis; die selbständige »Nachahmung« des schulmäßig Gelernten schließlich bildet das letzte Stadium der rhetorischen Bildung: *imitatio*. Gleichzeitig jedoch scheint hier die andere ›Nachahmung‹ mitzuspielen: *mimesis* als Verbindung von Kunst und Natur in der Tradition der aristotelischen Poetik, womit »Nachahmung« und »Leben« deckungsgleich werden: In beiden berühren sich Kunst und Natur. Während der erste Teil der Passage klar nach rhetorischen Prinzipien erzählt, verschieben sich hier plötzlich die Bezüge, um die Unabhängigkeit des Künstlers von externen Zwängen zu legitimieren. Übrig bleibt die Natur – Ursprung aller kunstvollen Rede (Quintilian III 2, 1; Longinus II 1-3). Der Künstler schaltet sich als Produzent aus und ist nur Medium für das Walten der zweckfreien Natur; das Kunstwerk ist Natur, indem nun die Natur die Natur nachahmt; und die vom Künstler erlernte rhetorische *ars* verschwindet aus dem Blickfeld.

Es ergeben sich mehrere Berührungspunkte mit Klopstocks rhetorisch konzipiertem »Vorschlag zu einer Poetik, deren Regeln sich auf die Erfahrung gründen« (*GR*, 172f.), der für Goethe der Kern der *Deutschen Gelehrtenrepublik* sein dürfte. Ähnlich wie Goethe der Erfahrung der Alten nun seine eigene entgegensetzen will und vom Theoretischen ins praktische Leben strebt, setzt Klopstock der rein theoretischen Regelpoetik die Ergründung der »Natur unsrer Seele« entgegen, und den »Erfahrungen von Jahrhunderten« bei den Alten die eigene Erfahrung sowie die Erfahrung anderer; bedeutend ist vor allem die Feststellung, »da besonders, wo es der Dichter so recht warm aus der Natur schiene herausgenommen zu haben, müste man ihm in der Natur selbst *nacherfahren*« (*GR*, 173). Denn Klopstocks auffällige und auch typographisch hervorgehobene Wortschöpfung »nacherfahren« erhellt gerade den Punkt in Goethes nachträglicher Darstellung seiner poetischen Entwicklung, an dem sich aus rhetorischen Voraussetzungen die Absolutsetzung der *mimesis* als Lebensprinzip herausbildet, durch Verquickung von *mimesis* mit *imitatio* einerseits und ›Leben‹ andererseits.

In welchem Zusammenhang die spätere autobiographische Darstellung mit der Rezeption im Jahre 1774 steht, bedürfte der Klärung: Erhellend ist die Metaphorik, da Klopstocks ›Poetik‹ Goethe gleich *nach* der Publikation des *Werther* ›neues Leben in die Adern‹ gießt und möglicherweise eine ›Stockung von Produktionskraft‹ nach diesem Schlüsselwerk kuriert; in der Autobiographie folgt auf diese Passage die Darstellung der Arbeit an dem Roman sowie am *Götz* – beides Werke, in denen sich Goethe mit Klopstock auseinandersetzt bzw. sich von seinem Einfluss befreit. Auf jeden Fall jedoch dürfte der *Deutschen Gelehrtenrepublik* in der Entwicklung seiner Dichtungsauffassung in diesem Zeitraum eine Schlüsselfunktion zukommen.

Während Klopstocks *Gelehrtenrepublik* das Extrem einer Abwendung vom Nachahmungsbegriff darstellt, geht Goethe in die entgegengesetzte Richtung. Seine Überführung eines rhetorischen Dichtungsbegriffs in einen tendentiell aristotelischen lässt sich als Ausprägung des Wettstreits zwischen Philosophie und Rhetorik im Zeitalter der Romantik sehen. Den Erfolg der ›Philosophie‹ könnte man damit erklären, dass sich Nachahmung nun als Synthese zwischen den beiden Traditionssträngen darstellt, indem es die *natura*, die der Redekunst zugrundeliegt (s. Quintilian III 2, 1 u.ö.), von der *ars* ablöst. Die Rhetorik wird fortan mit hohler, gekünstelter Pathetik identifiziert und wird zum ›zerrissenen‹ Antagonisten oder Außenseiter. Anders gesehen eröffnet sich über die *natura* eine fruchtbare Verbindung zwischen rhetorischer und aristotelischer Tradition in der Romantik (s. Carrdus 1993; 1996). Über die Literatur hinaus gilt es zu untersuchen, inwieweit die in der *Deutschen Gelehrtenrepublik* erprobte Öffnung der Dichtung hin zu Historiographie, Sprachforschung und anderen Wissenschaften anregend wirkte.

Grammatische Gespräche (1794)

Klopstocks letztes großes Werk blieb fast unbeachtet, wie Voß in seiner erst 1804 veröffentlichten Rezension beklagt (Sp. 187); verantwortlich macht er dort vor allem die »poetische Einkleidung« (Sp. 186). Die Form und die ›anmutige‹ Prosa jedoch reizten offenbar August Wilhelm Schlegel (1828, I, 245) zu einer dialogischen Replik am Anfang des *Athenaeum* 1798 (3-69) – vor den »Blüthenstaub«-Fragmenten von Novalis (70-106).

Mit der dialogischen Form der Rezension fordert Schlegel zu einer differenzierten Auseinandersetzung mit Klopstocks Sprach- und

Dichtungsauffassung auf, um daraus das Wesen der neuen Poesie zu entwickeln. So empfiehlt er bei aller Abgrenzung von der alten Generation die »reichhaltigen Winke, die feinen Bemerkungen, die Aufforderungen zu tieferer Forschung, die in [Klopstocks] Buch verborgen liegen« (1962, 219f.). Die personifizierte »Poesie« würdigt Klopstocks Einführung der antiken Silbenmaße gegen den Zeitgeschmack als Leistung, die »gleich damals, und besonders in den neuesten Zeiten, von großen Dichtern fleißige Nachfolge gefunden« hat (246). Anders als in den übrigen Nationen verspürt daher der »Deutsche« »ein Bedürfnis [...], die Alten in ihrer echten Gestalt zu lesen und uns in eigenen Werken an ihre großen Formen anzuschließen« (246). Damit stellt Schlegel Klopstock an den Anfang der modernen dichterischen Auseinandersetzung mit dem Geist der Antike. Das agonale Prinzip wird jedoch durch die bei Klopstock nicht erscheinende »Poesie« verabschiedet (179f.). Programmatisch setzt Schlegel der Nation das Menschengeschlecht entgegen, der Gegenwart die Entwicklung des Menschen, der Zivilisation und Gelehrsamkeit das einfache Volk und dem Wettstreit die Fürsorge. Damit formuliert er in der Auseinandersetzung mit Klopstocks Werk das Programm der romantischen Dichtung – überwunden wird die ›männliche‹ Dichtung Klopstocks durch eine Poesie, die sich eher als »*Muttersprache* des menschlichen Geschlechts« (Hamann 1949-1957, II, 197) versteht:

Poesie. Was ist das heutige Europa gegen den Umfang des Menschengeschlechtes in den verschiedensten Himmelsstrichen und Zeitaltern? Europäischer Geschmack ist nur ein erweiterter Nationalgeschmack. [...] Ich habe ja die Welt umwandert und umflogen [...]. Keinem Volke, wie roh und beschränkt es sein mochte, verschmähte ich durch meine Töne die Mühen des Lebens zu lindern. (A.W. Schlegel 1962, 227f.)

2. Goethe und die Nationaldichtung

Goethes Klopstock-Rezeption verläuft in mehreren Phasen; am Ende des Wettkampfes bleibt der alte Nationaldichter, mit den eigenen Strategien besiegt, ›fremd‹ und ›mittelmäßig‹ auf dem Felde zurück. Dass Klopstock für Goethe bis um 1775 eine wichtige Rolle spielte, haben Lyon (1882) und vor allem Lee (1999) dargestellt. Dass Klopstocks Rolle jedoch damit nicht ausgespielt ist, zeigt die spannungsvolle Darstellung in *Dichtung und Wahrheit*.

Goethes Dichtungsauffassung steht zunächst im Zeichen der »großen Wirkung« Klopstocks (Goethe 1985ff., XIV, 89; s. Lee

1999, 16-18). Die Bedeutung des *Messias* ergibt sich aus dem kindlichen Rollenspiel und jugendlichen Rezitationen sowie biblischen Gedichten (Goethe 1985ff., XIV, 89-92, 156-159). Für Goethes Identität als Dichter bleibt Klopstock bis um 1775 zentral. Wichtig werden um 1770/71 die Oden im Prozess einer intensiven Vermittlung durch Herder (s. Lee 1999, 73-97): »Lieb und wert war alles was von [Klopstock] ausging; sorgfältig schrieben wir die Oden ab und die Elegieen, wie sie ein Jeder habhaft werden konnte«, und beim begeisterten Schlittschuhlauf lässt man »in deklamatorischem Halbgesange« Klopstocks Eislauf-Oden ertönen (1985ff., XIV, 562, 569). Die intensive Arbeit mit Klopstocks Werk in der eigenen Dichtung bis um 1775 ist nicht explizit dargelegt, erhellt aber aus mehreren Untersuchungen zur Sprache (s. Langen 1952, Sp. 1256-1267; Blackall 1959/1966, Kap. 10, 15; Sigal 1960) sowie aus Gedichtanalysen bei Lee: »Wanderers Sturmlied« und »An Schwager Kronos«; »Ganymed« und »Mahomet«-Komplex; »Eis-Lebens-Lied«, »Auf dem See« und »Herbstgefühl«. *Werther* setzt sich mit der Macht der klopstockschen Dichtung in Verbindung auch mit Ossian auseinander. Darüber hinaus zeigt Lee überzeugend, wie Goethe mit dem Fragment »Der ewige Jude« das von Klopstock besetzte biblische Hexameterepos meidet; ebenfalls gemieden wird die horazische Ode (1999, 144-148; 200). Hinzu kommt die Beziehung zwischen *Hermanns Schlacht* und *Götz* (s. Herzog 1925, 83-95) sowie die Wirkung der *Deutschen Gelehrtenrepublik*.

Begegnungen im September 1774 und März 1775 sowie ein kurzer Briefwechsel kulminieren 1776 in dem vieldiskutierten Bruch, der in der Forschung als Endpunkt einer Rezeption Klopstocks durch Goethe gilt: Gerüchte über ausschweifenden Lebenswandel in Weimar hatten Klopstock veranlasst, Goethe vor einer Gefährdung der prekären Beziehung zwischen deutschen Dichtern und Fürsten zu warnen (s. *Briefe* VII, 22f., 27f., 31; dazu bes. 362-373, 387f.). Das persönliche Verhältnis ist fortan von Antagonismus geprägt; poetologisch stehen Klopstock und Goethe bald im virulenten »Kampf um das klassische Weimar« an gegnerischen Fronten (Bettex 1935; zur »Kampfmetapher« s.a. Reed 1984, bes. 41). Kaum plausibel erscheint die These Lees, Goethes Darstellung Klopstocks in *Dichtung und Wahrheit* sei ein großzügiger Versuch, »to correct some of the more one-sided perceptions of [Klopstock's] poetry and also of Klopstock« (1999, 214, s.a. 11; dagegen Lee 1995, 119-122). Zentral ist vielmehr auch hier noch der Wettstreit, allerdings in Form seiner Eliminierung zugunsten des unabhängig originalen Schöpfers. Dies verdeutlicht eine Passage aus dem 12. Buch zur gemeinschaftlichen Dichtung der jungen Generation, wobei Goethe

selbst jeden anfeuert, »etwas in seiner eignen Art unabhängig zu leisten«.

Dieses wechselseitige, bis zur Ausschweifung gehende Hetzen und Treiben
gab jedem nach seiner Art einen fröhlichen Einfluß, und aus diesem Quir-
len und Schaffen, aus diesem Leben und Lebenlassen, aus diesem Nehmen
und Geben, welches mit freier Brust, ohne irgend einen theoretischen Leitstern, von so viel Jünglingen, nach eines jeden angebornem Charakter,
ohne Rücksichten getrieben wurde, entsprang jene berühmte, berufene und
verrufene Literarepoche, in welcher eine Masse junger genialer Männer, mit
aller Mutigkeit und aller Anmaßung, wie sie nur einer solchen Jahreszeit ei-
gen sein mag, hervorbrachen. (Goethe 1985ff., XIV, 565f.)

Verschwiegen ist der poetische »Leitstern« der jungen Generation,
der vor und nach dieser Passage (allerdings ohne expliziten Bezug
auf Goethes Dichten) behandelt wird. *Imitatio* und *aemulatio* sind
ausgeblendet; denn gerade die Klopstock-Nachahmer wurden in der
zeitgenössischen Kritik – nicht zuletzt durch Lessing und Herder –
scharf gegeißelt. Erwähnt wird nur der Wettstreit zwischen den
gleichaltrigen Dichtern, das »wechselseitige [...] Hetzen und Treiben«, die »Mutigkeit und [...] Anmaßung«. Die nachträgliche Ver-
drängung des älteren Vorbildes ist Teil der ›Befreiung‹ vom Fremden, so wie sich Goethe mit *Götz* vom Einfluss des durch Klopstock
entfachten Bardenkults »zu befrein« sucht (XIV, 583). Dass das Motiv der Befreiung im Bereich des Agon anzusiedeln ist, zeigt die Elegie »Herrmann und Dorothea«: Die 1795 von F.A. Wolf vorgelegte
Theorie, dass der eine, im »Kampf« unbesiegbare Homer tatsächlich
aus mehreren anonymen Dichtern besteht, erscheint dem Dichter
»befreiend« (I, 622f.; zu Goethes Agon mit Homer s. Martin 1993,
247-314, bes. 304f.). In der »über das autobiographische Schreiben
versuchten Identitätsstiftung als geniehaftem Dichter« (Jeßing 1995,
176; s.a. 1996ff., 279f.) ist Klopstock damit bedeutsam: Im Prozess
seiner Eliminierung aus Goethes Schaffensprozess entsteht die Fiktion von der zeitlosen, traditionslosen Dichtung des Naiven. Mit der
Überwindung des Wettkampfs sowie der unendlich produktiven
Metapher von der Dichtung als Natur übertrumpft Goethe den älteren Dichter, der sein Selbstverständnis auf den Siegeslorbeer und die
Metaphorik des Erhabenen gegründet hatte. Zugleich beansprucht
Goethe eine neue, irdische Höhe, wenn er in Abgrenzung von der
nichtigen Epoche Klopstocks darlegt, wie er von dem rettenden
Herder »zu höherer Tüchtigkeit gestählt« wird (XIV, 438).
    Die endgültige Lösung des Klopstock-Problems – das als Anre-
gung für die Hexameterepen *Reineke Fuchs* und *Hermann und Dorothea* mitgespielt haben dürfte (s. Lee 1999, 39-42, 212) – bringt

Faust; dies kann hier allerdings nur ansatzweise und spekulativ entwickelt werden. War *Reineke Fuchs* Goethes »unheilige Weltbibel« (Goethe 1985ff., XVII, 24), so ist Faust eine (über)menschliche Entsprechung zu Klopstocks Mittler – als »kleiner Gott der Welt«, wie Mephisto erklärt, in ironischer Anspielung auf Leibniz, Klopstock bzw. Herder (Vers 281, Goethe 1985ff., VII/1, 26; s.a. VII/2, 169; *Theodizee*, §147; »Bardale«, *Oden* I, 53; Herder 1877-1913, VI, 275, 283 u. ö.). Eine Anspielung auf die Passion bringt Mephisto am Ende: »es ist vollbracht« (Vers 11594; S. 446; s. Joh. 19, 30). Der abstrakte, unkörperliche Gott Klopstocks findet seine Entsprechung in der konkret symbolischen Gestalt des ›Herrn‹; dem uninteressanten Satan Klopstocks entspricht der eher an Miltons Satan erinnernde zynische Schalk Goethes (zur Tradition s. Tisch 1966/67; Osterkamp 1979). Christus ist überflüssig, da die Erlösung durch liebende Anerkennung des menschlichen Strebens erfolgt. Wie bei Klopstock jedoch ist der Kosmos von Engeln bevölkert und von Sphärenharmonie und leibnizscher Güte durchwirkt. Während Fausts letzte Vision, er möge »Auf freiem Grund mit freiem Volke stehn« (Vers 11580; S. 446) an die Vision von Klopstocks Hermann erinnert (s.o., S. 106f.), wirkt die abschließende Szene wie eine Antwort auf den von Chören begleiteten Triumphzug Christi hinauf zum Throne Gottes im *Messias*. Den außerirdischen Welten setzt Goethe die naturhaften »Bergschluchten« gegenüber, allerdings wie dort mit einer vertikalen Bewegung »zu höhern Sphären« (Vers 12094, Goethe 1985ff., VII/1, 464): »Alles hier wird von einem unwiderstehlichen Vertikalsturm: vom Sog der Apokatastasis panton erfaßt« (Schöne, in Goethe 1985ff., VII/2, 780; s.a. 788f.). Die Todesvorstellung birgt Assoziationen mit dem jugendlichen »ätherischen Leib«, den Klopstock unter Berufung auf Leibniz darstellt (s. *Briefe* VIII, 215, 833; z.B. *Messias* XI 238; »Die höheren Stufen«, *Oden* II, 165f): Faust streift seine »alte Hülle« ab, »Und aus ätherischem Gewande / Hervortritt erste Jugendkraft« (Vers 12089-12091; 1985ff., VII/1, 463f.; s.a. VII/2, 811).

Als Entgegnung auf den *Messias* erscheint *Faust* angesichts früher Pläne, an den Schluss ein von Christus abgehaltenes himmlisches Gericht zu stellen und Mephisto zu begnadigen (VII/2, 781, 789), vor allem aber unter Bezug auf die durchgreifende Kritik Schellings an Klopstocks Epos in seinen Jenaer Vorlesungen zur Philosophie der Kunst von 1802/1803: Wie insgesamt die protestantische Literatur zeige der *Messias* einen »gänzlichen Mangel an Symbolik und wahrer Mythologie« (Schelling 1856-1861, 1. Abt., V, 441); *Faust* (noch in fragmentarischer Form) ist dagegen »ein wahrhaft mythologisches Gedicht« (446). Analog der Forderung Schellings nach einer Behandlung des Passionsstoffes »ganz im modernen Geiste« und mit den »Ideen des christlichen Mysticismus und Mythologie« (656), benutzt Goethe »scharf umrissene christlich-kirchliche Figuren und Vorstellungen«, um das »Vage« zu vermeiden (zu Eckermann, 6.6.1831, Goethe 1985ff., XXXIX, 489). Während Schelling die Möglichkeit einer epischen Behandlung der Passion bezweifelt, um dann jedoch die »absolute Entgegensetzung gegen das antike Epos« zu fordern (1856-1861, 1. Abt., V, 656), wählt Goethe eine alle Gattungskonventionen sprengende dramatische Form und die menschliche Sphäre. Die christliche Tradition wird einerseits in mythologische Schichten aufgenommen, andererseits mystisch symbolisch poetisiert. Das erlösende Prinzip verkörpert in Gegensatz zum protestantischen, männlichen Messias die katholische Mater Gloriosa; für Schelling ist sie »Symbol der allgemeinen Natur oder des mütterlichen Princips aller Dinge« (433). Menschliche Antwort auf die abstrakte Liebe des Messias ist die sinnlich spirituelle Liebe Gretchens. Das Werk bietet so ein Gegenstück zu der in Kindesjahren verinnerlichten Welt des *Messias*, bereichert durch die Erfahrungen des Lebens in der ›kleinen Welt‹ und die Weite und Tiefe der ›großen Welt‹. Aus dem Wettkampf mit dem humanistischen *Messias* geht der moderne *Faust* als Sieger hervor.

3. Schiller

Bei Schiller führt der Weg von enthusiastischer Nachahmung als »Sklave von Klopstock« (Schiller zu Conz, Hecker/Petersen 1904-1909, II, 31) zur Umorientierung besonders in Auseinandersetzung mit Kant und Goethe (s. Müller 1916; Tiemann 1937, 111-126; Murat 1959b). Über die Jugendlyrik hinaus finden sich in *Die Räuber* Stilmerkmale und Motive aus Klopstock (s. Boxberger 1868; Tiemann 1937, 120), und noch von der Flucht nach Mannheim 1782 wird berichtet, dass ihn eine Ode Klopstocks »auf's neue so aufregte, daß er sogleich [...] ein Gegenstück dichtete. Ungeachtet alles Drängens [...] mußte [Streicher] dennoch zuerst die Ode und dann das Gegenstück anhören« (Hecker/Petersen 1904-1909, I, 214). Endgültige Distanz hat sich 1797 eingestellt: Klopstock ist nun »gegen den Geschmack der Zeit«, und »bei dem besten Willen« ist die »Stimmung« nicht mehr hervorzurufen; anerkannt wird er jedoch als »unser alter Meister und Lehrer« (an Böttiger, 23.7.1797, Schiller 1892-1896, V, 228).

In den neunziger Jahren spielt Klopstock insofern noch eine bedeutende Rolle, als er für Schillers in produktivem »Konflikt« mit Goethe (Goethe 1985ff., XXIV, 445) erarbeitete dichterische Typologie als wichtigstes Beispiel des sentimentalischen Typus fungiert. Das Klopstock-Bild in *Über naive und sentimentalische Dichtung* (1795/ 1796) eröffnet die lange Reihe der Gegenüberstellungen Klopstocks mit Goethe, in denen Klopstock zunehmend als der Verlierer hervorgeht. Innerhalb des sentimentalischen Typus – »unübertroffenes Muster« ist Horaz (1943ff., XX, 432) – behält Klopstock bei aller Kritik an seiner Abstraktheit, Weltfremdheit und Konstanz des hohen Tons einen exemplarischen Status: »Was nur immer, außerhalb den Grenzen lebendiger Form und außer dem Gebiete der Individualität, im Felde der Idealität zu erreichen ist, ist von diesem musikalischen Dichter geleistet« (455). Vollkommenere Verwirklichung des entgegengesetzten, rousseauistisch geprägten naiven Dichterbegriffs ist allerdings Goethe. Genie und göttliche Eingebung, die auf Klopstock angewandt worden waren, sind bei Schiller auf den entgegengesetzten, nun mit Natur identifizierten Typus übertragen. Klopstock hatte seinen Agon mit Homer mit den Worten angekündigt, »Die Natur war Homer, und Homer war die Natur! Homer also ist jenes große und reiche Genie« (*Declamatio*, 64). Die Ähnlichkeit mit Homer geht nun auf Goethe über, da beide demselben »naiven« Typus zugehören, der »[Natur] ist« (436), während die Gegenwart von der kindlich-naiven klassischen Vergangenheit getrennt wird:

Keinem Vernünftigen kann es einfallen, in demjenigen, worinn Homer groß ist, irgend einen Neuern ihm an die Seite stellen zu wollen, und es klingt lächerlich genug, wenn man einen Milton oder Klopstock mit dem Nahmen eines neuern Homer beehrt sieht. Eben so wenig aber wird irgend ein alter Dichter und am wenigsten Homer in demjenigen, was den modernen Dichter charakteristisch auszeichnet, die Vergleichung mit demselben aushalten können. (Schiller 1943ff., XX, 439f.)

Wie später in *Dichtung und Wahrheit* wird in dieser Grundlegung »zur ganzen neuen Ästhetik« (Goethe 1985ff., XXIV, 445) der dichterische Wettkampf eliminiert, hier nicht im Interesse des Individuums, sondern durch geschichtlich-philosophische Trennung zweier Seinsformen. Die im Humanismus vorausgesetzte Kontinuität zwischen Alten und Neuern wird geschichtlich negiert: Bei Schiller weicht der Wettkampf einer vernünftigen antithetischen Typologie.

Die »neue Ästhetik« gründet jedoch im alten Kampf zwischen Rhetorik und Philosophie: Im ausgehenden 18. Jahrhundert wird »das rhetorische Literaturprogramm noch der Mitte des 18. Jahr-

hundert [...] ·hingerichtet«« (Schanze 1974, 126). Verfolgt man unter diesem Vorzeichen das Motiv des Wettkampfs, so ist der Text
ein Schlachtfeld: Kontrahenten sind der alternde Klopstock und
der kraftvoll gesunde Goethe, Schiller steht spannungsvoll ambiva-
lent zwischen einstigem und gegenwärtigem Vorbild. In sich zer-
rissen ist der rhetorisch »sentimentalische Dichter«: »Dieser *reflek-
tirt* über den Eindruck, den die Gegenstände auf ihn machen und
nur auf jene Reflexion ist die Rührung gegründet, in die er selbst
versetzt wird, und uns versetzt« (441). Besiegt wird er letztlich
vom »naiven Dichter«, welcher »der einfachen Natur und Empfindung folgt« und sich »auf Nachahmung der Wirklichkeit beschränkt« (440). Als »parteiisch« wurde die Schrift in Klopstock-
freundlichen Kreisen beurteilt: »Schillers Kritik [...] über die
Deutschen Dichter scheint mir recht planmäßig gekünstelt zu
sein, damit sie ganz parteiisch für Göthe allein ausfallen könnte«
(Biester an Klopstock, 20.2.1796, *Briefe* IX, 47). Wenn auch Schillers Abhandlung der rhetorischen Dichtung durch Überwindung
des Kampfmotivs einen Freiraum zu schaffen sucht und Goethe
auf einen anachronistischen Dichtungsbegriff festlegt (s. Zelle
1995, 198), so bleibt doch als Resultat die Absolutsetzung des
goetheschen Dichtungsideals und damit tendentiell der aristotelischen *mimesis*. Vor allem aber macht »dieses jüngste Gericht über
den größten Theil der deutschen Dichter« (Schiller an Goethe,
23.11.1795, Schiller 1892-1896, IV, 328) die Bahn frei für die
Schöpfung einer völlig ›neuen‹, vom Weimarer Parnass beherrschten
deutschen Literatur.

4. Hölderlin

Die Vorherrschaft der mimetischen Dichtungstradition um 1800
lässt Hölderlin zum Außenseiter werden: »Ich bin mit dem gegenwärtig herrschenden Geschmak so ziemlich in Opposition, aber ich
[...] hoffe mich durchzukämpfen. Ich denke, wie Klopstok« (an den
Bruder, 2.11.1797, Hölderlin 1943-1985, VI/1, 254f.) – es folgt
Klopstocks Epigramm »Ganz gute Bemerkung«:

Die Dichter, die nur spielen,
Verstehen nicht, was sie, und was die Leser sind.
Der rechte Leser ist kein Kind;
Er mag sein mänlich Herz viel lieber fühlen,
Als spielen. (*GR*, 108)

Die Auseinandersetzung mit Klopstock im Frühwerk – z.B. ›Aldermannstage‹ im Freundschaftsbund mit Neuffer und Magenau – vollzieht sich im Kontext der schwäbischen Klopstock-Rezeption (s. Tiemann 1937, 157-168). Wenn auch die Oden und Hymnen Schillers sowie die Hainbündler wichtig waren und später die antiken Dichter die modernen verdrängten, so blieb doch Klopstock innerhalb der deutschen Lyrik für Hölderlin das Leitbild (s. Kroll 1960; Böschenstein 1971/72; Mieth 1978; wie Jacob bemerkt, ist die Beziehung zwischen Hölderlin und Klopstock »durchaus noch nicht erschöpfend dargestellt«, 1997, 240).

Durch die Herausforderung zum dichterischen Wettkampf machte Klopstock Hölderlin die höchsten Vorbilder zum Maßstab und legitimierte die Behandlung des Übernatürlichen. Programmatisch stellt Hölderlin in der horazischen Ode »Mein Vorsaz« (1787) dem klassischen Pindar den deutschen Klopstock an die Seite, in einem leidenschaftlich visionären Bekenntnis zur *aemulatio* (s.a. »Der Lorbeer«, I/1, 36):

O Freunde! Freunde! die ihr so treu mich liebt!
  Was trübet meine einsame Blike so?
    Was zwingt mein armes Herz in diese
    Wolkenumnachtete Todtenstille?

Ich fliehe euren zärtlichen Händedruk,
  Den seelenvollen, seeligen Bruderkuß.
    O zürnt mir nicht, daß ich ihn fliehe!
    Schaut mir in's Innerste! Prüft und richtet! –

Ists heißer Durst nach Männervollkommenheit?
  Ists leises Geizen um Hekatombenlohn?
    Ists schwacher Schwung nach Pindars Flug? ists
    Kämpfendes Streben nach Klopstoksgröße?

Ach Freunde! welcher Winkel der Erde kan
  Mich deken, daß ich ewig in Nacht gehüllt
    Dort weine? Ich erreich' ihn nie den
    Weltenumeilenden Flug der Großen.

Doch nein! hinan den herrlichen Ehrenpfad!
  Hinan! hinan! im glühenden kühnen Traum
    Sie zu erreichen; muß ich einst auch
    Sterbend noch stammeln; vergeßt mich, Kinder!
                   (Hölderlin 1943-1985, I/1, 28)

Der siebzehnjährige Dichter zeigt das beim Meister Gelernte: die Apostrophe an die beim Schaffensprozess mitwirkenden Freunde;

die agonalen Metaphern ›Flug‹, ›Kampf‹ und nach oben führender ›Weg‹; anti-mimetische Sprechakte; steigernde Wiederholung; Meidung des Hiat; anti-prosaische Verdichtung und Dynamisierung der Sprache durch Komposita, Partizipialadjektive, verbale Substantive, Bewegungsadverbien, Eliminierung entbehrlicher Wörter (transitiver Gebrauch von ›fliehen‹), Inversion (s. Schneider 1960, Kap. III-V); die alkäische Form mit ausdrucksvollem Enjambement. Zudem spielt Hölderlin auf Klopstocks alkäische Ode »An Gott« an (*Oden* I, 70-75, bes. Vers 13-16), mit Bezügen zum 139. Psalm und dem klopstockschen Verb ›stammeln‹. Bemerkenswert sind auch die Unterschiede: Kühn überträgt er die Anrede an Gott und Öffnung des Herzens für Gottes Blicke (Vers 5f.) auf die Freunde; seine Bitte betrifft den ›Vorsatz‹. Auffällig ist die Komprimierung: statt 32 nur 5 Strophen. Die Ode kulminiert in der irrealen, in die Zukunft projizierten Apostrophe »Vergeßt mich, Kinder!«, die antithetisch den Topos des unsterblichen Ruhms noch übertrumpft.

Auf diesem Weg geht Hölderlin weiter. Wie bei Klopstock ist ihm Dichtung nicht ›Natur‹, sondern mit »gesezlichem Kalkul« entwickelte Kunst (Hölderlin 1943-1985, V, 195). Das ›Machtwort‹ wird verdichtet und sinnlich vertieft. Er experimentiert mit metrischen Möglichkeiten der Ode, um sich dann auf die alkäische und die 3. asklepiadeische Form zu beschränken, die er wie zwei ›Tongeschlechter‹ in immer neuen Variationen durchspielt (s. Beißner 1953, 502f.). Aus den ametrischen Formen entwickelt er ein mächtiges Ausdrucksmittel, das in seiner komplizierten Gesetzmäßigkeit und sprachlich-rhythmischen Fülle ganz andere Wirkungen erzielt als die enthusiastischen, flüssigeren Hymnen Klopstocks; näher stehen Hölderlins Hymnen Klopstocks Oden in Wortfußmetren (s. Hellingrath 1911, 4). Trotz thematischer Affinitäten (lebendige Tradierung der Antike; Beziehung zwischen Religion und Dichtung; Freiheit; Vaterland), sind die Unterschiede tiefgreifend. Von Klopstock trennt Hölderlin das auch für Schiller zentrale Thema der Entfremdung des Menschen in einem gottfernen Zeitalter. Verloren geht damit die Einheit der auf Gott ausgerichteten Dichtung, die den Rezipienten erhebt, um ihn an der »Glückseligkeit Aller« (*Oden* I, 140-145) teilhaben zu lassen. Während bei Klopstock der Schmerz als Spannungsmoment das Glück verstärkt, erhält die sprachlich-rhythmische Spannung bei Hölderlin ein Gegengewicht im schmerzlich erfahrenen Zwiespalt des Dichters. ›Kürze‹ ist auch Ausdruck mangelnden Glücks (s. »Die Kürze«, Hölderlin 1943-1985, I/1, 248).

5.   Das 19. Jahrhundert

Entgegen der verbreiteten Annahme, dass sich Klopstocks Wirkung um 1775 erschöpfte, reichte sie tatsächlich bis weit ins 19. Jahrhundert hinein (s. Tiemann 1937, 7; Weber 1991, 215). *Der Messias* hält sich in religiösen Kreisen: Noch 1844 erscheint eine 18 000 Hexameter umfassende *Mariade* (s. Hirsch 1978, 130). Ernst Moritz Arndt berichtet aus der Zeit der Befreiungskriege um 1813, wie die Rezitation von Klopstocks vaterländischen Oden und *Hermanns Schlacht* bei kriegsbegeisterten Primanern bewirkte, »daß alle Zuhörer miterschüttert in laute Jubeltöne ausbrachen« (zit. nach Friedrich 1978, 241); zu vereinfacht ist die Gegenüberstellung der populären liedhaften Lyrik der Befreiungskriege und der an den »kunstverständigen, ›einsamen‹ Leser« sich wendenden Lyrik Klopstocks (Weber 1991, 32), denn damit wird das Potential der Deklamation übersehen. In Lehrplänen und Lesebüchern behauptet sich Klopstock bis Ende des Jahrhunderts und vor allem in Österreich darüber hinaus (s. Lorenz 1892; Krolop 1978, 257).

Intensive Auseinandersetzung mit Klopstock lässt sich noch bei den um 1770 geborenen Dichtern feststellen, so bei den Gebrüdern Schlegel, Novalis, Hölderlin und noch Kleist. Einerseits orientiert sich jetzt in Opposition zu Klopstock eine eher philosophisch-mimetische Tendenz an Goethe, andererseits bietet besonders für die Sprache weiterhin die rhetorische Tradition Anregungen. Die Schwierigkeit einer Definition der Romantik beruht auf der zum Programm gemachten Ausschöpfung unterschiedlicher Tendenzen innerhalb der Tradition. Gerade in jenem Kontext ist die Rolle Klopstocks als Orientierungspunkt interessant.

Dass sein Werk um die Jahrhundertwende noch aktiv zu zeitgenössischen Bestrebungen in Verbindung gebracht wird, lässt sich einer Bemerkung A.W. Schlegels in Schillers *Horen* entnehmen, in der Klopstocks von J.F. Reichardt vertonte Ode »Bardale« (*Oden* I, 52-56; s. Reichardt 1782) zur Erklärung des Ursprungs der Sprache herangezogen wird, wobei Schlegel erwartet, dass dem Leser die Ode gegenwärtig ist:

Vielleicht findet auch bei Tieren eine Nachahmung der Alten durch die Jungen, bei manchen sogar eine Art von Unterricht statt. Einige Vögel scheinen ja ihre Kleinen fliegen zu lehren: warum nicht auch singen? Von der Nachtigall wirst du es dem Dichter und Musiker, die diesen Gedanken so bezaubernd ausgeführt haben, gewiß willig glauben, ohne auf die Bestätigung des Naturforschers zu warten. ([1795], A.W. Schlegel 1962, 154)

Mit programmatischen Bekenntnissen zu Goethe markiert jedoch
das *Athenaeum* 1798 einen Neubeginn: In Opposition zur »Majori-
tät der kultivirten Deutschen«, die ihn »so gemein als möglich behandelt«, feiert Novalis Goethe als »wahren Statthalter des poetischen Geistes auf Erden« (103f.). Nicht zuletzt aufgrund des (noch)
fragmentarischen Werkcharakters ist Goethe nun »der vollkommne
und nothwendige Gegensatz Klopstocks für das Ganze der Deutschen Literatur« (F. Schlegel [1808], 1883-1885, III, 174). Schelling
urteilt 1802/1803 mit Bezug auf den *Messias*, Klopstock sei »ohne
alle Natur- und ächte Kunstanschauung« (1856-1861, 1. Abt., V,
441). So wichtig wie die Kritik ist allerdings die Einschränkung,
dass Klopstocks »Sprachverdienste nicht geschmälert werden sollen«
(ebd.), denn damit hebt Schelling den Aspekt der Wirkungsgeschichte hervor, der gattungsübergreifend für das gesamte 19. Jahrhundert am wichtigsten sein dürfte. Indirekte Anerkennung der
Leistung Klopstocks spricht auch aus Schellings Bemerkung in Hinblick auf Milton, »dass eine Sprache, in der die alten Sylbenmaße
nicht Platz greifen können, überhaupt nicht mit den Alten im Epos
wetteifern kann« (656).
  Die Komplexität der Rezeption Klopstocks in der Romantik verdeutlicht auch der scheinbar so andersgeartete Eichendorff. Bei ihm
findet sich eine verwandte Aufschwungsmetaphorik und die Fort-
entwicklung von Klopstocks »Übertragung verbaler Dynamik von
der Seelen- auf die Landschaftsschilderung« (Langen 1948/49, 270
u. passim), wobei allerdings die von Klopstock aufgezeigten Möglichkeiten besonders in Goethes *Werther*, aber auch von Jean Paul (s.
Langen 1952, Sp. 1361-1370) weitergeführt worden waren. Obgleich Eichendorff den *Messias* sowie antikisierende Form und Sprache ablehnt, preist er die rhetorische Wirkung der Oden: »In der
Lyrik ist diese subjective Gefühlspoesie [...] fast überall hinreißend,
erschütternd oder erhebend« (Eichendorff 1908ff., IX, 214; s.a.
21f., 213; zu seiner Umwertung der Rhetorik s. Carrdus 1996, 157-
235; zur Rolle der Rhetorik in der Romantik s.a. Dockhorn 1968
und Schanze 1974). In der Lyrik wird Klopstock weiterhin rezipiert,
bis hin zu Platen (s. Hartung 1978, 218f.), Lenau (s. Ranucci 1978)
und Mörike (vgl. »Im Freien«, Mörike 1996, II, 409f., mit der
»Frühlingsfeier«, *Oden* I, 133-137).
  Auch das scheinbar von Weimarer Klassik und Romantik ›über-
wundene‹ Wettkampf-Motiv lebt fort, stark ausgeprägt besonders
bei Kleist sowohl in Form des Dichterwettstreits (s. Mommsen
1974, 13f.), als auch in nationaler Ausprägung: Noch 1809 nennt er
in »Was gilt es in diesem Kriege?« Klopstocks *Messias* als Deutschlands herausragende dichterische Leistung (1987-1997, III, 47-49):

Klopstock ist der einzige Dichter in seinem nationalen Pantheon (s. 1072). Insgesamt bedürfte Kleists Klopstock-Rezeption über Einzelaspekte hinaus (s. Schneider 1962, 37-41; Teller 1913; Hellmann 1919; Friedrich 1978, 240f.) systematischer Untersuchung; beispielsweise bezüglich der *Hermannsschlacht* zur Rolle des Napoleonverehrers Goethe einerseits und des vaterländischen Klopstock andererseits (s. Mommsen 1974, 128-130; zu den Hermannsdramen s.a. Fischer 1995, bes. 30f.; von Essen 1998). In die Tradition von Klopstocks *Hermanns Schlacht* stellt Kleist seine geplante Zeitschrift *Germania*, wenn er einleitend verkündet, »Hoch, auf dem Gipfel der Felsen, soll sie sich stellen, und den Schlachtgesang herab donnern ins Tal!« (Kleist 1987-1997, III, 493). Wirkungsvoll ist vor allem die Reminiszenz an die Verse aus »An Fanny«, »Dann, o Unsterblichkeit, / Gehörst du ganz uns!« (*Oden* I, 64) in *Prinz Friedrich von Homburg*: »Nun, o Unsterblichkeit, bist Du ganz mein!« (1987-1997, II, 642; s.a. 1304).

Zentral ist das Wettkampf-Motiv auch in den einflussreichen *Vorlesungen über die Ästhetik* von Hegel (1820-1829; s. Tiemann 1937, 229-235), der damit die historische Rolle des in der Jugend enthusiastisch rezipierten klopstockschen Werks feiert, es zugleich jedoch aufgrund aristotelischer Prinzipien verurteilt: Er kritisiert die »geschraubte Rhetorik« des *Messias* (Hegel 1927-1951, XIV, 416) und Klopstocks gegen die Regeln der Fiktion verstoßende Gestalten, die entweder unglaubhaft sind (Engel) oder zu historisch (»Vetter- und Basengeschichten« in den Fanny- und Cidli-Oden): »Von dieser Seite her kann deshalb die Lyrik leicht zu der falschen Prätension fortgehn, daß an und für sich schon das Subjektive und Partikuläre von Interesse sein müsse« (432). Der Leser des 19. Jahrhunderts will »etwas allgemein Menschliches, um es poetisch mitempfinden zu können, vor Augen haben« (432). Das Veralten des *Messias* – bei Grabbe ist er 1822 zum »unfehlbaren Schlafmittelchen« des Teufels avanciert (1960-1973, I, 234) – erklärt Hegel durch einen goetheschen Dichtungsbegriff: »es lebt und erhält sich nur, was ungebrochen in sich auf ursprüngliche Weise ursprüngliches Leben und Wirken darstellt« (Hegel 1927-1951, XIV, 374). Historisch gesehen ist Klopstock jedoch »einer der großen Deutschen« am Anfang der »neuen Kunstepoche« (475): »So belebte sich in ihm immer berechtigter der Stolz der deutschen Muse, und ihr wachsender Muth, sich im frohen Selbstbewußtseyn ihrer Kraft mit den Griechen, Römern und Engländern zu messen« (477).

Nun jedoch gebührt der »Lorbeer« Dichtern einer ganz anderen Tonart, wie 1844 die Göttin Hammonia dem Ich-Autor in Heines satirischem Epos *Deutschland. Ein Wintermärchen* erklärt:

»Siehst du« – sprach sie – »in früherer Zeit
War mir am meisten theuer
Der Sänger, der den Messias besang,
Auf seiner frommen Leyer.

Dort auf der Kommode steht noch jetzt
Die Büste von meinem Klopstock,
Jedoch seit Jahren dient sie mir
Nur noch als Haubenkopfstock.

Du bist mein Liebling jetzt, es hängt
Dein Bildniß zu Häupten des Bettes;
Und siehst du, ein frischer Lorbeer umkränzt
Den Rahmen des holden Portraites.«
$\qquad$ (Caput XXIV, Heine 1973ff., IV, 145f.)

6.   Nietzsche und die Moderne

In uns entstand ein geheimer Messianismus. Die Wüste, die zu jedem Messias gehört, war in unseren Herzen; und plötzlich erschien über ihr wie ein
Meteor Nietzsche. [...] Er spannte zwischen uns und den Abgrund der
Wirklichkeit den Schleier des Heroismus. Wir wurden durch ihn aus dieser
eisigen Epoche wie fortgezaubert und entrückt. Seit Byron hatte kein Rat-
tenfängergenie so unwiderstehlich die Besten einer ganzen Jugend hinter
sich hergezogen. Er stellte uns in ein neues geistiges Klima. [...] Nietzsche
selbst hat in einem Fragment des ›Willens zur Macht‹ dem Geisteszustand
der Besten unserer Generation Ausdruck gegeben: [...] es bleibt uns keine
Wahl, wir müssen Eroberer sein, [...] wir wagen uns in die Weite. (Harry
Graf Kessler 1962, 229, 243f.; s. Aschheim 1992/1996, Kap. 2)

Der Nietzsche-Kult um 1900 hat manches gemein mit dem Klopstock-Kult im 18. Jahrhundert: das Gefühl der Zugehörigkeit zu einer jungen Gemeinschaft von Auserwählten, die Verbindung von
Literatur und Religion bzw. Philosophie, Betonung des Irrationalen,
religiöse Überhöhung, Heldenverehrung, das an die *Deutsche Gelehrtenrepublik* erinnernde Expansionsmotiv. Medium ist wieder das mit
allen Künsten der Rhetorik intensivierte Wort, kennzeichnend der
prophetische Duktus, schöpferische Sprachbehandlung (s. Langen
1952, Sp. 1426-1429; Meyer 1914) sowie agonale Dynamik. Deutlich wird bei Kessler, wie stark die um 1900 einsetzende neue ›Moderne‹ von der Rhetorik geprägt ist: »Die Rhetorik ist das Wesen der
Philosophie Nietzsches« (Blumenberg 1986, 272; s.a. Gilman/Blair/
Parent 1989).

Inwieweit Klopstock in der erneuten Profilierung der rhetorischen Tradition eine Rolle spielt, muss als unerforscht gelten. Politycki zufolge ist Nietzsches Verhältnis zu Klopstock von »emotionslosem Desinteresse« und mangelnder Beschäftigung gekennzeichnet (1989, 5): »Deutlicher [...] als durch Verschweigen hätte er sein abwertendes Urteil gar nicht aussprechen könnnen ...« (213). Gerade bei Nietzsche kann jedoch Verschweigen gerade auch darauf deuten, dass ein Werk »zu nahe [kommt], um Erwähnung zu finden«, wie Politycki in Zusammenhang mit einem anderen Autor bemerkt (414, Anm. 187). Eingehend gelesen hat Nietzsche Klopstock sicherlich an »der ehrwürdigen *Schulpforta* [...], aus der so Viele (Klopstock, Fichte, Schlegel, Ranke usw. usw.), die in der deutschen Litteratur in Betracht kommen, hervorgegangen sind« (an Georg Brandes, 10.4.1888, in: Nietzsche 1975ff., 3. Abt., V, 288): Der Hauptunterschied im Vergleich zu Klopstocks Schulzeit scheint darin bestanden zu haben, dass man seit »1804 in besonderen Sonntagsstunden deutsche Dichter, vor allem Klopstocks Oden« las (Roeder 1961, 205; s.a. Paulsen 1896-1897, II, 409). Auch kann man bei dem pietistisch erzogenen Pfarrerssohn eine Empfänglichkeit für den illustren Portenser voraussetzen, die indirekt aus einer Aufzeichnung von 1858 zur Musik hervorgeht: »Gott hat uns die Musik gegeben, damit wir *erstens*, durch sie nach Oben geleitet werden [...] ihre Hauptbestimmung ist, daß sie unsre Gedanken auf höheres leitert, daß sie uns erhebt, sogar erschüttert. Vorzüglich ist dies der Zweck der Kirchenmusik« (1967ff., 4. Abt., I, 305f.). Dazu stimmt auch das Bekenntnis zu Hölderlin in einem Schulaufsatz (s. Politycki 1989, 410) sowie die komplexe Rezeption des als verwandt empfundenen ›sentimentalischen‹ Schiller (s. Politycki 1989, passim). Vor allem aber ist eine Bemerkung in *Menschliches, Allzumenschliches* zur Frage »Giebt es ›deutsche Classiker‹« bemerkenswert, von der Politycki (213) nur den ersten Teil zitiert:

Klopstock veraltete schon bei Lebzeiten auf eine sehr ehrwürdige Weise: und so gründlich, dass das nachdenkliche Buch seiner späteren Jahre, die Gelehrten-Republik, wohl bis heutigen Tag von Niemandem ernst genommen worden ist. (Nietzsche 1967ff., 4. Abt., III, 245)

Es zeigt sich hier einerseits das positive zeitgenössische Goethe-Bild (ebd.), andererseits das negative Klopstock-Bild, wobei allerdings auch die anderen vier »Stammväter der Litteratur [...] veralten oder veraltet sind« (ebd.): Schiller, Lessing, Herder, Wieland. Bedeutsam ist, dass Nietzsche eigens die *Deutsche Gelehrtenrepublik* nennt, wobei die positive Bewertung des relativ unbekannten und von religiös-moralischen Assoziationen unbelasteten Werkes als seine originale

Entdeckung dargestellt ist. Es steht zu vermuten, dass ihn die aphoristischen Texte, poetologischen Anregungen und feurigen Reden sowie die extrem agonale Struktur und nicht zuletzt die Eroberungsthematik besonders ansprachen.

Dass Nietzsche um diese Zeit die Poesie mit ähnlichen Mitteln zu ›erneuern‹ sucht wie vor ihm Klopstock, geht aus der Definition seiner »Kunst des Stils« in *Ecce homo* hervor (zu seinen Wortbildungen s. Meyer 1914):

Einen Zustand, eine innere Spannung von Pathos durch Zeichen, eingerechnet das tempo dieser Zeichen, *mitzutheilen* – das ist der Sinn jedes Stils. [...] es hat nie Jemand mehr von neuen, von unerhörten, von wirklich erst dazu geschaffnen Kunstmitteln zu verschwenden gehabt. Dass dergleichen gerade in deutscher Sprache möglich war, blieb zu beweisen [...]. Man weiss vor mir nicht, was man mit der deutschen Sprache kann [...]. – Die Kunst des *grossen* Rhythmus, der *grosse Stil* der Periodik zum Ausdruck eines ungeheuren Auf und Nieder von sublimer, von übermenschlicher, Leidenschaft ist erst von mir entdeckt; [...ich flog] tausend Meilen über das hinaus, was bisher Poesie hiess. (1967ff., Abt. 6, III, 302f.)

Die für die Lyrik des frühen 20. Jahrhunderts ungemein wichtigen *Dionysos-Dithyramben* (s. Grundlehner 1986, xxiiif.) sind als Auseinandersetzung mit der von Klopstock etablierten modernen deutschen Hymnentradition zu sehen (zur Hymnentradition s. Gabriel 1992, zu Klopstock 48–71, zu Nietzsche 200–211); Nietzsche benutzt dort die Stilmittel, die schon Klopstocks Hymnen rhetorisch wirksam machten.

Die rhetorische Tradition erscheint im 20. Jahrhundert in vielfältiger Ausprägung – nicht zuletzt in den verschiedenartigen Formen des freien Verses. So beruht die *Revolution der Lyrik* bei Arno Holz auf einer konsequenten Anwendung des *aptum*-Prinzips: »der notwendige Rhythmus, den ich will, [wächst] jedes mal neu aus dem Inhalt« (1899, 45). Das dynamische Potential einer rhetorischen Dichtung nutzt vor allem August Stramm, den Arno Schmidt als »Kryptoprosaisten« in die Tradition Klopstock – Hölderlin stellt (1988b, 106). Während die visionäre Intensität der hymnischen Dichtung Trakls eher Affinität mit Hölderlin zeigt, steht Stramms Lyrik der Dichtung Klopstocks näher: »mit Stramm faßte die bei Klopstock, Nietzsche und Holz angebahnte ›Wortkunst‹ in der Dichtung Fuß [...]. Wie es Herwarth Walden in Anlehnung an Mallarmé und Kandinsky formulierte: ›Das Material der Dichtung ist das Wort‹« (J. Adler 1990, 327; Walden/Silbermann 1932, 8). Die längeren Gedichte »Die Menschheit« und »Weltwehe« (Stramm 1990, 63-74, 75-80) entheben den Rezipienten durch intensive Wortbewegung der Bindung an die konkrete Materie, um ihn an kosmischen Kräften teilhaben zu lassen. Die an Klopstock erinnernden Techniken der Sprachbehandlung lassen sich auch in den komprimiertesten Gedichten verfolgen, so in »Patrouille« (102):

Die Steine feinden
Fenster grinst Verrat
Aeste würgen
Berge Sträucher blättern raschlig
Gellen
Tod.

Bewegte Ausdruckskraft erzielt Stramm durch Verkürzung (»[sich ent-]blättern«), Archaismus (»feinden«, »würgen«), Neologismus (»raschlig«), Ellipse (»[Das] Fenster«, »Berge [und] Sträucher«) und ungewöhnlichen transitiven bzw. intransitiven Gebrauch von Verben (»feinden«, »grinsen«, »gellen«). Im Kontext der Avantgarde werden diese Techniken, bei denen die grammatischen Kategorien ins Fließen geraten und ungewohnte semantische Assoziationen entstehen, dann auch in Richtung auf die Dichtung des Dada und der konkreten Poesie weiterentwickelt – nun unter Ablösung von dem für Klopstock maßgeblichen Inhalt.

Für den George-Kreis war vor allem der gemeinschaftsstiftende Impuls der Klopstock-Tradition sowie die Etablierung des *poeta vates* wichtig (s. Metzger-Hirt 1964). Bei George konstatiert Arbogast in den *Hymnen* von 1890 »entschiedene Spuren einer Kenntnis Klopstocks«, um dann jedoch die »«starke Verschiedenheit« hervorzuheben (1967, 99, 101; s.a. Gabriel 1992, 213f.). Aufschlussreich ist die Auswahl von Oden in dem Band *Das Jahrhundert Goethes* in der Anthologie *Deutsche Dichtung* (1900-1902, III) von George und Wolfskehl. Am Anfang des Bandes steht »Die Stunden der Weihe« (*Oden* I, 46f.), wo die zwei Themen der ausgewählten Oden verbunden sind: Die Erhebung zum Göttlichen und das Besingen der Geliebten; ignoriert werden »jene Oden, die zeitgeschichtliche, didaktische, metrische Fragen zum Gegenstand haben« (Arbogast 1967, 99). Für den George-Kreis ist Klopstock vor allem Wegbereiter: »Goethe verhält sich zu Klopstock wie der König zum Gesandten eines Königs, wie der Gott zum Priester« (Gundolf 1922, 114).

Rilke äußert sich kaum zu Klopstock; im Vordergrund stehen anscheinend eher Hölderlin und Goethe. Umso intensiver ist jedoch die Auseinandersetzung mit dem Vorgänger besonders in den Jahren 1909-1915, wie aus Lesespuren in seiner erhaltenen Ausgabe von

Klopstocks Oden sowie aus Textvergleichen mit dem *Messias* hervorgeht, die Wodtke in seiner wichtigen, in der Forschung jedoch kaum beuchteten Dissertation (1948) untersucht (s.a. Kohl 2000). Auch verdeutlicht eine Briefstelle, in der Rilke vom Kauf der ›Altonaer Ausgabe‹ berichtet, seine Empfänglichkeit für die rhetorische Macht des *Messias*: »in Toledo noch meinte ich manchmal, ich würde ihn draußen laut gelesen haben in der Wildnis« (an K. Kippenberg, 9.4.1913, Rilke/Kippenberg 1954, 47). Wollte schon der Sänger des *Stunden-Buchs* der »Mund der neuen Messiade« sein (Rilke 1996, I, 239) so stellen die *Duineser Elegien* (II, 199-234) gleich zu Anfang die Problematik des modernen Dichters in spannungsvollen Gegensatz zur inspirierten Anrufung »Sing, unsterbliche Seele« am Anfang des *Messias*:

Wer, wenn ich schriee, hörte mich denn aus der Engel
Ordnungen?

Während das *Stunden-Buch* von subjektivem Gefühl beherrscht war und die *Neuen Gedichte* sich als »Werk des Gesichts« (II, 102) an der Plastik schulten, sucht Rilke nun die objektive Darstellung des Gefühls – »Herz-Werk« (ebd.) – vor allem durch die Sprache und Rhythmik der Klopstock-Tradition. Das Streben nach dem Unaussprechlichen, das Thema der Verwandlung im Tod, das Oden-Motiv von der ›künftigen Geliebten‹ sowie vor allem die Beziehung zwischen Leben und Tod verbinden die *Duineser Elegien* mit Klopstocks Epos bis ins einzelne Wort. Wenn das Ende der 9. Elegie die Einsicht bringt, der Erde »heiliger Einfall / ist der vertrauliche Tod« (II, 229), so ist dies die rilkesche Entsprechung zu der vom *Messias*-Dichter schon eingangs in einer Apostrophe verkündeten Zuversicht in die Erlösung des Menschen: »Ihr mit dem kommenden Weltgerichte vertrauliche Seelen« (*Messias* I 22f.; zu Klopstocks archaischem Gebrauch von ›vertraulich‹ s. Grimm 1854-1971, XXV, Sp. 1960). Die biblische Saatmetaphorik (I Kor. 15, 42), mit der der *Messias* die Auferstehung auch in Verbindung mit Lichtmetaphern in vielen Variationen darstellt (z.B. XI 1318-1328), evoziert Rilke am Anfang der 10. Elegie (1996, II, 230; s. Wodtke 1948, 149-153):

        Daß mich mein strömendes Antlitz
glänzender mache; daß das unscheinbare Weinen
blühe.

Ans Ende setzt er aber nicht himmlisch aufstrebende Garben, sondern die bescheidenen »Kätzchen der leeren / Hasel, die hängenden«:

Sie erzeugen »Rührung« als Verkörperung des irdischen Zyklus von
Leben und Tod (1996, II, 234). Wie eindrucksvoll Rilke mit den
Duineser Elegien das longinische *movere* für seine Zeitgenossen wirksam machte, verdeutlicht ein Bericht Katharina Kippenbergs über
seine Deklamation der beiden ersten Elegien: »die Verse standen
ganz in Flammen, war das noch menschliche Dichtkunst?« (Kippenberg 1935, 123).

7. Brecht und die literarische Rezeption seit 1945

In der zweiten Hälfte des 20. Jahrhunderts lässt sich in der Lyrik
eine weitere Ausdifferenzierung der rhetorischen Tradition feststellen. Stimulierend wirkte Brechts Unterscheidung zweier »Linien« in
der »Entwicklung der Lyrik«, wobei er sich selber einer enormen
Vielfalt lyrischer Formen bediente: »Welch ein Abstieg! Sofort nach
Goethe zerfällt die schöne widersprüchliche Einheit, und Heine
nimmt die völlig profane, Hölderlin die völlig pontifikale Linie«
(1964, 90; s. Hartung 1978, 217f.; Krolop 1978). Während er in
der pontifikalen Linie bei George und Karl Kraus eine »unsinnliche«
Tendenz sowie politisch-inhaltliche Mängel feststellt, betrifft seine
Kritik an der profanen Linie besonders die Sprache, die immer
mehr »verlottert«: die »unachtsame« Wortwahl, das Verschwinden
der »Spannung zwischen den Wörtern« sowie das mangelnde Streben nach »lyrischer Wirkung« – »Der Dichter vertritt nur noch sich
selber« (1964, 90). Brecht orientiert sich somit eher an der rhetorischen Tradition; bezeichnend ist auch sein Interesse an Rezitation
(1964, 123-126) sowie seine jahrelange Arbeit an der Versifizierung
des *Kommunistischen Manifests* in Hexametern: »Der Hexameter ist
ein Versmaß, das die deutsche Sprache zu den fruchtbarsten An-
strengungen zwingt« (1964, 20).
    Während Hegel die Dichtung im Zeichen des absolutgesetzten
mimesis-Prinzips aus der Geschichte herauslöste und allein das »ursprüngliche« und »allgemein Menschliche« gelten ließ (s.o., S. 154),
sucht Brecht entsprechend seinem anti-aristotelischen Dichtungsbegriff die produktive Spannung zwischen unterschiedlichen geschichtlichen Standpunkten und Texten. Beispiel sind die Fassungen
seiner Bearbeitung des *Hofmeisters* von Lenz (Inszenierung 1950), in
der er Fritz und Gustchen nicht wie bei Lenz aus Shakespeare zitie-
ren lässt, sondern aus Oden von Klopstock (s. Goldhahn 1978): im
ersten Akt aus »An Cidli« und »Hermann und Thusnelda«, im 3.
Akt aus »Der Verwandelte« und »Der Zürchersee« (Brecht 1988ff.,

VIII, 323f., 341; *Oden* I, 111, 105, 95, 83). Auch das Schlittschuh-
laufen (326, 328f.) ist eine Anspielung auf Klopstock (577). Mit
dem erhabenen Gestus und sentimentalischen Ton wird die Situation der Protagonisten historisch deutlich von der Gegenwart geschieden und durch Komik verfremdet; gleichzeitig wird die Spannung
zwischen Ideal und Wirklichkeit im 18. Jahrhundert deutlich.
Brechts eklektischer, kritischer Umgang mit dem Klassiker betont
die Fremdheit des älteren Textes, statt ihn zu assimilieren.

Die Tradition der von Klopstock und Hölderlin geprägten ›pontifikalen‹ Ode und Hymne führt kontinuierlich in die Nachkriegs-
zeit, mit Rudolf Alexander Schröder und Josef Weinheber, dem
Exildichter Franz Baermann Steiner sowie Nelly Sachs, Paul Celan
und Johannes Bobrowski. Die hymnische Tradition fügt sich keinen
politischen Abgrenzungen: So konstatiert Gabriel, dass sie in den
dreißiger Jahren zugleich von Josef Weinheber, dem »gepriesenen
und reich dekorierten Nationaldichter des ›Dritten Reiches‹«, und
dem »geschmähten und geächteten« Exildichter Franz Werfel tradiert wird (1992, 224-230, bes. 224).

Inwieweit Klopstocks Werk während der Zeit des Nationalsozialismus literarisch rezipiert wurde, ist kaum untersucht. Insgesamt scheint sich eine Breitenwirkung nicht einzustellen, möglicherweise nicht zuletzt deswegen, weil es an einer (von Himmler
geforderten, s. Jäger 1998, 320, 325f.) volkstümlichen Klopstock-
Ausgabe fehlte. Dass er als national gesinnter deutscher Dichter
wertgeschätzt wurde, erhellt aus der Dokumentation zur offiziellen
Unterstützung der Quedlinburger Klopstock-Gesellschaft (s.a. *Bibliographie*, 94, 307f., Nr. 574-576 und Nr. 1910-1915; Zimmermann 1987, 26-38; zum Hermann-Kult s. Friedrich 1978). Zudem ist bezeichnend, dass sich Karl Kindts Monographie von
1941 ausführlich mit dem Wettkampfmotiv bei Klopstock befasst
(bes. 503-525), denn die Verbindung von Kampf, Athletik, Kultur
und Nation im olympischen Mythos des Nationalsozialismus
speist sich aus derselben griechischen Tradition. Diese Parallelen
zu negieren (s. Zimmermann 1987, 38) verstellt den Blick für die
Zusammenhänge. Zu einfach macht es sich auch die Germanistik,
wenn Benns »Olympische Hymne« (1960, 424) als »peinlich« gilt
und mit Befremden konstatiert wird, dass sich die Hymne bei
Weinheber sowie auch bei Becher »für die ideologische Funktiona-
lisierung zu eignen [scheint]« (Gabriel 1992, 233, 227). Denn bei
aller politischen Problematik ist die in der Antike wurzelnde öffentliche, gemeinschaftsstiftende Funktion der Hymne geradezu
gattungskonstituierend. 1935 sieht Brecht unter Bezug auf die sow-
jetische Architektur insgesamt für die Lyrik in einer öffentlichen

Zurschaustellung an Mauern und Gebäuden die Möglichkeit eines
»großen Aufschwungs der Lyrik«:

Es ist ihre Aufgabe, die Taten großer Generationen zu besingen und dem
Gedächtnis aufzubewahren. Die Entwicklung der Sprache erhält von hier-
her ihre edelsten Impulse. [...] Wettbewerbe müßten die Lyrik zu neuen
Leistungen anspornen. (1964, 111)

Unter ganz anderen Voraussetzungen wird die Tradition der Hymne
und der Ode bei Paul Celan und Nelly Sachs weitergeführt: Sie wird
zum Medium, sprachlich kaum fassbare Greuel zur Sprache zu bringen. Zentral ist jedoch auch hier das Besingen des Gegenstands und
die Aufbewahrung für das Gedächtnis. Die durch Klopstocks religiöse Hymnen etablierte Verbindung biblischer und klassischer Tradition bietet eine Sprache und Form, in der ›nach Auschwitz‹ der
Toten gedacht werden kann und in Anredefiguren der Klage, Anklage und Beschwörung die Wunden offengehalten werden.
    Mit diesen Figuren arbeitet auch Bobrowski, um dem Thema
»Die Deutschen und der europäische Osten« gerecht zu werden:
»Eine lange Geschichte aus Unglück und Verschuldung [...]. Wohl
nicht zu tilgen und zu sühnen, aber eine Hoffnung wert und einen
redlichen Versuch in deutschen Gedichten. Zu Hilfe habe ich einen
Zuchtmeister: Klopstock« (1987ff., IV, 335). Ein ähnliches Be-
kenntnis findet sich im Gedicht »An Klopstock« (I, 161; s. a. Ott/
Pfäfflin 1993, 351-355), in dem das eigene Thema zum *Messias* in
Verbindung gebracht wird:

wenn mich ein kleiner Ruhm
fände – ich hab
aufgehoben, dran ich vorüberging,
Schattenfabel von den Verschuldungen
und der Sühnung:
so als den Taten
trau ich – du führtest sie – trau ich
der Vergeßlichen Sprache,
sag ich hinab in die Winter
ungeflügelt, aus Röhricht
ihr Wort.

Das Wort gilt Bobrowski als Entsprechung zur Tat, und die Dichtung ist ihm geschichtliche Aufgabe. Wenn auch der moralische Im-
perativ vorrangig ist, so steht doch das Vertrauen in die Wirkung
der Dichtung bei dem modernen Dichter in spannungsvollem Widerspruch zum Wissen um ihre Wirkungslosigkeit: Die Menschen
sind vergesslich, ihrem Wort fehlt Substanz. Dem entgegenzuwirken

ist Aufgabe der wirklichkeitsschaffenden Ode, die Bobrowski aufgrund ihrer rhetorischen Macht schätzt, wie aus einer Charakterisierung der Anfangsstrophen von »Wingolf« hervorgeht:

> die Bewegung, die den Inhalt der Strophe ausmacht, ist im Rhythmus, in
> der Sprachführung, in der Wortwahl und -stellung ebenfalls da. Der Aktion
> des Inhalts entspricht die Aktion, die heftige, aufgeregte Bewegung, in die
> die Grammatik hier versetzt ist. (IV, 428)

Vor allem durch Montagetechniken wird der reflektiert rhetorische
Charakter der klopstockschen Dichtung, der das 19. Jahrhundert so
gestört hatte, in der Lyrik nach 1945 zum Potential für vielfältige
Brechungen (s. Hartung 1978, 228-233; Czechowski 1978; 1997).
Das Spektrum der erprobten Möglichkeiten verdeutlichen zwei Ver-
arbeitungen des Anfangs von »Der Zürchersee« – die in der Nach-
kriegszeit wohl bekannteste Ode Klopstocks (s.a. Gabriel 1992,
234f.). Peter Rühmkorf liefert in den fünfziger Jahren parodistische
»Variationen auf ein Thema von Friedrich Gottlieb Klopstock«, von
denen hier die erste Strophe zitiert sei:

> Schön ist, Mutter Natur, deiner Erfindung Pracht,
> mit entspanntem Munde gepriesen; schöner ein künstlich Gebiß,
> das den großen Gedanken
> einer Schöpfung noch einmal käut. (1976, 69)

Das auf Gott ausgerichtete Erhabene ist gebrochen durch das Bild
des Wiederkäuens aus Nietzsches *Dionysos-Dithyramben* (1967ff., 6.
Abt., III, 385; s. Ucrlings 1984, 181). Die Kohärenz des auf das *aptum*-Prinzip gegründeten klopstockschen Textes wird nun zur Differenz zwischen den Texten: Gegen das wortgetreue Zitat des ersten
und dritten Verses stechen der zweite und vierte Vers scharf ab. Die
klassische Versform und der hohe Stil bleiben erkennbar, aber der
›entspannte‹ Anfang des zweiten Verses sowie der krasse Stilbruch
verdeutlichen den abweichenden Standpunkt des Dichters in der de-
mystifizierten Welt.

Bei Rühmkorf will der ältere Text durchgehend als Folie mitgele-
sen sein. In Volker Brauns »Der Müggelsee« (1979, 120f.) ist er der
Ausgangspunkt. Braun greift Klopstocks Feier der Freundschaft auf,
um das Zerbrechen des eigenen Freundschaftsbundes nach der Aus-
bürgerung Wolf Biermanns darzustellen. Klopstocks »Schön ist [...],
schöner« wird superlativisch fortentwickelt, nur um ins Gegenteil
umzukippen:

Aber am schönsten ist

Von des schimmernden Sees Traubengestaden her

        in der Zeit Wirre
Die die Freunde verstreut roh
Vom Herzen mir, eins zu sein
Mit seinem Land, und

                  Gedacht
Mit Freunden voll das Schiff, fahre ich
Fort in dem Text, den der Ältere
Verlauten ließ, an einen anderen Punkt.

Dieser in der »Geschichte« verankerte Text führt die Klopstock-Ode mit Bruchstücken und Anspielungen fort, als Verkehrung vom »freudigen Text in den bitteren hier«. Der Spannung zwischen Natur und transzendentem »Gedanken«, zwischen dem wirklichen Zusammensein mit Freunden und dem ersungenen »Elysium« ewiger »Hütten der Freundschaft« auch mit abwesenden Freunden (*Oden* I, 83–85) setzt Braun die Spannung zwischen dem gedachten Freundschaftsereignis und der Isolation des ›knurrenden‹ Ich entgegen. Im intertextuellen Dialog mit dem älteren Text äußert sich die Trauer um den zerstörten Dialog mit den Dichterfreunden und darüber hinaus die Entfremdung vom eigenen Land. Nach der Wende dagegen scheint es »undenkbar«, wie zu Zeiten der DDR-Lyrik »eine Klopstock-Ode als Folie« zu deuten (Czechowski 1997, 93).

    Breit angelegt ist die dichterische Rezeption Klopstocks insgesamt im 20. Jahrhundert nicht; einzelne Dichter jedoch setzen sich intensiv mit seinem Werk auseinander. Der rhetorische Charakter seiner Dichtung wird weiterentwickelt; und stimulierend wirkt die Andersartigkeit – die durch sein Werk gewährte »Einsicht in jene so ganz andere geistig-seelische Konstellation, jene fremde und doch nicht ganz fremde sprachliche Organisation menschlicher Erfahrung« (Heißenbüttel 1961, 18). Überraschende Affinitäten tun sich auf, so wenn Rühmkorf sich nach dem enttäuschenden Verlauf der Studentenbewegung um 1970 von Klopstock »noch einmal ins Achtzehnte Jahrhundert entführen« lässt:

von Entrückung konnte [...] nicht die Rede sein. Im Gegenteil, alles, was ich anfaßte, erinnerte ans laufende Heute; woran ich auch stieß, es klirrte gefährlich modern; und obwohl hundertundein Stück Sekundärliteratur das immer wieder zudecken wollte, schälte sich doch allmählich ein Klopstock aus dem Papier mit hochvirulenten Zug-und-Spann-Problemen: *Kunst-und-Gesellschaft, Kunst-und-Wirtschaft, Kunst-und-Revolution*, der war (mit Abstrichen versteht sich): unser. (Rühmkorf 1972, 231f.)

Mit den besonders von Klopstock etablierten Möglichkeiten des hohen Stils wird weiterhin gearbeitet, so bei Ingeborg Bachmann, Bo-
tho Strauß oder Peter Handke (s. Gabriel 1992, 230-236). Für
Bobrowski ist er noch immer – wie für die Kollegen im 18. Jahrhundert – der Meister, der zur *imitatio* anregt:

> Darüber müßte ich einen ganzen Vortrag halten, was ich an Klopstock
> sehe: Verlebendigung der Sprache, ein Ausnutzen der sprachlichen Mög-
> lichkeiten, Neufassung der Metrik ... Das ist für mich ein Meister, der, ich
> bin sicher, in seiner Wirkung in Deutschland alles überholen wird, was
> nachher gekommen ist. (1987ff., IV, 488)

Auch die Prosa ist noch nicht auf dem literaturgeschichtlichen
Schrottplatz gelandet (s. Braun 1999, 21): Einen Bezug zu Klop-
stock erklärt Karl Mickel mit dem Titel *Gelehrtenrepublik* für einen
Aufsatzband (1976 u. 1990). Im Roman *Die Gelehrtenrepublik* von
Arno Schmidt (1957) dürfte die Auseinandersetzung mit dem Vor-
bild weiter gehen, als es der flüchtige Verweis auf die »von Schmidt
nur parodierte patriotische Utopie« Klopstocks nahelegt (Schmidt-
Henkel 1968, 565; s.a. *Bibliographie*, 410):

> A: Rühme ich [...Klopstocks] ‹Gelehrtenrepublik›: dann bleibt [der] Leser,
> fasziniert auch heute noch von der unsäglichen Sprachgewalt und ‹Moder-
> nität› des Stückes, unweigerlich dabei sitzen. Und erhebt sich erst nach
> Stunden, herrlich luftschnappend, und – hoffentlich – mit dem Gemurmel:
> »Der Tip war Gold wert!« (Schmidt 1988a, 10)

8.   Die Rezeption in der Musik

Die musikalische Rezeption seiner Werke lag Klopstock seit den
sechziger Jahren sehr am Herzen (zur Literatur über Vertonungen s.
Bibliographie, 104f., 122-188, 300; *Bibliographie* 1972-1992, 297f.,
293-337, 410f.; s.a. H.G. Adler 1935). Verstärkt wurde das Interesse durch die Beziehung zu Johanna von Winthem, die als hervorragende Sängerin galt. Zu den Komponisten, die seine Oden vertonten, gehörten C.P.E. Bach, Gluck, Neefe, Reichardt und Zumsteeg;
von Schubert gibt es mit Fragmenten etwa 20 Vertonungen, insbesondere 13 Gesänge aus dem Jahre 1815 (s. Fischer-Dieskau 1971,
62-65, 149; Schochow 1974, 215-225). Fischer-Dieskau betont als
Vorzug »ihre Vielfalt« (1971, 63). Manche Oden wurden mehrfach
vertont, so vor allem das populäre »Vaterlandslied« (s. *Briefe* IX,
508; Promies 1980, 593f.) und »Das Rosenband«. Telemann ver-

fasste 1759 zwei *Messias*-Kantaten (s. *Briefe* V, 480; Fleischhauer 1978). Reichardt lobt den *Messias* als »Ideal musikalischer Poesie für wahre Musik« (1782, 8) und schreibt zu seinen heute verschollenen Kompositionen: »Seit einigen Jahren hab' ich der musikalischen Bearbeitung dieses großen Werks, die schönsten glücklichsten Stunden meines verflossenen und künftigen Lebens geweiht« (zit. nach *Briefe* VII, 682f.; s.a. Fischer-Dieskau 1992).

In den sechziger Jahren setzte sich Klopstock intensiv für die Vertonung der Triumphchöre des *Messias* ein (s. Bd. III, 235), und dann auch für die Vertonung der Bardiete in *Hermanns Schlacht*: »Vermutlich dachte Klopstock an eine Aufführung des ›Bardiets‹ mit musikalischem Vortrag seiner Gesänge« (*Briefe* V, 514); die Komposition unternahm Gluck voller Begeisterung, aber es kam zu keiner Veröffentlichung. In den 1770er Jahren war er Klopstocks Lieblingskomponist; auch später schätzt Klopstock ihn neben Händel besonders, »wenn es auf den Ausdruck hoher Leidenschaften ankommt« (Matthisson 1810-1816, I, 306; zu Klopstock und Gluck s. Einstein 1987, 143-151). Interesse brachten auch die Zeitgenossen den Vertonungen entgegen, so Herder, der besonders die Kompositionen von Reichardt schätzte und selbst am Klavier vortrug (s. Lohmeier 1968, 41f.).

Musikgeschichtlich bedeutsam ist vor allem die Vertonung eines geistlichen Liedes in der 2. Symphonie von Gustav Mahler: »Die Auferstehung«, gedichtet für die Melodie von Luthers »Jesus Christus unser Heiland, der den Tod überwand« (SW VII, 118) – in der Forschung meist irreführend als ›Ode‹ bezeichnet. Das schon von C.H. Graun und anderen zeitgenössischen Komponisten vertonte Lied (s. H.G. Adler 1935, 155-165) war auch in der deutschen Literatur lebhaft rezipiert worden, so von Miller in *Siegwart* als »ein herrliches Lied, das die ganze Seele faßt, und zum Himmel aufhebt« (1776, 347), sowie von Matthisson in »An Laura, als sie Klopstocks Auferstehungslied sang« (1803, 162f.; s. Promies 1980, 589-591). Die zwei Anfangsstrophen von Klopstocks Lied bilden in leicht abgewandelter Form zusammen mit hinzugedichteten Versen Mahlers das Zentrum und den Höhepunkt der *Auferstehungs-Sinfonie* im 5. Satz (Mahler 1970, 186-206). Wenn das geistliche Lied als Gattung auch weniger ›gehoben‹ ist als Klopstocks Oden, so unterscheidet sich dieses Lied doch besonders durch die ausdrucksstarke Inversion von dem im 4. Satz »Urlicht« vertonten, kindlich schlichten Lied »O Röschen rot« aus *Des Knaben Wunderhorn*. Prägend ist für die von Klopstock übernommenen Strophen die biblische Erntemetaphorik (I Kor. 15, 42; s.a. *Messias* XI 840-847 u. ö.):

Aufersteh'n, ja aufersteh'n wirst du,
mein Staub, nach kurzer Ruh!
Unsterblich Leben
wird der dich rief dir geben!

Wieder aufzublüh'n wirst du gesät!
Der Herr der Ernte geht
und sammelt Garben
uns ein, die starben!   (Mahler 1970, 186-191)

Während Klopstocks Lied in der zweiten Strophe zum Ich übergeht, behält Mahler dort das »Wir« und lässt diese Strophen durch den Chor singen. Dann jedoch ergibt sich eine Verschiebung in der Tradition: Klopstocks abschließende Christo-zentrische Strophen lässt Mahler fort. Die hinzugedichteten Verse wechseln zunächst zum solo gesungenen Ich und betonen das Streben des Menschen: »Mit Flügeln, die ich mir errungen in heissem Liebesstreben werd' ich entschweben zum Licht, zu dem kein Aug' gedrungen!«. Es ist dies eher das Weltbild des *Faust* (Vers 11936f. und 12001-12004, Goethe 1985ff., VII/1, 459, 461); auch das Liebessymbol der Rose in »Urlicht« erinnert an Fausts Erlösung (Vers 11701-11709, VII/1, 450). Die letzte Strophe Mahlers, von ›Allen‹ gesungen, verbindet die Traditionen: den ersten Vers des Klopstock-Liedes, das biblische Wort und – statt der ›Seele‹ – das mit menschlicher Liebe assoziierte auferstehende ›Herz‹.

Mahlers Abwandlung und Weiterdichtung des klopstockschen Liedes zeigt die ungemein komplexen Vorgänge, durch welche Dichtung fortwirkt. Dass im Kontext der Trauerfeier für den Dirigenten Hans von Bülow das Lied Klopstocks wie eine plötzliche Antwort auf ein lange Jahre herumgetragenes künstlerisches und existentielles Problem erschien, dürfte in einem Zusammenspiel vieler Faktoren begründet sein: der empfänglichen Stimmung des Hörers, der mächtigen biblischen Tradition, der rhetorischen Ausdruckskraft der klopstockschen Verse, den musikalisch-religiösen Assoziationen (verwandte Saatmetaphorik bei Brahms im *Deutschen Requiem*). Das von Klopstock in vielen Variationen gesuchte Zusammenwirken von Religion, Dichtung und Musik jedenfalls wirkte als Inspiration:

Die Stimmung, in der ich dasaß und des Heimgegangenen gedachte, war so recht im Geiste des Werkes, das ich damals mit mir herumtrug. – Da intonierte der Chor von der Orgel den Klopstock-Choral »Auferstehn« – Wie ein Blitz traf mich dies und alles stand ganz klar und deutlich vor meiner Seele! Auf diesen Blitz wartet der Schaffende, dies ist »die heilige Empfängnis«! (An Arthur Seidl, 17.2.1897, Mahler 1985, 216)

Zeittafel

1724	Am 2. Juli in Quedlinburg geboren.
1739-1745	Schulpforta. Dichterische Versuche in Latein und Deutsch.
1745	Abschiedsrede über die epische Dichtung (*Declamatio*).
1745-1748	Jena und Leipzig. Freundschaft mit den ›Bremer Beiträgern‹. Arbeit am *Messias*. Erste Oden.
1748	Gesänge I-III des *Messias* in den ›Bremer Beiträgen‹.
1748-1750	Hauslehrer in Langensalza. »Fanny«-Oden.
1750	Zürich, zunächst bei Bodmer. Ode »Der Zürchersee«.
1751	*Messias* Bd. I mit Gesängen I-V. ›Hallesche Ausgabe‹.
1751-1770	Aufenthalt am dänischen Hof in Kopenhagen.
1754-1758	Ehe mit Meta geb. Moller bis zu ihrem Tod im Kindbett.
1755-56	*Messias* Bd. II mit Gesängen VI-X. ›Kopenhagener Ausgabe‹ (Bd. I-II). Entwurf einer »Gelehrtenrepublik«.
1757	*Der Tod Adams* und *Geistliche Lieder* (1. Teil, datiert 1758).
1758-1761	Mitarbeit am *Nordischen Aufseher*. Religiöse Hymnen, u.a. »Die Frühlingsfeier«. Theoretische Aufsätze.
1764	»Lyrische Sylbenmasse«. *Salomo*.
1768	›Wiener Plan‹. Beschäftigung mit germanischen und keltischen Sprachdenkmälern.
1768-69	*Messias* Bd. III mit Gesängen XI-XV.
1769	*Hermanns Schlacht* und *Geistliche Lieder* (2. Teil).
1770-71	Übersiedlung nach Hamburg.
1771	*Oden*.
1772	*David*. Vollendung des *Messias*.
1773	*Messias* Bd. IV mit Gesängen XVI-XX.
1774	Subskriptionsprojekt: *Die deutsche Gelehrtenrepublik*. Einladung an den Karlsruher Hof.
1778	*Ueber di deütsche Rechtschreibung*.
1779	Fragmente *Über Sprache und Dichtkunst*.
1780/81	›Altonaer‹ Ausgabe des *Messias* auf Subskription.
1784	*Hermann und die Fürsten*.
1787	*Hermanns Tod*.
1789-1792	Begeisterte Oden über die Französische Revolution.
1791	Heirat mit Johanna Elisabeth von Winthem (»Windeme«).
1792	Bürgerdiplom der französischen Nationalversammlung.
1793	Verurteilung der Terrorherrschaft.
1794	*Grammatische Gespräche*.
1798-1817	Werkausgabe letzter Hand bei Göschen in Leipzig.
1799-1800	*Messias* Ausgabe letzter Hand.
1802	Auswärtiges Mitglied des französischen Nationalinstituts.
1803	14. März: Tod in Hamburg.

Prosaschriften: Ausgaben im Überblick

Klopstocks veröffentlichte kleinere Prosaschriften zu Sprache, Dichtung und anderen Themen sind bis zum Erscheinen der betreffenden HKA-Bände nur in der schwer zugänglichen Ausgabe von 1823-1830 (SW) gesammelt enthalten. Da die Zitatgrundlage in der Forschungsliteratur nicht einheitlich ist, soll die folgende Tabelle als Hilfsmittel dienen. Auch die veröffentlichten Texte zu den *Grammatischen Gesprächen* sind aufgeführt.

	SW	SW 1854-1855	AW
Declamatio, qua poetas epopoeiae auctores recenset F.G. Klopstockius (1745)	XVI 45-82		
Vorbericht zur Ode »Friedrich der Fünfte« (1751)	XVII 229-230		
Drey Gebete: eines Freygeistes, eines Christen, und eines guten Königs (1753)	XVII 109-124	X 281-292	
Von der heiligen Poesie (1755)	XVI 83-104	X 223-238	997-1009
Von der Nachahmung des griechischen Sylbenmaßes im Deutschen (1755)	XV 1-20	X 1-14	1038-1048
Vorbericht (*Der Tod Adams*, 1757)	VIII 3f.	VI 3f.	774f.
Einleitung (*Geistliche Lieder*, 1. Teil, 1758)	VII 51-64	V 43-52	1009-1016
Vorbericht (»Veränderte Lieder«, 1758)	VII 175-178	V 157-160	
Betrachtungen über Julian den Abtrünnigen (1758)	XI 217-237		
Von der besten Art über Gott zu denken (1758)	XI 207-216		
Vorbericht zur »Ode über die Allgegenwart Gottes« (1758)	XVII 230		
Von der Sprache der Poesie (1758)	XVI 13-32	X 202-214	1016-1026

	SW	SW 1854-1855	AW
Von der Bescheidenheit (1758)	XVII 125-132	X 293-297	942-945
Von dem Fehler Andere nach sich zu beurtheilen (1758)	XVII 133-138	X 298-301	945-948
Von dem Range der schönen Künste und der schönen Wissenschaften (1758)	XVI 105-124	X 239-253	981-991
Von dem Publiko (1758)	XVII 139-148	X 302-307	930-934
Einleitung (1759) [M. Klopstocks *Hinterlaßne Schriften*]	XI 7-14		
Von der Freundschaft (1759)	XI 238-251		934-942
Gedanken über die Natur der Poesie (1759)	XVI 33-44	X 215-222	992-997
Ein Gespräch von der wahren Hoheit der Seele (1759)	XI 252-258		948-951
Vorbericht zur Ode »Das Anschaun Gottes« (1759)	XVII 232		
Vorbericht zur Ode »Die Frühlingsfeier« (1759)	XVII 232-234		
Antwort auf einen Brief von Cramer (1759)	XVII 149-153	X 308f.	'
Auszug aus dem Protokolle der Unsichtbaren (1759)	XVII 155-166	X 310-317	
Ein Gespräch, ob ein Skribent ungegründeten, obgleich scheinbaren Critiken antworten müsse? [mit J.A. Cramer] (1760)	XVII 167-180	X 318-327	
Gespräche von der Glückseligkeit (1760)	XI 259-296		951-967
Nachricht von einem dänischen in dem Ackerbau sehr erfahrnen Landmanne (1760)	XVII 181-186	X 328-331	
Vorbericht zur Ode »Genesung des König« (1760)	XVII 235f.		
Eine Beurtheilung der Winkelmannischen Gedanken über die Nachahmung der griechischen Werke in den schönen Künsten (1760)	XVI 125-136	X 254-261	1049-1054

	SW	SW 1854-1855	AW
Urtheile über die poetische Composizion einiger Gemälde (1760)	XVI 137-152	X 262-272	
Beurtheilung einiger Gemälde aus der heiligen Geschichte (1760)	XVI 153-160	X 273-277	
Vorrede (*Salomo*, 1764)	IX 3f.	VII ixf.	
Vorrede (*Geistliche Lieder*, 2. Teil, 1769)	VII 243f.	V 221f.	
An den Kaiser (*Hermanns Schlacht*, 1769)	VIII 63-68	VI 39f.	
Vom deutschen Hexameter [a] (1769)	XV 65-84	X 45-56	
Vom Sylbenmaße (1770)	XV 225-266	X 162-192	
Vom gleichen Verse (1773)	XV 21-52	X 15-37	
Warum Klopstock sein Leben nicht geschrieben habe (1776/1800)	XVII 103-108	X 278-280	
Vom deutschen Hexameter [b] (1779) und Nachlesen	XV 85-220	X 57-161	
Über die deutsche Rechtschreibung (1779) u. Nachlese (1780)	XIV 143-180 u. 181-240	IX 325-353 u. 354-400	
Von der Darstellung (1779)	XVI 1-12	X 193-201	1031-1038
Von der Wortfolge (1779)	XIV 271-282	IX 418-424	1026-1031
Von den abwechselnden Verbindungen, und dem Worte: »Verstehen« (1779)	XIV 265-270	IX 414-417	973-975
Zur Geschichte unserer Sprache (1779)	XIV 313-318	IX 445-448	968-970
Neue Sylbenmaße (1779)	XV 53-64	X 38-44	
Von der Schreibung des Ungehörten (1779)	XIV 241-248	IX 401-404	Teil 1:
Vom edlen Ausdrucke (1779)	XIV 283-308	IX 425-442	975-980
Von einer lateinischen Übersetzung des Messias (1779)	XVII 31-70		
Über Etymologie und Aussprache (1781)	XIV 257-264	IX 410-413	970-972

	SW	SW 1854-1855	AW
Grundsätze und Zweck unsrer jetzigen Rechtschreibung (1782)	XIV 249-256	IX 405-409	
Antwort an die *Societé Exegetique et Philanthropique* zu Stockholm (1788)	XVII 187-192	X 332-335	
Schreiben an den französischen Minister Roland (1793)	XVII 193-208	X 336-347	
Vorrede *Grammatische Gespräche* (1794)	XIII 3-6	IX 3f.	
Die Grammatik. 1.Gespräch (1794)	XIII 7-16	IX 5-11	
Die Aussprache. 2. Gespräch (1794)	XIII 17-44	IX 12-31	
1. Zwischengespräch (1794)	XIII 45-52	IX 32-37	
2. Zwischengespräch (1794)	XIII 53-60	IX 37-43	
Der Wohlklang. 3. Gespräch (1794)	XIII 61-92	IX 44-67	
3. Zwischengespräch (1794)	XIII 93-102	IX 67-75	
Aus dem Gespräche »Die Wortändrung« (1794)	XIII 103-112	IX 75-82	
4. Zwischengespräch (1794)	XIII 113-128	IX 82-94	
Die Wortbildung. 4. Gespräch (1794)	XIII 129-193	IX 95-143	
5. Zwischengespräch (1794)	XIII 194-246	IX 143-178	
Die Kühr. 7. Gespräch (1794)	XIII 247-266	IX 179-192	
Aus dem Gespräche »Die Verskunst« (1794)	XIII 267-302	IX 193-219	
6. Zwischengespräch (1794)	XIII 303-308	IX 219-222	
Ein Zwischengespräch (1795)	XIV 3-16	IX 225-233	
Die Bedeutsamkeit. Bruchstück eines Gesprächs (1795)	XVI 115-140	IX 305-322	
Der 2. Wettstreit (1796)	XIV 17-104	IX 234-297	
Das nicht zurückgeschickte Diplom (1796)	XVII 209-222	X 348-357	
An den Herrn Präsidenten des französischen Nazional-Instituts (in Paris) (1802)	XVII 223-226	X 358f.	
Vorrede [Dramen] (1804)	VIII 3f.		

	SW	SW 1854-1855	AW
Die Verskunst. (1821)	XIV 105-140	IX 298-304	
Von der Deklamazion (1821)	XIV 309-312	IX 443-444	1048-1049
[Über den Messias] (1821)	XVII 97-102		

Literaturverzeichnis

1. Bibliographische Hilfsmittel

Burkhardt, Gerhard/Nicolai, Heinz: *Klopstock-Bibliographie.* Redaktion: Helmut Riege unter Mitarbeit von Hartmut Hitzer und Klaus Schröter. Berlin, New York 1975. (HKA, Addenda I.) [*Bibliographie*]

Riege, Helmut: »Klopstock-Bibliographie 1972-1992«. In: Hilliard, Kevin/ Kohl, Katrin (Hgg.): *Klopstock an der Grenze der Epochen mit Klopstock-Bibliographie 1972-1992.* Berlin, New York 1995, 247-424. [*Bibliographie 1972-1992*]

Boghardt, Christiane/Boghardt, Martin/Schmidt, Rainer: *Die zeitgenössischen Drucke von Klopstocks Werken. Eine deskriptive Bibliographie.* 2 Bde. Berlin, New York 1981. (HKA, Addenda III/1-2.)

2. Schriften von F.G. Klopstock

Die Klopstock-Forschung ist teilweise noch immer auf unzugängliche und unzureichende Editionen aus dem 19. Jahrhundert angewiesen, so besonders bei den Oden und den Prosaschriften. Hervorragende Ausgaben stehen dagegen mit den erschienenen Bänden der Hamburger Klopstock-Ausgabe zur Verfügung. Die Grundlage für spätere Gesamtausgaben bildet die bei Göschen erschienene zwölfbändige Ausgabe letzter Hand: *Werke* (1798-1817). Eine umfassende Veröffentlichung der Prosaschriften erfolgte jedoch erst im Rahmen der achtzehnbändigen Werkausgabe *Sämmtliche Werke* (1823-1830) als Band XIII-XVIII: *Sämmtliche sprachwissenschaftliche und ästhetische Schriften*, (hg. Back/Spindler). Aufgrund der geringen Auflagenzahl dieser Ausgaben bezieht sich die Forschungsliteratur allerdings auch auf die verbreitetere, aber unvollständige zehnbändige Ausgabe von 1854-1855 (eine editorisch unbedeutende Neuausgabe der Werkausgabe von 1844) sowie die von Karl August Schleiden herausgegebenen *Ausgewählten Werke* (1962, unverändert [4]1981); von den modernen Auswahlausgaben ist dies die umfassendste und auch aufgrund des Kommentars nützlichste. Für die Oden ist bis zum Erscheinen der entsprechenden HKA-Bände noch immer die historisch-kritische Ausgabe von Muncker/Pawel (*Oden*, 1889) maßgeb-

lich. Diese basiert auf der Ausgabe letzter Hand. Varianten sind aufgeführt, aber nicht in einer Form, die eine zuverlässige Rekonstruk-
tion der früheren Fassungen erlauben würde; auch die Datierung ist
nicht immer verläßlich (die in der HKA vorgenommene Datierung
der Oden ist in den »Lebensdaten« im Anhang der Briefbände angegeben). Eine gute Auswahl bietet der von Karl Ludwig Schneider
herausgegebene Band *Oden* (1966).

Die Klopstock-Arbeitsstelle in der Staats- und Universitätsbibliothek Hamburg widmet sich seit 1962 der historisch-kritischen Ausgabe der Werke und Briefe (»Hamburger Klopstock-Ausgabe«), die
seit 1974 in drei Abteilungen beim Göschen-Nachfolger Walter de
Gruyter erscheint: Werke, Briefe, Addenda. Die mit akribischer
Sorgfalt edierten Texte und Varianten sowie der überaus gründliche
Kommentar suchen an Zuverlässigkeit ihresgleichen. Übersichten,
Verzeichnisse (z.B. Namen und Bibelstellen im *Messias*), bibliographische Hinweise und nicht zuletzt die klare Darstellung der Varianten machen diese Ausgabe zu einem äußerst hilfreichen Arbeits-
mittel für die Klopstock-Forschung. Die Briefe erschließen durch
den umfangreichen Kommentar auch das kulturelle Umfeld. Die
Bände zu den zeitgenössischen Drucken bieten aufgrund der syste-
matischen Erfassung auch der Doppeldrucke und Zeitschriften einen hervorragenden Einblick in die Publikationsgeschichte, und die
Bibliographie ist aufgrund der thematischen Gliederung unentbehr-
lich. Allerdings ist der Editionsprozeß langwierig, so daß bis heute
erst einige der Werke erschienen sind und insbesondere mit den
Oden-Bänden frühestens 2003 zu rechnen ist. Es ist bedauerlich,
daß eine bibliographische Erfassung der Rezeption in Übersetzungen sowie Vertonungen nicht vorgesehen ist und der geplante Do-
kumentenband mit »Zeugnissen zur Wirkungsgeschichte« (s. *Bibliographie*, S. vii) fallengelassen wurde, so daß auch Rezensionen nicht
systematisch erfaßt sind; allerdings ist reichhaltiges Material im
Kommentar zu den Briefbänden und in manchen Werkbänden enthalten. Ein Desiderat der Forschung ist die Herausgabe auch von
kleineren Texten Klopstocks wie Subskriptionsaufforderungen, Stel-
lungnahmen u.ä., da diese kulturhistorisch wichtigen Dokumente
sonst nur schwer zugänglich sind.

2.1   Hamburger Klopstock-Ausgabe (HKA)

Ohne Herausgeber und Jahr angeführte Bände sind noch nicht erschienen.

Werke und Briefe. Historisch-kritische Ausgabe. Begründet von Adolf Beck, Karl Ludwig Schneider und Hermann Tiemann. Horst Gronemeyer, Elisabeth Höpker-Herberg, Klaus Hurlebusch, Rose-Maria Hurlebusch (Hgg.). Berlin, New York 1974ff.

Abteilung Werke

I/1-3	*Oden.* Bd. 1: Text. Bd. 2-3: Apparat.
II	*Epigramme.* Text, Apparat. Klaus Hurlebusch (Hg.). 1982.
III	*Geistliche Lieder.* Text, Apparat.
IV/1-6	*Der Messias.* Elisabeth Höpker-Herberg (Hg.). 1974-1999.

Bd. 1-2: Text [Fassung 1799/1800]. 1974. Bd. 3: Text, Apparat [Fassung 1748 von Gesang I-III, deutsche und lateinische Bruchstücke, Summarien, Werk- und Druckgeschichte, Textgenese, Überlieferung u.a.]. 1996. Bd. 4: Apparat [Varianten Gesang I-V]. 1984. Bd. 5.1-2: Apparat [Varianten Gesang VI-XX]. 1986. Bd. 6: Apparat. [Strophenbeispiele 20. Gesang, Teilfassungen, Einträge zum Metrum, biblische Belege, kommentierendes Namenregister u.a.]. 1999.

V/1-2	*Dramen I.* Bd. 1: Text. Bd. 2: Apparat.
VI	*Dramen II.* Text, Apparat.
VII/1-2	*Die deutsche Gelehrtenrepublik.* 1975-.
	Bd. 1: Text. Rose-Maria Hurlebusch (Hg.). 1975. Bd. 2: Apparat.
VIII/1-2	*Grammatische Gespräche.* Bd. 1: Text. Bd. 2: Apparat.
IX/1-2	*Kleine Prosaschriften.* Bd. 1: Text. Bd. 2: Apparat.

Abteilung Briefe

Mehrteilige Bände haben durchnumerierte Seiten.

I	*Briefe 1738-1750.* Horst Gronemeyer (Hg.). 1979.
II	*Briefe 1751-1752.* Rainer Schmidt (Hg.). 1985.
III	*Briefe 1753-1758.* Helmut Riege und Rainer Schmidt (Hgg.). 1988.
IV	*Briefe 1759-1766.*
V/1-2	*Briefe 1767-1772.* Klaus Hurlebusch (Hg.). 1989-1992.
	Bd. 1: Text. 1989. Bd. 2: Apparat, Kommentar, Anhang. 1992.
VI	*Briefe 1773-1775.* Annette Lüchow (Hg.). 1998-
	Bd. 1: Text. 1998. Bd. 2: Apparat, Kommentar, Anhang.
VII/1-3	*Briefe 1776-1782.* Helmut Riege (Hg.). 1982.
	Bd. 1: Text. Bd. 2-3: Apparat, Kommentar, Anhang.
VIII	*Briefe 1783-1794.* Helmut Riege (Hg.). 1994-1999.
	Bd. 1: Text. 1994. Bd. 2: Apparat, Kommentar, Anhang. 1999.
IX	*Briefe 1795-1798.* Rainer Schmidt (Hg.). 1993-1996.
	Bd. 1: Text. 1993. Bd. 2: Apparat, Kommentar, Anhang. 1996.
X	*Briefe 1799-1803.* Rainer Schmidt (Hg.). 1999-
	Bd. 1: Text. 1999. Bd. 2: Apparat, Kommentar, Anhang.

Abteilung Addenda
I   Burkhardt, Gerhard/Nicolai, Heinz: *Klopstock-Bibliographie.* Redaktion: Helmut Riege unter Mitarbeit von Hartmut Hitzer und Klaus Schröter. 1975.
II   *Klopstocks Arbeitstagebuch.* Klaus Hurlebusch (Hg.). 1977.
III/1-2   Boghardt, Christiane/Boghardt, Martin/Schmidt, Rainer: *Die zeitgenössischen Drucke von Klopstocks Werken. Eine deskriptive Bibliographie.* 2 Bde. 1981.

2.2   Andere Gesamt- und Auswahlausgaben

Kleine poetische und prosaische Werke. Christian Friedrich Daniel Schubart (Hg.). Frankfurt, Leipzig 1771.

Werke. 12 Bde. Leipzig 1798-1817.

Sämmtliche Werke. 18 Bde, Supplementband. Leipzig (Supplementband Weimar) 1823-1830. Bd. XIII-XVIII: *Sämmtliche sprachwissenschaftliche und ästhetische Schriften, nebst den übrigen bis jetzt noch ungesammelten Abhandlungen, Gedichten, Briefen etc..* August Leberecht Back und Albert Richard Constantin Spindler (Hgg.). 6 Bde. Leipzig 1830. Mikrofiche Ausgabe: *Bibliothek der Deutschen Literatur.* Mikrofiche Gesamtausgabe nach Angaben des Taschengoedeke. München u.a. 1995. [SW]

Sämmtliche Werke. 10 Bde. Leipzig 1854-1855. [SW 1854-1855]

Ausgewählte Werke. Karl August Schleiden (Hg.). Nachwort von Friedrich Georg Jünger. 2. erweiterte Aufl.: München 1962. 4. Aufl. [unverändert]: 2 Bde. [durchnumeriert]. München, Wien 1981. [AW]

2.3   Einzelausgaben

2.3.1 Der Messias

Der Messias. In: *Neue Beyträge zum Vergnügen des Verstandes und Witzes.* Bd. IV, Stück 4/5. Bremen, Leipzig 1748, 243-378. [Gesang I-III.]

Der Messias. 4 Bde. Halle 1751-1773. [Bd. I: 1751, ^{2}1760. Bd. II: 1756. Bd. III: 1769. Bd. IV: 1773.]

Der Messias. 3 Bde. Kopenhagen 1755-1768. [Bd. I-II: 1755. Bd. III: 1768.]

Der Messias. Altona 1780.

Der Messias. In: *Klopstocks Werke.* Richard Hamel (Hg.). 4 Bde. Bd. I-II. (*Deutsche National-Litteratur.* J. Kürschner (Hg.). Bd. 46,1-2.) Berlin, Stuttgart [1884].

Der Messias. Gesang I-III. Text des Erstdrucks von 1748. Studienausgabe. Elisabeth Höpker-Herberg (Hg.). (Reclams Universal-Bibliothek 721.) Stuttgart 1986.

2.3.2 Lyrik

Geistliche Lieder. Erster Theil. Kopenhagen, Leipzig 1758. Zweyter Theil. Kopenhagen, Leipzig 1769.

Oden und Elegien. Vier und dreyssigmal gedrukt. Darmstadt 1771. Faksimiledruck: *Oden und Elegien.* Mit Nachwort und Anmerkungen von Jörg-Ulrich Fechner (Hg.). Stuttgart 1974. [›Darmstädter Ausgabe‹]

Oden. Hamburg 1771.

Oden. Franz Muncker, Jaro Pawel (Hgg.). 2 Bde. Stuttgart 1889. [*Oden*]

Oden. Karl Ludwig Schneider (Hg.). (Reclams Universal-Bibliothek 1391/ 1392.) Stuttgart 1966.

Gedichte. Peter Rühmkorf (Hg.). (Fischer Bücherei 1066.) Frankfurt a.M. 1969.

Oden und Elegien. Faksimiledruck der bei Johann Georg Wittich in Darmstadt erschienenen Ausgabe. Jörg-Ulrich Fechner (Hg.). (Sammlung Metzler 126.) Stuttgart 1974.

An Freund und Feind. Ausgewählte Oden. Heinz Czechowski (Hg.). (Insel-Bücherei 283.) Leipzig 1975.

2.3.3 Dramen

Der Tod Adams. Ein Trauerspiel. Kopenhagen, Leipzig 1757.

Salomo, ein Trauerspiel. Magdeburg 1764.

David, ein Trauerspiel. Hamburg 1772.

Hermanns Schlacht. Ein Bardiet für die Schaubühne. Hamburg, Bremen 1769.

Hermann und die Fürsten. Ein Bardiet für die Schaubühne. Hamburg 1784.

Hermanns Tod. Ein Bardiet für die Schaubühne. Hamburg [1787].

Hermanns-Schlacht. In: *Klopstocks Werke.* Richard Hamel (Hg.). 4 Bde. Bd. IV, 1-146, *(Deutsche National Litteratur.* J. Kürschner (Hg.). Bd. 48.). Berlin, Stuttgart [1884].

2.3.4 Andere Schriften und Dokumente

»Declamatio, qua poetas epopoeiae auctores«. In: Carl Friedrich Cramer: *Klopstock. Er; und über ihn. Erster Theil 1724-1747.* Hamburg 1780, 54-98 (dt. Übers. von C.F.C.) und 99-132 (lat. Fassung). [*Declamatio*]

Die deutsche Gelehrtenrepublik. Ihre Einrichtung. Ihre Geseze. Geschichte des lezten Landtags. Auf Befehl der Aldermänner durch Salogast und Wlemar. Herausgegeben von Klopstock. Erster Theil. Hamburg 1774.

Ueber Sprache und Dichtkunst. Fragmente. Hamburg 1779. Erste Fortsezung. Hamburg 1779. Zweite Fortsezung. Hamburg 1780.

Grammatische Gespräche. Altona 1794.

»Die Kürze der deutschen Sprache durch Beyspiele gezeigt von Klopstock. The Conciseness of the German Language proved by Examples. Communicated by Klopstock«. In: *The German Museum* 2 (1800), 128-136, 416-427; 3 (1801), 97 [richtig: 101], 274-276 [richtig: 278-280].

Verzeichniß eines Theils der Bibliothek des wohlsel. Herrn Legationsrath Klopstock [...]. Hamburg 1805. [Versteigerungskatalog; Bezug zu Besitz Klopstocks großteils ungesichert.]

2.4 Briefe

Klopstock und seine Freunde. Briefwechsel der Familie Klopstock unter sich, und zwischen dieser Familie, Gleim, Schmidt, Fanny, Meta und andern Freunden. Aus Gleims brieflichem Nachlasse. Klamer Schmidt (Hg.). 2 Bde. Halberstadt 1810.

Briefe von und an Klopstock. Ein Beitrag zur Literaturgeschichte seiner Zeit. Johann M. Lappenberg (Hg.). Braunschweig 1867.

Meta Klopstock geborene Moller. *Briefwechsel mit Klopstock, ihren Verwandten und Freunden.* Hermann Tiemann (Hg.). 3 Bde. Hamburg 1956.

Briefwechsel zwischen Klopstock und den Grafen Christian und Friedrich Leopold zu Stolberg. Jürgen Behrens (Hg.). Mit einem Anhang: Briefwechsel

zwischen Klopstock und Herder, hg. von Sabine Jodeleit, und einem Nachwort von Erich Trunz. (Kieler Studien zur deutschen Literaturgeschichte 3.)
Neumünster 1964. [*Briefe*/Behrens]

*Es sind wunderliche Dinger, meine Briefe. Meta Klopstocks Briefwechsel mit
Friedrich Gottlieb Klopstock und mit ihren Freunden 1751-1758.* Franziska
und Hermann Tiemann (Hgg.). München 1980. [Frühere Ausgabe unter
dem Titel *Geschichte der Meta Klopstock in Briefen.* Bremen 1962.] [*Briefe*/
Tiemann]

3.   Andere Quellen

Aufgeführt sind benutzte Ausgaben zur Rezeption bis in die Gegenwart. Zitate aus den Klassikern beziehen sich auf Kapitel bzw. Ab-
schnitte (z.B. Quintilian XII 1, 1), ohne Angabe von Seitenzahlen
der benutzten und hier aufgeführten Ausgaben.

Adelung, Johann Christoph: *Versuch eines vollständigen grammatisch-kriti-
schen Wörterbuches der Hochdeutschen Mundart,* [...]. 5 Teile. Leipzig
1774-1786.
Adelung, Johann Christoph: *Umständliches Lehrgebäude der Deutschen Spra-
che, zur Erläuterung der deutschen Sprachlehre für Schulen.* 2 Bde. Leipzig
1782.
Archenholz, J.W. von: »Klopstock«. In: *Minerva* 1803, II, 97-132, 363-367.
Aristoteles: *Rhetorik.* Franz G. Sieveke (Hg. u. Übers.). München 1980.
Aristoteles: *Poetik.* Gr./dt. Manfred Fuhrmann (Hg. u. Übers.). Stuttgart
1982.
Athenaeum. Eine Zeitschrift von August Wilhelm Schlegel und Friedrich
Schlegel. Bd. I, 1. Stück. Berlin 1798. Nachdruck: Berlin 1960.

Baggesen, Jens: *Baggesen oder Das Labyrinth. Eine Reise durch Deutschland,
die Schweiz und Frankreich.* Übers. von Carl Friedrich Cramer. 5 Stücke.
(C.F. Cramer: *Menschliches Leben.* Stück 10-11.) Altona 1793-1795.
[Batteux, Charles:] *Les Beaux Arts réduits à un même principe.* Paris 1746,
²1753, ³1755.
Batteux, Charles: *Cours de Belles-Lettres, ou principes de la littérature.* Paris
1747/1748, ²1753.
Baumgarten, Alexander Gottlieb: *Aesthetica.* Frankfurt 1750. Nachdruck:
Hildesheim 1961.
Benn, Gottfried: *Gesammelte Werke.* Dieter Wellershoff (Hg.). Bd. I: *Ge-
dichte.* Wiesbaden 1960.
Bertuch, Justinus: *Teutsches Pfortisches Chronicon* [...]. Leipzig 1734.
Blake, William: *Complete Writings with Variant Readings.* Geoffrey Keynes
(Hg.). London, Oxford 1972.

Bobrowski, Johannes: *Gesammelte Werke*. Eberhard Haufe (Hg.). Berlin 1987ff.

Bodmer, Johann Jacob: *Critische Abhandlung von dem Wunderbaren in der Poesie*. Zürich 1740. Nachdruck mit Nachwort von Wolfgang Bender. Stuttgart 1966.

Bodmer, Johann Jacob: *Johann Miltons Episches Gedichte von dem Verlohrnen Paradiese*. 1742. Nachdruck: Stuttgart 1965.

Böttiger, Carl August: »Klopstock und Wieland oder die Traubenpflege in Osmanstädt. Bruchstück aus Christoph Martin Wielands Denkwürdigkeiten vom Jahre 1797«. In: *Deutsches Museum* 4 (1813), 3-25.

Böttiger, Carl August: »Klopstock, im Sommer 1795. Ein Bruchstück aus meinem Tagebuche«. In: *Minerva* 6 (1814), 313-352.

Böttiger, Carl August: »Skizzen zu Klopstocks Porträt«. *Minerva* 8 (1816), 319-334.

Boileau[-Despréaux, Nicolas]: *Œuvres complètes*. F. Escal (Hg.). Paris, Bruges 1966.

Braun, Volker: *Gedichte*. Frankfurt a.M. 1979.

Braun, Volker: *Tumulus*. Frankfurt a.M. 1999.

Brecht, Bertolt: *Über Lyrik*. Berlin 1964.

Brecht, Bertolt: *Werke*. Große kommentierte Berliner und Frankfurter Ausgabe. Werner Hecht, Jan Knopf u.a. (Hgg.). Berlin, Weimar, Frankfurt 1988ff.

Breitinger, Johann Jacob: *Critische Abhandlung von der Natur, den Absichten und dem Gebrauche der Gleichnisse*. Zürich 1740a. Nachdruck mit Nachwort von Manfred Windfuhr: Stuttgart 1967.

Breitinger, Johann Jacob: *Critische Dichtkunst*. Zürich 1740b. Nachdruck mit Nachwort von Wolfgang Bender: Stuttgart 1966.

Breitinger, Johann Jacob: *Fortsetzung der Critischen Dichtkunst* [...]. Zürich 1740c. Nachdruck zus. mit *Critische Dichtkunst*, Stuttgart 1966.

Chabanon, Michel Paul Gui de: *Observations sur la* musique [...]. Paris 1779. Dt.: *Bemerkungen über die Musik*. Übers. von Johann Adam Hiller. In: J.A. Hiller (Hg.): *Ueber die Musik und deren Wirkungen* [...]. Leipzig 1781. Nachdruck: Leipzig 1981.

Coleridge, Samuel Taylor: *Biographia Literaria Or Biographical Sketches of My Literary Life and Opinions*. James Engell, W. Jackson Bate (Hgg.). (*The Collected Works of Samuel Taylor Coleridge*. Kathleen Coburn (Hg.). Bd. 7. Bollingen Series 75.) Princeton 1983.

[Cramer, Carl Friedrich:] *Klopstock. (In Fragmenten aus Briefen von Tellow an Elisa)*. 2 Teile. Hamburg 1777-1778. Nachdruck: Bern 1969-1971.

Cramer, Carl Friedrich: *Klopstock. Er; und über ihn.* 5 Teile. I: Hamburg 1780. II-III: Dessau 1781-1782. IV-V: Leipzig, Altona 1790-1792.

Cramer, Johann Andreas: *Poetische Übersetzung der Psalmen mit Abhandlungen über dieselben.* 4 Bde. Leipzig 1755-1764.

Czechowski, Heinz: »Über Klopstocks Modernität«. In: Hans-Georg Werner (Hg.): *Friedrich Gottlieb Klopstock. Werk und Wirkung* [...]. Berlin/DDR 1978, 87-95.

Czechowski, Heinz: »Klopstocks Modernität. Eine autobiographische Be-
kenntnisskizze«. In: Städtische Museen Quedlinburg (Hg.): *Das Erhabene
in der Dichtung: Klopstock und die Folgen* [...]. Halle 1997, 81-94.

Eichendorff, Joseph von: *Sämtliche Werke. Historisch-kritische Ausgabe.* W.
Kosch u.a. (Hgg.). Regensburg 1908ff.

Friedrich II., König von Preußen: »Über die deutsche Literatur; die Mängel, die man ihr vorwerfen kann; die Ursachen derselben und die Mittel,
sie zu verbessern«. Übers. von C.W. von Dohm [1780]. In: Horst Steinmetz (Hg.): *Friedrich II., König von Preußen, und die deutsche Literatur
des 18. Jahrhunderts.* Texte und Dokumente. Stuttgart 1985, 60-99,
Anm. 292-301.

Gellert, Christian Fürchtegott: *Die epistolographischen Schriften.* Faksimiledruck nach den Ausg. 1742 und 1751. Nachwort Reinhard M.G. Ni-
ckisch. Stuttgart 1971.
George, Stefan/Wolfskehl, Karl (Hgg.): *Deutsche Dichtung.* 3 Bde. Berlin
1900-1902.
Goethe, Johann Wolfgang von: *Sämtliche Werke. Briefe, Tagebücher und Ge-
spräche.* Friedmar Apel, Hendrik Birus u.a. (Hgg.). 40 Bde in 2 Abt.
Frankfurt a.M. 1985ff.
Gottsched, Johann Christoph: *Versuch einer Critischen Dichtkunst.* Leipzig
³1942. ⁴1751. Nachdruck der 4. Aufl.: Darmstadt 1962.
Gottsched, Johann Christoph: *Grundlegung einer Deutschen Sprachkunst,*
[...]. Leipzig ³1752.
Gottsched, Johann Christoph (Hg. u. Übers.): *Auszug aus des Herrn Batteux
[...] Schönen Künsten, aus dem einzigen Grundsatze der Nachahmung her-
geleitet.* [...] erläutert von J.C. Gottsched. Leipzig 1954.
Grabbe, Christian Dietrich: *Werke und Briefe. Historisch-kritische Gesamt-
ausgabe.* A. Bergmann (Hg.). 6 Bde. Emsdetten 1960-1973.

Hagedorn, Friedrich von: *Poetische Werke.* Johann J. Eschenburg (Hg.). 5
Teile. Hamburg 1800.
Hamann, Johann Georg: *Sämtliche Werke.* Historisch-kritische Ausgabe. Jo-
sef Nadler (Hg.). 6 Bde. Wien 1949-1957.
Hamann, Johann Georg: *Briefwechsel.* Walter Ziesemer, Arthur Henkel
(Hgg.). 5 Bde. Wiesbaden, Frankfurt a.M. 1955-1965.
Harsdoerffer, Georg Philipp: *Poetischer Trichter: Die Teutsche Dicht- und
Reim-Kunst / ohne Behuf der lateinischen Sprache / in VI. Stunden einzugie-
ßen.* 3 Bde. 1647-1653. Nachdruck: Darmstadt 1969.
Hegel, Georg Wilhelm Friedrich: *Sämtliche Werke.* Jubiläumsausgabe. H.
Glockner (Hg.). 26 Bde. Stuttgart 1927-1951.
Heine, Heinrich: *Sämtliche Werke.* Düsseldorfer Ausgabe. Manfred Wind-
fuhr (Hg.). Hamburg 1973ff.
Heißenbüttel, Helmut: »Friedrich Gottlieb Klopstock«. In: Jürgen Petersen
(Hg.): *Triffst du nur das Zauberwort. Stimmen von heute zur deutschen Ly-
rik.* Frankfurt a.M., Berlin 1961, 9-18.

Herder, Johann Gottfried: »Zwei Freunde ziehen hinweg, Gleim und Klopstock«. In: *Adrastea*. V, 1. Stück. Leipzig 1803, 98-102. Auch in: Herder
1877-1913, XXIV, 220-222.

Herder, Johann Gottfried: *Sämmtliche Werke*. Bernhard Suphan (Hg.). 33
Bde. Berlin 1877-1913.

Herder, Johann Gottfried: *Briefwechsel mit Caroline Flachsland*. Hans
Schauer (Hg.). 2 Bde. Schriften der Goethe-Gesellschaft 39 u. 41. Weimar 1926-1928.

Herder, Maria Carolina, geb. Flachsland, *Erinnerungen aus dem Leben Joh.
Gottfrieds von Herder*. Johann Georg Müller (Hg.). 2 Bde. Tübingen
1820.

Hiller, Johann Adam (Hg.): *Ueber die Musik und deren Wirkungen*. J.A.
Hiller (Hg. u. Übers.) [= Übersetzung mit Vorwort und Anm. von: Michel Paul Gui de Chabanon: *Observations sur la musique* [...]. Paris
1779]. Leipzig 1781. Nachdruck: Leipzig 1981.

Hölderlin, Friedrich: *Sämtliche Werke*. Große Stuttgarter Ausgabe. Friedrich
Beißner (Hg.). 8 Bde. Stuttgart 1943-1985.

Hölty, Ludwig Christoph Heinrich: *Sämtliche Werke*. W. Michael (Hg.). 2
Bde. Weimar 1914-1918.

Holz, Arno: *Revolution der Lyrik*. Berlin 1899.

Horaz: *Werke*. Lat./dt. Hans Färber u.a. (Hgg. u. Übers.). München [11]1993.

Jacobi, Friedrich Heinrich: *Auserlesener Briefwechsel*. 2 Bde. Leipzig 1825-
1827.

Kessler, Harry Graf: *Gesichter und Zeiten: Erinnerungen*. Berlin 1962.

Kleist, Heinrich von: *Sämtliche Werke und Briefe*. Ilse-Marie Barth u.a.
(Hgg.). 4 Bde. München 1987-1997.

Lange, Samuel Gotthold: *Horatzische Oden* [...]. Halle 1747.

Leibniz, Gottfried Wilhelm: *Werke*. Lat./dt., frz./dt. Hans Heinz Holz u.a.
(Hgg. u. Übers.). Darmstadt 1959ff.

Lessing, Gotthold Ephraim: *Sämtliche Schriften*. Karl Lachmann (Hg.). 3.
Aufl.: Franz Muncker (Hg.). 23 Bde. Stuttgart u.a. 1886-1924.

[Pseudo-]Longinus: *Vom Erhabenen*. Gr./dt. Otto Schönberger (Hg. u.
Übers.). Stuttgart 1988.

Lowth, Robert: *De sacra poesi Hebraeorum. Praelectiones Academicae*. Oxford
1753.

Lübbering, Anton (Hg.): »*Für Klopstock*«. *Ein Gedichtband des Göttinger
»Hains«, 1773*. Nach der Handschrift im Hamburger Klopstock-Nachlaß
[...] mit Nachw. u. Anm. Tübingen 1957.

Luther, Martin: *Biblia. Das ist die gantze Heilige Schrifft Deudsch auffs new
zugericht*. (Wittenberg 1545.) Hans Volz (Hg.). 3 Bde. München 1974.

Mahler, Gustav: *Symphonie Nr. 2 (c-moll) in fünf Sätzen für großes Orchester,
Sopran- und Altsolo und gemischten Chor*. Partitur. (*Sämtliche Werke*. Kri-
tische Gesamtausgabe. Internationale Mahler Gesellschaft (Hg.). Bd. II.)
Wien 1970.

Mahler, Gustav: *Briefe*. Mathias Hansen (Hg.). Leipzig 1985.

Matthisson, Friedrich von: *Gedichte*. Zürich 1803.

Matthisson, Friedrich von: *Erinnerungen*. 5 Teile. Zürich 1810-1816.

Meier, Georg Friedrich: *Beurtheilung des Heldengedichts, der Meßias*. Erstes Stück. Halle 1749. Erstes Stück: 2. Auflage u. Zweytes Stück. Halle 1752. Mikrofiche Ausgabe: *Bibliothek der deutschen Literatur*. Mikrofiche-Gesamtausgabe nach Angaben des Taschengoedeke. München u.a. 1995.

Merck, Johann Heinrich: *Werke*. Arthur Henkel (Hg.). Frankfurt a.M. 1968.

Mickel, Karl: *Gelehrtenrepublik. Aufsätze und Studien*. Halle (Saale) 1976. Neuausg.: Stuttgart 1990.

Miller, Johann Martin: *Siegwart. Eine Klostergeschichte*. 2 Bde. Leipzig 1776. Neudruck: Alain Faure (Hg.). Stuttgart 1971.

Mörike, Eduard: *Sämtliche Werke*. Helmut Koopmann (Hg.). 2 Bde. Düsseldorf, Zürich. Bd. I: ^{6}1997. Bd. II: ^{3}1996.

Mussolini, Benito: »La poesia di Klopstock dal 1789 al 1795.« In: *Pagine Libere* (Lugano) 2 (1908), 1227-1231. Dt: »Die Dichtung Klopstocks von 1789-1795. [Übers. u. Nachwort von Heinrich Lütcke.]« In: *Wille und Macht* 11 (1943), H. 6, 17-25. Wiederabdruck in: B. Mussolini: *Die Dichtung Klopstocks von 1789-1795, übers. von Heinrich Lütke, nebst vier zeitnahen Oden des Dichters*. Weimar 1944, 5-17.

Neefe, Christian Gottlob: *Oden von Klopstock und Melodien*. Flensburg, Leipzig 1776.

Neue Teutsche Merkur, Der, s. *Der Teutsche Merkur*.

Nietzsche, Friedrich: *Werke*. Kritische Gesamtausgabe. Giorgio Colli, Mazzino Montinari (Hgg.). Berlin, New York 1967ff.

Nietzsche, Friedrich: *Briefwechsel*. Kritische Gesamtausgabe. Giorgio Colli, Mazzino Montinari (Hgg.). Berlin, New York 1975ff.

Nordische Aufseher, Der. Johann Andreas Cramer (Hg.). 3 Bde. Kopenhagen, Leipzig 1758-1761.

Novalis: *Schriften: die Werke F. von Hardenbergs*. Paul Kluckhohn, R. Samuel (Hgg.). 2. erw. u. verb. Aufl. 4 Bde. Stuttgart 1960-1975.

Peucer, Daniel: *Erläuterte Anfangs-Gründe der Teutschen Oratorie, in kurzen Regeln und deutlichen Exempeln vor Anfänger entworffen*. Dresden ^{3}1744.

Pyra, Immanuel Jacob: *Über das Erhabene. Mit einer Einleitung und einem Anhang mit Briefen Bodmers, Langes und Pyras*. Carsten Zelle (Hg.). Frankfurt a.M. u.a. 1991.

Quintilianus, Marcus Fabius: *Institutionis oratoriae/Ausbildung des Redners*. Helmut Rahn (Hg. u. Übers.). 2 Bde. Darmstadt ^{2}1988.

Reichardt, Johann Friedrich: »Bardale« [Vertonung]. In: *Musikalisches Kunstmagazin* I, Stück 2 (1782), 60f.

Rilke, Rainer Maria/Kippenberg, Katharina: *Briefwechsel*. Bettina von Bomhard (Hg.). Wiesbaden 1954.

Rilke, Rainer Maria: *Werke*. Kommentierte Ausgabe. Manfred Engel, Ulrich Fülleborn u.a. (Hgg.). 4 Bde. Frankfurt a.M., Leipzig 1996.

Rühmkorf, Peter: *Die Jahre die Ihr kennt. Anfälle und Erinnerungen*. Reinbek bei Hamburg 1972.

Rühmkorf, Peter: *Walther von der Vogelweide, Klopstock und ich*. Reinbek bei Hamburg 1975.

Rühmkorf, Peter: *Gesammelte Gedichte*. Reinbek bei Hamburg 1976.

Schelling, Friedrich Wilhelm Joseph: *Sämmtliche Werke*. K.F.A. Schelling (Hg.). 2 Abt., 14 Bde. Stuttgart 1856-1861.

Schiller, Friedrich von: *Briefe*. Fritz Jonas (Hg.). Kritische Gesamtausgabe. 7 Bde. Stuttgart 1892-1896.

Schiller, Friedrich: *Werke*. Nationalausgabe. Begr. v. Julius Petersen. Weimar 1943ff.

Schlegel, August Wilhelm: »Die Sprachen. Ein Gespräch über Klopstocks grammatische Gespräche«. In: *Athenaeum*. Bd. I, 1. Stück. Berlin 1798.

Schlegel, August Wilhelm: »Der Wettstreit der Sprachen«. In: A.W. Schlegel: *Kritische Schriften*. Teil I. Berlin 1828, 179-257.

Schlegel, August Wilhelm: *Kritische Schriften und Briefe*. Edgar Lohner (Hg.). Bd. I: *Sprache und Poetik*. Stuttgart 1962.

Schlegel, Friedrich: [Rezension:] »Göthe's Werke. Erster bis Vierter Band [...] 1806« [Rezension 1808]. In: Julius W. Braun (Hg.): *Goethe im Urtheile seiner Zeitgenossen. Zeitungskritiken, Berichte, Notizen [...] aus den Jahren 1802-1812*. 3 Bde. Berlin 1883-1885, III, 171-202.

Schlegel, Friedrich: *Geschichte der alten und neuen Literatur*. Hans Eichner (Hg.). (Kritische Friedrich-Schlegel-Ausgabe. Ernst Behler (Hg.), Bd. VI). München u.a. 1961.

Schmidt, Arno: »Vorspiel«. In: *Das essayistische Werk zur deutschen Literatur*. 4 Bde. Zürich 1988a, I, 7-10.

Schmidt, Arno: »Klopstock oder Verkenne Dich selbst!«. In: Schmidt: *Dya Na Sore. Gespräche in einer Bibliothek*. Karlsruhe 1958, 310-355. Wiederabdruck u.a. in: *Das essayistische Werk zur deutschen Literatur*. 4 Bde. Zürich 1988b, I, 89-117.

Stolberg, Friedrich Leopold Graf zu: *Briefe Friedrich Leopolds Grafen zu Stolberg und der Seinigen an Johann Heinrich Voß* [...]. Otto Hellinghaus (Hg.). Münster i.W. 1891.

Stramm, August: *Die Dichtungen. Sämtliche Gedichte, Dramen, Prosa*. J. Adler (Hg.). München 1990.

Teutsche Merkur, Der (1773: *Der Deutsche Merkur*; ab 1790: *Der Neue Teutsche Merkur*). Christoph Martin Wieland (Hg.); ab 1796: Karl August Böttiger (Hg.). Weimar 1773-1810.

Voß, Johann Heinrich: »Grammatische Gespräche von Klopstock. 1794 (Eingeschlossen ein Urtheil über Adelungs Wörterbuch.)«. In: *Jenaische allgemeine Literaturzeitung*, Nr. 24-26 und 39-43 (1804), Sp. 185-208, 305-343.

Voß, Johann Heinrich: *Briefe, nebst erläuternden Beilagen.* Abraham Voß (Hg.). 3 Bde. Halberstadt 1829-1833. Nachdruck: Hildesheim 1971.

Walden, Herwarth/Silbermann, Peter (Hgg.): *Expressionistische Dichtungen vom Weltkrieg bis zur Gegenwart.* Berlin 1932.

Wieland, Christoph Martin: *Briefwechsel.* H.W. Seiffert (Hg.). Berlin 1963ff.

Young, Edward: *The Complaint; or, Night-Thoughts on Life, Death and Immortality.* London 1742-1745. Nachdruck: Leeds 1966.

[Young, Edward:] *Conjectures on Original Composition. In a letter to the author of Sir Charles Grandison* [= Samuel Richardson]. London 1759.

4. Forschungsliteratur

Aufgeführt sind vorwiegend Titel, auf die in diesem Band Bezug genommen wird. Eine umfassende, nach Sachbereichen gegliederte Bibliographie von den Anfängen der Klopstock-Forschung bis 1992 findet sich in *Bibliographie* und *Bibliographie 1972-1992*. Berücksichtigt werden dort sowohl Beziehungen zu Zeitgenossen als auch die posthume Rezeption.

Adler, H.G.: *Klopstock und die Musik: ein Versuch lebendiger Deutung.* Diss. Prag 1935.

Adler, Jeremy: »Nachwort«. In: August Stramm: *Die Dichtungen* [...]. J. Adler (Hg.). München 1990, 327-383.

Albertsen, Leif Ludwig: *Die freien Rhythmen. Bemerkungen im allgemeinen und zu Klopstock.* Aarhus 1971.

Albertsen, Leif Ludwig: *Neuere deutsche Metrik.* Bern u.a. 1984.

Albertsen, Leif Ludwig: »Religion und Geschmack. Klopstocks aufgeklärte Revision des Kirchenlieds«. In: Klaus Bohnen/Sven-Aage Jørgensen (Hgg.): *Der dänische Gesamtstaat. Kopenhagen, Kiel, Altona.* Tübingen 1992, 133-144.

Albertsen, Leif Ludwig: *Poetische Form bei Klopstock.* In: Hilliard/Kohl (1995), 68-79.

Alewyn, Richard: »Klopstocks Leser«. In: *Festschrift für Rainer Gruenter.* Bernhard Fabian (Hg.). Heidelberg 1978, 100-121.

Alewyn, Richard: »Klopstock!«. In: *Euphorion* 73 (1979), 357-364.

Apel, Friedmar: *Sprachbewegung. Eine historisch-poetologische Untersuchung zum Problem des Übersetzens.* Heidelberg 1982.

Arbogast, Hugo: *Die Erneuerung der deutschen Dichtersprache in den Frühwerken Stefan Georges. Eine stilgeschichtliche Untersuchung.* Köln 1967.

Arnold, Heinz Ludwig (Hg.): *Friedrich Gottlieb Klopstock.* Text und Kritik Sonderband. München 1981.

Aschheim, Steven E.: *The Nietzsche Legacy in Germany 1890-1990*. Berkeley/California u.a. 1992. Dt.: *Nietzsche und die Deutschen*. Stuttgart, Weimar 1996.

Bahner, Werner (Hg.): *Sprache und Kulturentwicklung im Blickfeld der deutschen Spätaufklärung. Der Beitrag J.C. Adelungs*. Berlin 1984.

Barner, Wilfried: »Res publica litteraria und das Nationale. Zu Lessings europäischer Orientierung«. In: W. Barner, Albert M. Reh (Hgg.): *Nation und Gelehrtenrepublik. Lessing im europäischen Zusammenhang*. (*Lessing Yearbook*, Sonderband.) Detroit, München 1984, 69-90.

Barner, Wilfried: »Über das Negieren von Tradition – Zur Typologie literaturprogrammatischer Epochenwenden in Deutschland«. In: Reinhard Herzog/Reinhart Koselleck (Hgg.): *Epochenschwelle und Epochenbewußtsein*. München 1987, 3-51.

Barner, Wilfried: »Goethes Bild von der deutschen Literatur der Aufklärung. Zum Siebenten Buch von *Dichtung und Wahrheit*«. In: Wolfgang Frühwald, Albert Martino (Hgg.): *Zwischen Aufklärung und Restauration. Sozialer Wandel in der deutschen Literatur (1700-1848)*. Festschrift für Wolfgang Martens. Tübingen 1989, 283-305.

Baudusch, Renate: »Klopstock und Adelung. Ein Beitrag zur Geschichte der Sprachwissenschaft im 18. Jahrhundert«. In: Bahner (1984), 173-179.

Baudusch-Walker, Renate: *Klopstock als Sprachwissenschaftler und Orthographiereformer. Ein Beitrag zur Geschichte der deutschen Grammatik im 18. Jahrhundert*. Berlin 1958.

Beck, Adolf/Raabe, Paul (Hgg.): *Hölderlin. Eine Chronik in Text und Bild*. Frankfurt a.M. 1970.

Beck, Angelika: *»Der Bund ist ewig«. Zur Physiognomie einer Lebensform im 18. Jahrhundert*. Erlangen 1982.

»Begegnungen mit Klopstock. Einige Antworten zu seinem 250. Geburtstag«. In: *Süddeutsche Zeitung*, 6./7. Juli 1974, S. 98.

Beißner, Friedrich: *Klopstocks vaterländische Dramen*. Weimar 1942.

Beißner, Friedrich: »Einführung in Hölderlins Lyrik«. In: Friedrich Hölderlin: *Sämtliche Werke*. Kleine Stuttgarter Ausgabe. F. Beißner (Hg.). Bd. II: Stuttgart 1953, 499-511.

Bender, Wolfgang: »Johann Jacob Bodmer und Johann Miltons ›Verlorenes Paradies‹«. *Jahrbuch der Deutschen Schillergesellschaft* 11 (1967), 225-267.

Bender, Wolfgang: *Johann Jakob Bodmer und Johann Jakob Breitinger*. Stuttgart 1973.

Benning, Hildegard: »*Ut Pictura Poesis – Ut Musica Poesis*. Paradigmenwechsel im poetologischen Denken Klopstocks«. In: Hilliard/Kohl (1995), 80-96.

Benning, Hildegard: *Rhetorische Ästhetik. Die poetologische Konzeption Klopstocks im Kontext der Dichtungstheorie des 18. Jahrhunderts*. Stuttgart 1997.

Betteridge, Harold T.: »Klopstock's contacts with Weimar«. In: *Publications of the English Goethe Society* 24 (1955), 53-76.

Bettex, Albert: *Der Kampf um das klassische Weimar 1788-1798. Antiklassische Strömungen in der deutschen Literatur vor dem Beginn der Romantik.* Zürich, Leipzig 1935.

Beutin, Wolfgang/Ehlert, Klaus u.a.: *Deutsche Literaturgeschichte. Von den Anfängen bis zur Gegenwart.* Stuttgart, Weimar [5]1994.

Bjorklund, Beth: »Klopstock's Poetic Innovations: The Emergence of German as a Prosodic Language«. In: *Germanic Review* 56 (1981), 20-27.

Blackall, Eric A.: *The Emergence of German as a Literary Language 1700-1775.* Cambridge 1959. 2. Aufl.: Ithaca 1978. Dt.: *Die Entwicklung des Deutschen zur Literatursprache 1700-1775.* Stuttgart 1966.

Blitz, Hans-Martin: »›Gieb, Vater, mir ein Schwert!‹. Identitätskonzepte und Feindbilder in der ›patriotischen‹ Lyrik Klopstocks und des Göttinger ›Hain‹«. In: Herrmann/Blitz/Moßmann (1996), 80-122.

Bloom, Harold: *The Anxiety of Influence: A Theory of Poetry.* New York, Oxford 1973.

Bloom, Harold: *Agon. Towards a Theory of Revisionism.* New York, Oxford 1982.

Bloom, Harold: *The Western Canon. The Books and School of the Ages.* New York 1994. London 1996.

Blumenberg, Hans: *Arbeit am Mythos.* Frankfurt a.M. 1979. [4]1986.

Böckmann, Paul: *Formgeschichte der deutschen Dichtung.* Bd. I: *Von der Sinnbildsprache zur Ausdruckssprache* [...]. Hamburg 1949, [4]1973.

Böger, Irmgard: *Bewegung als formendes Gesetz in Klopstocks Oden.* Berlin 1939. Nachdruck: Nendeln/Liechtenstein 1967.

Böschenstein, Bernhard: »Klopstock als Lehrer Hölderlins. Die Mythisierung von Freundschaft und Dichtung. (»An des Dichters Freunde«). In: *Hölderlin-Jahrbuch* 17 (1971/1972), 30-42.

Bohnen, Klaus: »Der Kopenhagener Kreis und der *Nordische Aufseher*«. In: K.Bohnen/Sven-Aage Jørgensen (Hgg.): *Der dänische Gesamtstaat. Kopenhagen - Kiel - Altona.* Wolfenbütteler Studien zur Aufklärung 18. Tübingen 1992, 161-179.

Botnikowa, A.B.: »Klopstock-Aufnahme in der russischen Literatur seiner Zeit«. In: Werner (1978), 63-75.

Boxberger, Robert: »Die Sprache Klopstocks in den ›Räubern‹«. In: *Neue Jahrbücher für Philologie und Pädagogik* 98 (1868), 87-93.

Braun, Julius W.: *Goethe im Urtheile seiner Zeitgenossen.* 3 Bde. Berlin 1883-85.

Breuer, Dieter: *Deutsche Metrik und Versgeschichte.* München 1981.

Carrdus, Anna: »»Und mir's vom Aug' durchs Herz hindurch / In'n Griffel schmachtete —‹: Rhetoric in Goethe's ›Erlebnislyrik‹«. In: *Publications of the English Goethe Society* 62 (1993), 35-58.

Carrdus, Anna: *Classical Rhetoric and the German Poet 1620 to the Present. A Study of Opitz, Bürger and Eichendorff.* Oxford 1996.

Carroll, James Philip: *From Erasmus to Klopstock: Fame and the Republic of Letters.* Diss. Washington 1991.

Couch, Leonard: *Klopstock in England: a chapter in Anglo-German literary relation.* Diss. (Masch.). London 1928.

Culler, Jonathan: »Apostrophe«. In: *The Pursuit of Signs. Semiotics, Literature, Deconstruction*. London 1981, 135-154.

Dilthey, Wilhelm: »Klopstock«. In: Georg Misch/Hermann Nohl (Hgg.): *Von deutscher Dichtung und Musik. Aus den Studien zur Geschichte des deutschen Geistes*. Leipzig, Berlin 1933.

Dockhorn, Klaus: *Macht und Wirkung der Rhetorik. Vier Aufsätze zur Ideengeschichte der Vormoderne*. Bad Homburg v. d. H. 1968.

Dräger, Jörn: *Typologie und Emblematik in Klopstocks »Messias«*. Diss. Göttingen 1971.

Dreyfus, Laurence: *Bach and the Patterns of Invention*. Cambridge/Mass., London 1996.

Düntzer, Heinrich: *Klopstocks Oden. Erläutert*. 6 Hefte. Wenigen-Jena 1860-1861. 2. Aufl.: Leipzig 1878.

Dyck, Joachim: *Ticht-Kunst: Deutsche Barockpoetik und rhetorische Tradition*. Bad Homburg v.d.H. u.a. 1966.

Dyck, Joachim: »Apologetic Argumentation in the Literary Theory of the German Baroque«. In: *Journal of English and Germanic Philology* 68 (1969a), 197-211.

Dyck, Joachim: »Philosoph, Historiker, Orator und Poet: Rhetorik als Verständnishorizont der Literaturtheorie des XVII. Jahrhunderts«. *Arcadia* 4 (1969b), 1-15.

Dyck, Joachim: *Athen und Jerusalem. Die Tradition der argumentativen Verknüpfung von Bibel und Poesie im 17. und 18. Jahrhundert*. München 1977.

Eberle, Dieter: *Die publizistische Situation im Sturm und Drang nach Klopstocks »Deutscher Gelehrtenrepublik«*. Diss. Leipzig 1951.

Eggers, Hans: »Deutsche Gegenwartssprache im Wandel der Gesellschaft«. In: *Sprache, Gegenwart und Geschichte. Probleme der Synchronie und Diachronie. (Sprache der Gegenwart*. Hugo Moser u.a. (Hgg.). Jahrbuch 1968.) Düsseldorf 1969, 9-29.

Eibl, Karl: *Die Entstehung der Poesie*. Frankfurt a.M., Leipzig 1995.

Eichinger, Ludwig M./Lüsebrink, Claire: »Gespräche über die Sprache«. In: Brigitte Schlieben-Lange (Hg.): *Fachgespräche in Aufklärung und Revolution*. Tübingen 1989, 197-240.

Einstein, Alfred: *Gluck. Sein Leben – seine Werke*. [Engl. 1936, dt. 1954.] Überarb. Neuausg.: Kassel 1987.

Elit, Stefan: *Klopstocks Horazübersetzung*. Schriftliche Hausarbeit, 1. Staatsprüfung für das Lehramt für die Sekundarstufe II/I. Bonn 1997.

Essen, Gesa von: *Hermannsschlachten. Germanen- und Römerbilder in der Literatur des 18. und 19. Jahrhunderts*. Göttingen 1998.

Fechner, Jörg-Ulrich: »›seɾ fiḷ foɾtrefl.‹? Zeitgenössische Übersetzungen von Werken Klopstocks und die Frage nach der Epochenschwelle«. In: Hilliard/Kohl (1995), 132-151.

Feldt, Michael: *Lyrik als Erlebnislyrik. Zur Geschichte eines Literatur- und Mentalitätstypus zwischen 1600 und 1900*. Heidelberg 1990.

Fischer, Bernd: *Das Eigene und das Eigentliche: Klopstock, Herder, Fichte, Kleist. Episoden aus der Konstruktionsgeschichte nationaler Intentionalitäten.* Berlin 1995.

Fischer-Dieskau, Dietrich: *Auf den Spuren der Schubert-Lieder. Werden – Wesen – Wirkung.* Wiesbaden 1971.

Fischer-Dieskau, Dietrich: »*Weil nicht alle Blütenträume reiften«. Johann Friedrich Reichardt, Hofkapellmeister dreier Preußenkönige. Porträt und Selbstporträt.* Stuttgart 1992.

Fittbogen, Gottfried: *Die sprachliche und metrische Form der Hymnen Goethes. Genetisch dargestellt.* Halle 1909.

Fleischhauer, Günter: »Telemann und Klopstock«. In: *Studien zur Aufführungspraxis und Interpretation von Instrumentalmusik des 18. Jahrhunderts.* Heft 5: *Aufsätze zur Aufführungspraxis.* Blankenburg 1978.

Förster, Herta: *Klopstock – Horaz in Leben und Dichtung. Ein Beitrag zu den Oden.* Diss. (Masch.). Wien 1939.

Freivogel, Max: *Der heilige Dichter.* Bern 1954.

Freydank, Dietrich: »Klopstock und der russische Hexameter«. In: Werner (1978), 83-86.

Friedrich, Cäcilia: »Klopstocks Bardiet ›Hermanns Schlacht‹ und seine Nachgeschichte«. In: Werner (1978), 237-246.

Gabriel, Norbert: *Studien zur Geschichte der deutschen Hymne.* München 1992.

Garbe, Burckhard: »Klopstocks Vorschläge zur Rechtschreibreform«. In: Arnold (1981), 45-58.

Gervinus, Georg Gottfried: *Geschichte der poetischen National-Literatur der Deutschen.* 5 Bde. Leipzig 1835-1842.

Gill, David L.W.: »Klopstock's ›Die Frühlingsfeier‹ and Faust's first monologue – a comparison«. In: *German Life and Letters* NF 15 (1961-1962), 25-27.

Gilman, Sander L./Blair, Carole/Parent, David J. (Hgg.): *Friedrich Nietzsche on Rhetoric and Language.* New York, Oxford 1989.

Goldfriedrich, Johann: *Geschichte des Deutschen Buchhandels vom Beginn der klassischen Litteraturperiode bis zum Beginn der Fremdherrschaft (1740-1804).* Leipzig 1909. (= Kapp, Friedrich/Goldfriedrich, Johann: *Geschichte des Deutschen Buchhandels.* 3 Bde. Leipzig 1886-1923, Bd. III. Nachdruck: Leipzig 1970.)

Goldhahn, Johannes: »Über einen Versuch Bertolt Brechts, Klopstock produktiv zu lesen«. In: Werner (1978), 275-286.

Griffith, Mark: »Contest and Contradiction in Early Greek Poetry«. In: M. Griffith/D.J. Mastronarde: *Cabinet of the Muses: Essays on Classical and Comparative Literature in Honor of Thomas G. Rosenmeyer.* Atlanta 1990, 185-207.

Grimm, Jacob und Wilhelm: *Deutsches Wörterbuch.* 33 Bde. Leipzig 1854-1971. Nachdruck: München 1984.

Gronemeyer, Horst: »Klopstocks Stellung in der Hamburger Gesellschaft«. In: Inge Stephan/Hans-Gerd Winter (Hgg.): *Hamburg im Zeitalter der Aufklärung.* Berlin 1989, 284-304.

Große, Wilhelm: *Studien zu Klopstocks Poetik*. München 1977.

Große, Wilhelm: »›Von dem Range der schönen Künste und der schönen Wissenschaften‹ – Klopstocks poetologische Programmschrift«. In: Arnold (1981), 29-44.

Großer, Paul: *Der Junge Klopstock im Urteil seiner Zeit* [...]. Würzburg 1937.

Grundlehner, Philip: *The Poetry of Friedrich Nietzsche*. New York, Oxford 1986.

Gundolf, Friedrich: *Goethe*. Berlin 1922.

Gutzen, Dieter: *Poesie der Bibel. Beobachtungen zu ihrer Entdeckung und ihrer Interpretation im 18. Jahrhundert*. Diss. Bonn 1972.

Haferkorn, Hans Jürgen: »Der freie Schriftsteller. Eine literatur-soziologische Studie über seine Entstehung und Lage in Deutschland zwischen 1750 und 1800«. In: *Börsenblatt für den Deutschen Buchhandel*, Frankfurter Ausgabe 19 (1963), 125-219. Auch in: *Archiv für Geschichte des Buchwesens* 5 (1964), Sp. 523-712.

Hafner, Bernhard Jonas: *Darstellung. Die Entwicklung des Darstellungsbegriffs von Leibniz bis Kant und sein Anfang in der antiken Mimesis und der mittelalterlichen Repraesentatio*. Diss. Düsseldorf 1974.

Hamel, Richard: »Einleitung«. In: *Klopstocks Werke*. R. Hamel (Hg.). 4 Bde. (*Deutsche National-Litteratur*. J. Kürschner (Hg.). Bd. 46/1.) Berlin, Stuttgart [1884a], Bd. I, v-cxxxvi.

Hartung, Günter: »Wirkungen Klopstocks im 19. und 20. Jahrhundert«. In: Werner (1978), 211-235.

Haverkamp, Anselm: *Klopstock als Paradigma der Rezeptionsästhetik*. Diss. (Masch.) Konstanz 1982.

Haverkamp, Anselm: »Heteronomie: Mickels ›Klopstock‹. Milton, Klopstock, Dante, Brecht und die epische Tradition«. In: *Weimarer Beiträge* 38 (1992), 5-18.

Hebeisen, Dagmar: *Die Cidli-Oden: Zu Klopstocks Lyrik um 1750*. Frankfurt a.M., New York 1998.

Hecker, Max/Petersen, J.: *Schillers Persönlichkeit. Urtheile der Zeitgenossen und Dokumente*. 3 Teile. I: M. Hecker (Hg.). II-III: J. Petersen (Hg.). Weimar 1904-1909.

Hellingrath, Norbert von: *Pindarübertragungen von Hölderlin. Prolegomena zu einer Erstausgabe*. Jena 1911.

Hellmann, Hanna: »Kleists Penthesilea und Klopstocks Hermann und die Fürsten«. In: *Zeitschrift für den deutschen Unterricht* 33 (1919), 469-473.

Hellmuth, Hans-Heinrich: *Metrische Erfindung und metrische Theorie bei Klopstock*. München 1973.

Henkel, Arthur/Schöne, Albrecht (Hgg.): *Emblemata. Handbuch zur Sinnbildkunst des XVI. und XVII. Jahrhunderts*. [1967]. Taschenausgabe: Stuttgart, Weimar 1996.

Herbst, Wilhelm: *Johann Heinrich Voß*. 3 Bde. Leipzig 1872-1876. Neudruck: Berlin 1975.

Herrmann, Hans Peter/Blitz, Hans-Martin/Moßmann, Susanna: *Machtphantasie Deutschland. Nationalismus, Männlichkeit und Fremdenhaß im Vaterlandsdiskurs deutscher Schriftsteller des 18. Jahrhunderts*. Frankfurt a.M. 1996.

Herzog, Paul: *Klopstocks Verhältnis zum Sturm und Drang*, Diss. (Masch.). Basel 1925.

Hilliard, Kevin: »What the Seer Saw: Klopstock's Journey to Switzerland in 1750«. In: *Modern Language Review* 81 (1986), 655-665.

Hilliard, Kevin: *Philosophy, Letters, and the Fine Arts in Klopstock's Thought*. London 1987a.

Hilliard, Kevin: »›Stammelnd Gered‹ und ›der Engel Sprach‹«: Probleme der Rede bei Klopstock. In: *Deutsche Vierteljahrsschrift für Literaturwissenschaft und Geistesgeschichte* 61 (1987b), 266-297.

Hilliard, Kevin: »Klopstock in den Jahren 1764 bis 1770: Metrische Erfindung und die Wiedergeburt der Dichtung aus dem Geiste des Eislaufs«. In: *Jahrbuch der Deutschen Schillergesellschaft* 33 (1989), 145-184.

Hilliard, Kevin: »Klopstocks Tempel des Ruhms«. In: Hilliard/Kohl (1995), 221-240.

Hilliard, Kevin: »Schweigen und Benennen bei Klopstock und anderen Dichtern«. In: Städtische Museen Quedlinburg (1997), 13-34.

Hilliard, Kevin/Kohl, Katrin (Hgg.): *Klopstock an der Grenze der Epochen. Mit Klopstock-Bibliographie 1972-1992* von Helmut Riege. Berlin, New York 1995.

Hirsch, Erhard: »Klopstock und die Pädagogen des XVIII. und XIX. Jahrhunderts«. In: Werner (1978), 125-142.

Höpker-Herberg, Elisabeth: »Der Tod der Meta Klopstock. Ein Versuch über des Dichters Auffassungen vom Tode«. In: Jansen, Hans Helmut (Hg.): *Der Tod in Dichtung, Philosophie und Kunst*. Darmstadt 1978, 189-201. Veränd. Wiederabdruck: [2]1989, 249-265.

Höpker-Herberg, Elisabeth (Hg.): F.G. Klopstock: *Der Messias. Gesang I-III. Text des Erstdrucks von 1748*. Studienausgabe. Stuttgart 1986.

Höpker-Herberg, Elisabeth: »Oden von F.G. Klopstock«. In: Walter Jens (Hg.): *Kindlers Neues Literatur Lexikon*. München 1990, 519-521.

Höpker-Herberg, Elisabeth: »›Paradise Lost‹ und ›Messias‹. Ermittlung eines nicht ausgeführten Konzepts der Episode vom Weltgericht«. In: Gunter Martens/Winfried Woesler (Hgg.): *Edition als Wissenschaft*. Festschrift für Hans Zeller. Tübingen 1991, 44-52.

Höpker-Herberg, Elisabeth/Hurlebusch, Rose-Maria: »Die Hamburger Klopstock-Ausgabe [...]«. In: *Jahrbuch für Internationale Germanistik* 3 (1971), 243-270.

Hoffmeister, Gerhart: *Deutsche und europäische Barockliteratur*. Stuttgart 1987.

Hurlebusch, Klaus: »Dänemark – Klopstocks ›zweites Vaterland‹?«. In: Klaus Bohnen/Sven-Aage Jørgensen/Friedrich Schmöe (Hgg.): *Deutsch-dänische Literaturbeziehungen im 18. Jahrhundert.[...]. Text und Kontext*. Sonderreihe 5. München 1979, 75-104.

Hurlebusch, Klaus: »Zur Edition von Klopstocks Oden«, in: *Zeitschrift für deutsche Philologie* 101 (1982). Sonderheft: *Probleme neugermanistischer Edition*, 139-162.

Hurlebusch, Klaus: »Friedrich Gottlieb Klopstock«. In: Gunter E. Grimm/ Frank R. Max (Hgg.): *Deutsche Dichter. Leben und Werk deutschsprachiger*

Autoren vom Mittelalter bis zur Gegenwart. Bd. III: *Aufklärung und Emp-findsamkeit.* Stuttgart 1988, 150-176.

Hurlebusch, Klaus: [Rezension:] »Hilliard, Kevin: Philosophy, letters and the fine arts in Klopstock's thought [...] 1987« In: *Germanistik* 30 (1989a), 692f.

Hurlebusch, Klaus: [Rezension:] »Zimmermann, Harro: Freiheit und Ge-schichte [...] 1987«. In: *Germanistik* 30 (1989b), 693.

Hurlebusch, Klaus: [Rezension:] »Harro Zimmermann, Freiheit und Ge-schichte [...] 1987«. In: *Aufklärung* 4/2 (1989c), 135-138.

Hurlebusch, Klaus: »Klopstock, Friedrich Gottlieb«. In: Gerhard Müller u.a. (Hgg.): *Theologische Realenzyklopädie.* Bd. XIX. Berlin 1990, 271-275.

Hurlebusch, Klaus: »Den Autor besser verstehen: aus seiner Arbeitsweise. Prolegomenon zu einer Hermeneutik textgenetischen Schreibens«. In: Hans Zeller/Gunter Martens (Hgg.): *Textgenetische Edition.* Beiheft zu *editio.* Tübingen 1998.

Hurlebusch, Rose-Maria: »Zum Briefwechsel zwischen Klopstock und Gleim«. In: Gleimhaus (Hg.): *Festschrift zur 250. Wiederkehr der Geburts-tage von [J.W.L.] Gleim und [M.G.] Lichtwer* [...]. Gerlinde Wappler (Re-daktion). Halberstadt 1969, 81-100.

Hurlebusch, Rose-Maria/Schneider, Karl Ludwig: »Die Gelehrten und die Großen. Klopstocks ›Wiener Plan‹«. In: Fritz Hartmann/Rudolf Vierhaus (Hgg.): *Der Akademiegedanke im 17. und 18. Jahrhundert.* Wolfenbütte-ler Forschungen 3. Bremen 1977.

Ingen, Ferdinand van: »Goethes Hymnen und die zeitgenössische Poetik«. In: Wittkowski, Wolfgang (Hg.): *Goethe im Kontext.* Tübingen 1984, 1-19.

Jacob, Joachim: *Heilige Poesie: Zu einem literarischen Modell bei Pyra, Klop-stock und Wieland.* Tübingen 1997.

Jäger, Ludwig: *Seitenwechsel. Der Fall Schneider/Schwerte und die Diskretion der Germanistik.* München 1998.

Jeßing, Benedikt: *Johann Wolfgang Goethe.* Stuttgart, Weimar 1995.

Jeßing, Benedikt: »Dichtung und Wahrheit«. In: Bernd Witte/Theo Buck u.a. (Hgg.): *Goethe Handbuch.* 4 Bde. Stuttgart, Weimar 1996ff., Bd. III, 278-330.

Jørgensen, Sven Aage/Bohnen, Klaus/Øhrgaard, Per: *Geschichte der deut-schen Literatur 1740-1789. Aufklärung, Sturm und Drang, frühe Klassik.* (= R. Newald/H. de Boor: *Geschichte der deutschen Literatur von den An-fängen bis zur Gegenwart,* Bd. VI/1), München 1990.

Kaiser, Gerhard: *Pietismus und Patriotismus im literarischen Deutschland: Ein Beitrag zum Problem der Säkularisation.* Wiesbaden 1961. 2. ergänzte Aufl. Frankfurt a.M. 1973.

Kaiser, Gerhard: »›Denken‹ und ›Empfinden‹: ein Beitrag zur Sprache und Poetik Klopstocks«. [1961]. Überarb. Fassung in: Arnold (1981), 10-28.

Kaiser, Gerhard: *Klopstock. Religion und Dichtung*. Gütersloh 1963. Kronberg/Ts. [2]1975.

Kaußmann, Ernst: *Der Stil der Oden Klopstocks*. Diss. Leipzig 1931.

Kelletat, Alfred: »Zum Problem der antiken Metren im Deutschen«. In: *Der Deutschunterricht* 16 (1964), Heft 6, 50-85.

Kelletat, Alfred (Hg.): *Der Göttinger Hain*. Stuttgart 1967.

Kiesel, Helmuth/Münch, Paul: *Gesellschaft und Literatur im 18. Jahrhundert. Voraussetzungen und Entstehung des literarischen Markts in Deutschland*. München 1977.

Kind, John L.: *Edward Young in Germany. Historical Surveys, Influence upon German Literature, Bibliography*. New York 1966.

Kindt, Karl: *Klopstock*. Berlin-Spandau 1941, [2]1948.

King, Robert D.: »In Defense of Klopstock as Spelling Reformer: A Linguistic Appraisal«. In: *Journal of English and Germanic Philology* 66 (1967), 369-382.

Kippenberg, Katharina: *Rainer Maria Rilke. Ein Beitrag*. Leipzig 1935.

Kirschstein, Max: »Briefe Nicolais an Gerstenberg«. In: *Euphorion* 28 (1927), 337-348.

Kirschstein, Max: *Klopstocks Deutsche Gelehrtenrepublik*. Berlin, Leipzig 1928.

Knörrich, Otto (Hg.): *Formen der Literatur*. Stuttgart [2]1991.

Koch, Manfred: »Schöngeistige Literatur und Mäzenatentum. Der dänische Hof und seine Pensionszuwendungen an Klopstock, M. Claudius, J.G. Müller und Hebbel«. In: Ritter, Alexander (Hg.): *Freier Schriftsteller in der europäischen Aufklärung. Johann Gottwerth Müller von Itzehoe*. Heide/Holstein 1986, 33-61.

Kohl, Katrin: *Rhetoric, the Bible, and the Origins of Free Verse. The Early »Hymns« of Friedrich Gottlieb Klopstock*. Berlin, New York 1990a.

Kohl, Katrin: »›Wir wollen weniger erhoben, und fleißiger gelesen sein‹: Klopstock's Sublime Aspirations and their Role in the Development of German Poetry«. In: *Publications of the English Goethe Society* 60 (1990b), 39-62.

Kohl, Katrin: »›Sey mir gegrüßet!‹ Sprechakte in der Lyrik Klopstocks und seiner deutschen Zeitgenossen«. In: Hilliard/Kohl (1995), 7-32.

Kohl, Katrin: »Klopstock und das Erhabene in der Lyrik des zwanzigsten Jahrhunderts«. In: Städtische Museen Quedlinburg (1997), 55-78.

Kohl, Katrin: »›Ruf-Stufen hinan‹: Rilkes Auseinandersetzung mit dem Erhabenen im Kontext der deutschen Moderne«. In: Adrian Stevens/Fred Wagner (Hgg.): *Rilke und die Moderne*. München, London 2000, 165-180.

Kommerell, Max: »Klopstock«. In: *Der Dichter als Führer in der deutschen Klassik. Klopstock, Herder, Goethe, Schiller, Jean Paul, Hölderlin*. Berlin 1928, 9-60.

Kondylis, Panajotis: *Die Aufklärung im Rahmen des neuzeitlichen Rationalismus*. Stuttgart 1981.

Kozielek, Gerhard: »Klopstocks ›Gelehrtenrepublik‹ in der zeitgenössischen Kritik«. In: Werner (1978), 49-61.

Kraft, Werner: »Klopstocks Epigramme«. In: W. Kraft: *Herz und Geist. Gesammelte Aufsätze zur deutschen Literatur.* Wien 1989, 123-135.

Kranefuss, Annelen: »Klopstock und der Göttinger Hain«. In: Walter Hinck (Hg.): *Sturm und Drang. Ein literaturwissenschaftliches Studienbuch.* Kronberg/Ts. 1978, 134-174.

Kroll, Karin: *Klopstocks Bedeutung für Hölderlins Lyrik.* Diss. (Masch.) Kiel 1960.

Krolop, Kurt: »Klopstock und Karl Kraus«. In: Werner (1978), 255-274.

Krummacher, Hans-Henrik: »Bibelwort und hymnisches Sprechen bei Klopstock«. In: *Jahrbuch der Deutschen Schillergesellschaft* 13 (1969), 155-179.

Krummacher, Hans-Henrik: »Friedrich Gottlieb Klopstock«. In: Benno von Wiese (Hg.): *Deutsche Dichter des 18. Jahrhunderts. Ihr Leben und Werk.* Berlin 1977, 190-209.

Kurz, Paul Konrad: *Psalmen vom Expressionismus bis zur Gegenwart.* Freiburg u.a. 1978.

Lange, Bernhard: »Klopstock und sein Verleger Göschen«. In: *Leipzig* 1 (1924), 67-69.

Langen, August: »Verbale Dynamik in der dichterischen Landschaftsschilderung des 18. Jahrhunderts«. In: *Zeitschrift für deutsche Philologie* 70 (1948/49), 249-318.

Langen, August: *Deutsche Sprachgeschichte vom Barock bis zur Gegenwart.* In: Wolfgang Stammler (Hg.): *Deutsche Philologie im Aufriß.* Bd. I. Berlin 1952. Sp. 1077-1522. 2. Aufl. [unverändert]: 1957, Sp. 931-1396.

Langen, August: »Klopstocks sprachgeschichtliche Bedeutung«. In: *Wirkendes Wort* 3 (1952/53), 330-346.

Langen, August: *Der Wortschatz des deutschen Pietismus.* Tübingen 1954.

Langen, August: »Der Wortschatz des 18. Jahrhunderts«. In: Friedrich Maurer/Friedrich Stroh: *Deutsche Wortgeschichte.* Bd. II: Berlin ²1959, 23-222.

Langen, August: »Zum Problem der sprachlichen Säkularisation in der deutschen Dichtung des 18. und 19. Jahrhunderts«. In: *Zeitschrift für deutsche Philologie* 83 (1964), Sonderheft, 24-42.

Langen, August: *Dialogisches Spiel. Formen und Wandlungen des Wechselgesangs in der deutschen Dichtung (1600-1900).* Heidelberg 1966.

Lee, Meredith: »The Imperiled Poet: Images of Shipwreck and Drowning in Three Klopstock Odes«. In: *Lessing Yearbook* 12 (1980), 43-61.

Lee, Meredith: »Klopstock's Temple Imagery«. In: *Lessing-Yearbook* 12 (1981) 43-61.

Lee, Meredith: »Eingeleiert in Klopstocks Rhythmik: *Der Messias* und Goethes Fragment ›Der ewige Jude‹«. In: Hilliard/Kohl (1995), 117-131.

Lee, Meredith: »Klopstock, Friedrich Gottlieb«. In: Bernd Witte/Theo Buck u.a. (Hgg.): *Goethe Handbuch.* 4 Bde. Stuttgart, Weimar 1996ff., IV/1, 611-613.

Lee, Meredith: *Displacing Authority: Goethe's Poetic Reception of Klopstock.* Heidelberg 1999.

Legband, Paul: »Klopstock und Goethe«. *Goethe-Jahrbuch* 25 (1904), 142-155.

Leppmann, Wolfgang: »Goethe im Deutschunterricht«. In: *Publications of the Modern Language Association of America* 75 (1960), 540-562.

Lerchner, Gotthard: »›...daß es die guten Schriftsteller sind, welche die wahre Schriftsprache eines Volkes bilden‹. Zur sprachgeschichtlichen Bedeutsamkeit der Auseinandersetzung zwischen Wieland und Adelung«. In: Bahner (1984), 109-115.

Levy, Siegfried: *Klopstock und die Antike*. Diss. (Masch.) München 1923.

Lohmeier, Dieter: *Herder und Klopstock. Herders Auseinandersetzung mit der Persönlichkeit und dem Werk Klopstocks*. Bad Homburg v.d.H. 1968.

Lorenz, Karl: *Klopstocks und Goethes Lyrik. Ein Beitrag zur Behandlung der Klassenlektüre*. Teil I: »Klopstock«. Programm Kreuzburg 1892.

Lovejoy, Arthur O.: *The Great Chain of Being. A Study of the History of an Idea*. 1936. Cambridge/Mass. [2]1964. Dt.: *Die große Kette der Wesen. Geschichte eines Gedankens*. Frankfurt a.M. 1993.

Lübbering, Anton (Hg.): »*Für Klopstock«. Ein Gedichtband des Göttinger »Hains«, 1773* [...]. Tübingen 1957.

Lüchow, Annette: »›Die heilige Cohorte‹. Klopstock und der Göttinger Hainbund«. In: Hilliard/Kohl (1995), 152-220.

Lühr, Rosemarie: »F.G. Klopstocks Fragmente über die deutsche Sprache. Von der Wortfolge«. In: *Sprachwissenschaft* 13 (1988), 198-256.

Luehrs, Phoebe M.: *Der Nordische Aufseher. Ein Beitrag zur Geschichte der moralischen Wochenschriften*. Diss. Heidelberg 1909.

Lyon, Otto: *Goethes Verhältnis zu Klopstock. Ihre geistigen, litterarischen und persönlichen Beziehungen*. Leipzig 1882.

Magon, Leopold: *Ein Jahrhundert geistiger und literarischer Beziehungen zwischen Deutschland und Skandinavien, 1750-1850*. Bd. I: *Die Klopstockzeit in Dänemark. Johannes Ewald*. Dortmund 1926.

Mahr, Johannes: »›Die Regeln gehören zu meiner Materie nicht.‹ Die poetischen Schriften von Friedrich Gottlieb Klopstock«. In: Gunter E. Grimm (Hg.): *Metamorphosen des Dichters. Das Selbstverständnis deutscher Schriftsteller von der Aufklärung bis zur Gegenwart*. Frankfurt a.M. 1992, 35-49.

Martens, Wolfgang: *Die Botschaft der Tugend. Die Aufklärung im Spiegel der deutschen Moralischen Wochenschriften*. Stuttgart 1968.

Martens, Wolfgang: »Lessing als Aufklärer. Zu Lessings Kritik an den Moralischen Wochenschriften«. In: Harris, Edward P./Schade, Richard E. (Hgg.): *Lessing in heutiger Sicht*. Bremen, Wolfenbüttel 1977, 237-248.

Martens, Wolfgang: *Zentren der Aufklärung III: Leipzig. Aufklärung und Bürgerlichkeit*. Wolfenbütteler Studien zur Aufklärung 17. Heidelberg 1990.

Martin, Dieter: *Das deutsche Versepos im 18. Jahrhundert. Studien und kommentierte Gattungsbibliographie*. Berlin, New York 1993.

Martin, Dieter: »Klopstocks *Messias* und die Verinnerlichung der deutschen Epik im 18. Jahrhundert«. In: Hilliard/Kohl (1995), 97-116.

Mason, Eudo: »›Wir sehen uns wieder!‹. Zu einem Leitmotiv des Dichtens und Denkens im 18. Jahrhundert«. In: *Literaturwissenschaftliches Jahrbuch*, NF 5 (1964), 79-109.

Menne, Karl: *Der Einfluß der deutschen Litteratur auf die niederländische um die Wende des XVIII. und XIX. Jahrhunderts.* Teil I: *Periode der Übersetzungen; Fabel- und Idyllendichtung; Klopstocks »Messias«; Übersicht über das Drama.* Weimar 1898.

Menninghaus, Winfried: »Klopstocks Poetik der schnellen Bewegung«. In: Klopstock: *Gedanken über die Natur der Poesie. Dichtungstheoretische Schriften.* W. Menninghaus (Hg.). Frankfurt a.M. 1989, 259-361.

Menninghaus, Winfried: »Dichtung als Tanz – Zu Klopstocks Poetik der Wortbewegung«. In: *Comparatio* 3 (1991), 129-150.

Menninghaus, Winfried: »›Darstellung‹. Friedrich Gottlieb Klopstocks Eröffnung eines neuen Paradigmas«. In: Christiaan L. Hart Nibbrig (Hg.): *Was heißt »Darstellen«?* Frankfurt a.M. 1994, 205-226.

Metzger-Hirt, Erika: »Das Klopstockbild Stefan Georges und seines Kreises«. *Publications of the Modern Language Association of America* 79 (1964), 289-296.

Meyer, Richard M.: »Nietzsches Wortbildungen«. In: *Zeitschrift für Deutsche Wortforschung* 15 (1914), 98-146.

Mickel, Karl: »Gelehrtenrepublik«. In: K. Mickel: *Gelehrtenrepublik. Aufsätze und Studien. Essay.* Halle (Saale) 1976, 16-41. Wiederabgedruckt in: Arnold (1981), 82-96.

Mieth, Günter: »Einige Aspekte der Wirkung Klopstocks auf Hölderlin«. In: Werner (1978), 203-210.

Möller, Uwe: *Rhetorische Überlieferung und Dichtungstheorie im frühen 18. Jahrhundert. Studien zu Gottsched, Breitinger und G.Fr. Meier.* München 1983.

Molzan, Alfred: »Klopstocks Revolutionsoden«. In: Werner (1978), 153-172.

Mommsen, Katharina: *Kleists Kampf mit Goethe.* Heidelberg 1974.

Müller, Hans Georg: *Odisches und Dithyrambisches in Klopstocks lyrischem Werk. Ein Beitrag zum Verständnis der »dithyrambischen« Oden in eigenrhythmischen Versen.* Diss. (Masch.) Tübingen 1961.

Müller, Richard: *Schillers lyrische Jugenddichtung in der Zeit der bewußten Nachahmung Klopstocks.* Diss. Marburg 1916.

Muncker, Franz: *Lessings persönliches und literarisches Verhältnis zu Klopstock.* Frankfurt a.M. 1880.

Muncker, Franz: *Friedrich Gottlieb Klopstock. Geschichte seines Lebens und seiner Schriften.* Stuttgart 1888. 2. Aufl. Berlin 1900.

Muncker, Franz: *Über einige Vorbilder für Klopstocks Dichtungen.* München 1908.

Murat, Jean: *Klopstock. Les thèmes principaux de son œuvre.* Paris 1959a.

Murat, Jean: »L'influence de Klopstock et les premières poésies de Schiller«. *Études Germaniques* 14 (1959b), 386-402.

Murat, Jean: »Klopstock als französischer Bürger«. In: Werner (1978), 173-177.

Nelle, Wilhelm: »Klopstock und das Kirchenlied«. In: *Monatsschrift für Gottesdienst und kirchliche Kunst* 8 (1903), 87-92.

Nickisch, Reinhard M.G.: »Die Frau als Briefschreiberin im Zeitalter der deutschen Aufklärung«. In: *Wolfenbütteler Studien zur Aufklärung* 3 (1976), 29-65.

Oellers, Norbert (Hg.): *Schiller – Zeitgenosse aller Epochen. Dokumente zur Wirkungsgeschichte Schillers in Deutschland.* 2 Bde. Frankfurt a.M. 1970.

Osterkamp, Ernst: *Lucifer. Stationen eines Motivs.* Berlin 1979.

Ott, Ulrich/Pfäfflin, Friedrich: *Johannes Bobrowski oder Landschaft mit Leuten.* Eine Ausstellung des Deutschen Literaturarchivs im Schiller-Nationalmuseum Marbach am Neckar 15.5.-31.10.1993. Ausstellung und Katalog von Reinhard Tgahrt. Marbach am Neckar 1993.

Ottmers, Clemens: *Rhetorik.* Stuttgart, Weimar 1996.

Pape, Helmut: *Die gesellschaftlich-wirtschaftliche Stellung Friedrich Gottlieb Klopstocks.* Diss. Bonn 1961.

Pape, Helmut: »Klopstocks Autorenhonorare und Selbstverlagsgewinne«. In: *Archiv für Geschichte des Buchwesens* 10, Liefg. 1-2 (1969), Sp. 1-268. Auch Sonderdruck mit Register. Auch in: *Börsenblatt für den Deutschen Buchhandel,* Frankfurter Ausgabe 24 (1968), 3343-3404 und 25 (1969), 143-215).

Pape, Helmut: »Friedrich Gottlieb Klopstock und die Französische Revolution«. In: *Euphorion* 83 (1989), 160-195.

Pape, Helmut: *Klopstock. Die »Sprache des Herzens« neu entdeckt. Die Befreiung des Lesers aus seiner emotionalen Unmündigkeit. Idee und Wirklichkeit dichterischer Existenz um 1750 .* Frankfurt a.M. 1998.

Paulin, Roger: »»Wir werden uns wieder sehn!«: On a Theme in *Werther*«. In: *Publications of the English Goethe Society* 50 (1979-80), 55-78.

Paulin, Roger: »Von ›Der Zürchersee‹ zu ›Aufm Züricherseee‹«. In: *Jahrbuch des Freien Deutschen Hochstifts* (1987), 23-49.

Paulsen, Friedrich: *Geschichte des gelehrten Unterrichts auf den deutschen Schulen und Universitäten vom Ausgang des Mittelalters bis zur Gegenwart.* 2 Bde. Leipzig [2]1896-1897.

Pierce, Frederick E.: »Blake and Klopstock«. In: *Studies in Philology* 25 (1928), 11-26.

Politycki, Matthias: *Umwertung aller Werte? Deutsche Literatur im Urteil Nietzsches.* Berlin, NewYork 1989.

Price, L.M.: *Die Aufnahme englischer Literatur in Deutschland. 1500 bis 1960.* Übers. M. Knight. Bern 1961.

Promies, Wolfgang: »Lyrik in der zweiten Hälfte des 18. Jahrhunderts«. In: Grimminger, Rolf (Hg.): *Deutsche Aufklärung bis zur Französischen Revolution, 1680-1789. (Hansers Sozialgeschichte der deutschen Literatur vom 16. Jahrhundert bis zur Gegenwart.* Bd. III.) München, Wien 1980, 569-604.

Ranucci, Elisa: »Lenau und Klopstock«. In: Werner (1978), 247-254.

Rasch, Wolfdietrich: *Freundschaftskult und Freundschaftsdichtung im deutschen Schrifttum des 18. Jahrhunderts vom Ausgang des Barock bis zu Klopstock.* Halle/Saale 1936.

Reed, T.J.: »Ecclesia militans: Weimarer Klassik als Opposition«. In: Wilfried Barner u.a. (Hgg.): *Unser Commercium. Goethes und Schillers Literaturpolitik.* Stuttgart 1984, 37-53.

Rehm, Walther: *Der Todesgedanke in der deutschen Dichtung vom Mittelalter bis zur Romantik.* Halle 1928. Neudruck: Tübingen 1967.

Rendi, Aloisio: *Klopstock. Problemi del Settecento tedesco.* Rom 1965.

Rittig, Roland: »Bemerkungen zur Rezeption der klassischen Odentradition im frühen Schaffen Johannes Bobrowskis (1940-1952)«. In: Werner (1978), 287-302.

Roeder, Peter-Martin: *Zur Geschichte und Kritik des Lesebuchs der höheren Schule.* Weinheim/Bergstr. 1961.

Rülke, Hans-Ulrich: *Gottesbild und Poetik bei Klopstock.* Konstanz 1991.

Sauder, Gerhard: *Empfindsamkeit.* Bd. I: *Voraussetzungen und Elemente.* Stuttgart 1974.

Sauder, Gerhard: »Der *zärtliche* Klopstock«. [1979]. Wiederabgedruckt in: Arnold (1981), 59-69.

Sauder, Gerhard: »Die ›Freude‹ der ›Freundschaft‹: Klopstocks Ode ›Der Zürchersee‹«. In: *Gedichte und Interpretationen.* Bd. II: Karl Richter (Hg.): *Aufklärung und Sturm und Drang.* Stuttgart 1983, 228-239.

Sauder, Gerhard: »Klopstock, Friedrich Gottlieb«. In: Walter Killy (Hg.): *Literaturlexikon. Autoren und Werke deutscher Sprache.* Bd. VI. Gütersloh 1990, 392-399.

Sayles, Barbara: *The Sublime and Klopstock. A Study of Theories of the Sublime in Eighteenth-Century Germany with Special Reference to Klopstock.* Diss. Los Angeles (University of California) 1960.

Schanze, Helmut: »Romantik und Rhetorik. Rhetorische Komponente der Literaturprogrammatik um 1800«. In: H. Schanze (Hg.): *Rhetorik. Beiträge zu ihrer Geschichte in Deutschland vom 16.-20. Jahrhundert.* Frankfurt a.M. 1974, 126-144.

Schleiden, Karl August: *Klopstocks Dichtungstheorie als Beitrag zur Geschichte der deutschen Poetik.* Saarbrücken 1954.

Schmidt, Erich: »Ein Höfling über Klopstock«. In: E. Schmidt: *Charakteristiken.* Reihe 1. Berlin 1886, 160-177. [2]1902, 151-168. [=Friedrich Dominicus Ring: »Klopstock in Karlsruhe«]

Schmidt-Henkel, Gerhard: »Arno Schmidt und seine ›Gelehrtenrepublik‹«. In: *Zeitschrift für deutsche Philologie* 87 (1968), 563-591.

Schmitz, Hermann: »Herkunft und Schicksal der Ästhetik«. In: *Kulturwissenschaften.* Festgabe für Wilhelm Perpeet zum 65. Geburtstag. Heinrich Lützeler (Hg.). Bonn 1980, 388-413.

Schneider, Karl Ludwig: *Klopstock und die Erneuerung der deutschen Dichtersprache im 18. Jahrhundert.* Heidelberg 1960. 2. Aufl. [unverändert:] 1965.

Schneider, Karl Ludwig: »Heinrich von Kleist. Über ein Ausdrucksprinzip seines Stils. In: Walter Müller-Seidel (Hg.): *Heinrich von Kleist. Vier Reden zu seinem Gedächtnis.* Jahresgabe der Heinrich-von-Kleist-Gesellschaft. Berlin 1962, 27-43.

Schneider, Karl Ludwig: »Die Polemik gegen den Reim im 18. Jahrhundert«. In: *Der Deutschunterricht* 16, Heft 6 (1964), 5-16.

Schneider, Karl Ludwig: »Nachwort«. In: Klopstock: *Oden*. K.L. Schneider (Hg.). Stuttgart 1966, 167-182.

Schochow, Maximilian und Lilly (Hgg.): *Franz Schubert. Die Texte seiner einstimmig komponierten Lieder und ihre Dichter. Vollständig gesammelt und kritisch herausgegeben.* 2 Bde. Hildesheim 1974.

Schödlbauer, Ulrich: *Entwurf der Lyrik*. Berlin 1994.

Schröder, Christel Matthias: *Die »Bremer Beiträge«. Vorgeschichte und Geschichte einer deutschen Zeitschrift des achtzehnten Jahrhunderts*. Bremen 1956.

Schuchard, Gottlieb C.L.: *Studien zur Verskunst des jungen Klopstock*. Stuttgart 1927.

Schuller, Marianne: »Es sind wunderliche Dinger, meine Briefe«. Randbemerkungen zur Schreibweise Meta Klopstocks. In: Inge Stephan/Hans-Gerd Winter (Hgg.): *Hamburg im Zeitalter der Aufklärung*. Berlin 1989, 269-283.

[Schulpforta:] *»Damit es an gelahrten Leuten in unsern Landen nicht Mangel gewinne...« Schulpforta 1543-1993; ein Lesebuch*. Leipzig 1993.

Schuppenhauer, Claus: *Der Kampf um den Reim in der deutschen Literatur des 18. Jahrhunderts*. Bonn 1970.

Schweitzer, Albert: *J.S. Bach*. 1908. Neuauflagen Wiesbaden 1936ff..

Sickmann, Ludwig: »Klopstock und seine Verleger Hemmerde und Bode. Ein Beitrag zur Druckgeschichte von Klopstocks Werken mit Einschluß der Kopenhagener Ausgabe des ›Messias‹«. In: *Börsenblatt für den Deutschen Buchhandel*, Frankfurter Ausgabe 17 (1961), Sp. 425-493.

Siegmund-Schultze, Walter: »Klopstocks Musik-Beziehungen«. In: Werner (1978), 143-146.

Sigal, Nina A.: »Sprache und Stil des jungen Goethe«. In: *Weimarer Beiträge* 6 (1960), 240-265.

Städtische Museen Quedlinburg (Hg.): *Das Erhabene in der Dichtung: Klopstock und die Folgen* [...]. Schriftenreihe des Klopstock-Hauses Quedlinburg 1. Halle 1997.

Steinmetz, Horst (Hg.): *Friedrich II., König von Preußen, und die deutsche Literatur des 18. Jahrhunderts. Texte und Dokumente*. Stuttgart 1985.

Strauß, David Friedrich: »Klopstock und der Markgraf Karl Friedrich von Baden«. *Gesammelte Schriften*. Bd. X. Bonn 1878, 145-173.

Strohschneider-Kohrs, Ingrid: »Klopstocks Drama ›Der Tod Adams‹. Zum Problem der poetischen Form in empfindsamer Zeit«. In: *Deutsche Vierteljahrsschrift für Literaturwissenschaft und Geistesgeschichte* 39 (1965), 165-206.

Strohschneider-Kohrs, Ingrid: »Bilderlogik und Sprachintensität in Klopstocks paraenetischen Elegien der Spätzeit«. In: Hilliard/Kohl (1995), 46-67.

Strohschneider-Kohrs, Ingrid: »Stilwandel: Klopstocks Adam-Drama in der Gattungsgeschichte des 18. Jahrhunderts«. In: Städtische Museen Quedlinburg (1997), 35-53.

Teller, Frida: »Neue Studien zu Heinrich von Kleist. II. Klopstock und Kleist. Ein Beitrag zur Erklärung von Kleists ›neuer Dramenform‹«. In: *Euphorion* 20 (1913), 709-720).

Thayer, Terence K.: *Death and Immortality in the Works of Klopstock*. Diss. Cambridge/Mass. 1967.

Thayer, Terence K.: »Klopstock's Occasional Poetry«. In: *Lessing Yearbook* 2 (1970), 101-212.

Thayer, Terence K.: »Klopstock and the Literary Afterlife«. In: *Literaturwissenschaftliches Jahrbuch* NF. 14 (1973), 183-208.

Thayer, Terence K.: »Rhetoric and the Rhetorical in Klopstock's Odes«. In: *Euphorion* 74 (1980), 335-359.

Thayer, Terence K.: »From ›Topos‹ to ›Mythos‹: The Poet as Immortalizer in Klopstock's Works«. In: *Journal of English and Germanic Philology* 80 (1981), 157-175.

Tiemann, Hermann: »Nachwort«. In: *Briefe*/Tiemann 1980, 475-489.

Tiemann, Ilse: *Klopstock in Schwaben. Ein Beitrag zur Geschmacks- und Stammesgeschichte*. Greifswald 1937.

Tisch, Johannes H.: »Von Satan bis Mephistopheles. Miltons ›Paradise Lost‹ und die deutsche Klassik«. In: *Proceedings of the Australian Goethe Society* (1966/67), 90-118.

Trunz, Erich: »Meta Moller und das 18. Jahrhundert«. In: Meta Klopstock geborene Moller: *Briefwechsel mit Klopstock, ihren Verwandten und Freunden*. Hermann Tiemann (Hg.). 3 Bde. Hamburg 1956, III, 955-974.

Trunz, Erich: »Nachwort«. In: *Briefe*/Behrens 1964, 349-365.

Trunz, Erich: »Die Sprache der Freundschaft und Liebe. Meta Klopstock, geb. Moller, in ihren Briefen«. In: E. Trunz: *Weltbild und Dichtung im Zeitalter Goethes. Acht Studien*. Weimar 1993, 40-58.

Ueding, Gert (Hg.): *Historisches Wörterbuch der Rhetorik*. Tübingen 1992ff.

Uerlings, Herbert: *Die Gedichte Peter Rühmkorfs. Subjektivität und Wirklichkeitserfahrung in der Lyrik*. Bonn 1984.

Unger, Hans-Heinrich: *Die Beziehung zwischen Musik und Rhetorik im 16.-18. Jahrhundert*. Würzburg 1941.

Ungern-Sternberg, Wolfgang von: »Schriftsteller und literarischer Markt«. In: Grimminger, Rolf (Hg.): *Deutsche Aufklärung bis zur Französischen Revolution, 1680-1789. (Hansers Sozialgeschichte der deutschen Literatur vom 16. Jahrhundert bis zur Gegenwart.* Bd. III.) München, Wien 1980, 133-185.

Vetterlein, Christian F. R.: [Kommentar:] In: *Klopstocks Oden und Elegieen mit erklärenden Anmerkungen* [...]. C.F.R.Vetterlein (Hg.). 3 Bde. Leipzig 1827-1828. [2]1833.

Viëtor, Karl: *Geschichte der deutschen Ode*. München 1923. Nachdruck: Darmstadt 1961.

Viëtor, Karl: »Die Idee des Erhabenen in der deutschen Literatur«. In: K. Viëtor: *Geist und Form. Aufsätze zur deutschen Literaturgeschichte*. Bern 1952, 234-266.

Wagenknecht, Christian: *Deutsche Metrik. Eine historische Einführung*. München 1981, [3]1993.

Weber, Ernst: *Lyrik der Befreiungskriege (1812-1815). Gesellschaftspolitische Meinungs- und Willensbildung durch Literatur*. Stuttgart 1991.

Wehl, Feodor: *Hamburgs Literaturleben im achtzehnten Jahrhundert*. Leipzig 1856. Neudruck: Wiesbaden 1967.

Weimar, Klaus: »Theologische Metrik. Überlegungen zu Klopstocks Arbeit am ›Messias‹«. In: *Hölderlin-Jahrbuch* 16 (1969/70), 142-157.

Weimar, Klaus: »Das Wandeln des Wortlosen in der Sprache des Gedichts«. In: Hilliard/Kohl (1995), 33-45.

Weithase, Irmgard: *Zur Geschichte der gesprochenen deutschen Sprache*. 2 Bde. Tübingen 1961.

Wellbery, David E.: *The Specular Moment: Goethe's Early Lyric and the Beginnings of Romanticism*. Stanford 1996.

Werner, Hans-Georg (Hg.): *Friedrich Gottlieb Klopstock. Werk und Wirkung*, Wissenschaftliche Konferenz der Martin-Luther-Universität Halle-Wittenberg im Juli 1974. Berlin/DDR 1978.

Wetterer, Angelika: *Publikumsbezug und Wahrheitsanspruch. Der Widerspruch zwischen rhetorischem Ansatz und philosophischem Anspruch bei Gottsched und den Schweizern*. Tübingen 1981.

Wodtke, Friedrich W.: *Rilke und Klopstock*. Diss. Kiel 1948.

Wodtke, Friedrich W.: »Klopstock, Friedrich Gottlieb«. In: *Die Musik in Geschichte und Gegenwart*. Bd. VII. Kassel u.a. 1958, Sp. 1237-1241.

Wöhlert, Hans: *Das Weltbild in Klopstocks Messias*. Halle 1915.

Wünsch, Marianne: »MAIFEST im literatur- und denkgeschichtlichen Kontext der frühen Lyrik Goethes«. In: Gerhard Sauder (Hg.): *Goethe-Gedichte. Zweiunddreißig Interpretationen*. München, Wien 1996, 11-24.

Zelle, Carsten: »Einleitung«. In: Immanuel J. Pyra: *Über das Erhabene* [...]. C. Zelle (Hg.). Frankfurt a.M. u.a. 1991, 7-35.

Zelle, Carsten: *Die doppelte Ästhetik der Moderne. Revisionen des Schönen von Boileau bis Nietzsche*. Stuttgart, Weimar 1995.

Zimmermann, Harro: »Gelehrsamkeit und Emanzipation. Marginalien zu Friedrich Gottlieb Klopstocks: ›Deutsche Gelehrtenrepublik‹«. In: Arnold (1981), 70-81.

Zimmermann, Harro: *Freiheit und Geschichte. F.G. Klopstock als historischer Dichter und Denker*. Heidelberg 1987.

Zundel, Eckart: *Clavis Quintilianae. Quintilians »Institutio oratoria« aufgeschlüsselt nach rhetorischen Begriffen*. Darmstadt 1989.

Personenregister

206

Personenregister

Kaiser, Gerhard 4, 6f., 10, 26, 29,
  51, 72-74, 77f., 80, 82, 86, 97f.,
  102, 105, 137
Kandinsky, Wassily 157
Kant, Immanuel 12, 25, 48, 100,
  125, 147
Karl August, Herzog von Sachsen-
  Weimar-Eisenach 42
Karl Friedrich, Markgraf von Baden
  35-37, 40-42, 91
Karl Wilhelm Ferdinand, Erbprinz
  zu Braunschweig und Lüneburg
  105f.
Kaunitz-Rietberg, Wenzel Anton
  Fürst von 23, 43f., 53
Kaußmann, Ernst 5, 84, 87
Kazinczy, Ferenc 135
Kelletat, Alfred 81, 138
Kessler, Harry Graf 155
Kiesel, Helmuth 34, 38f., 45,
  120
Kindt, Karl 7, 29, 110, 161
Kippenberg, Katharina 159f.
Kirschstein, Max 16, 29, 108, 110,
  112-115
Kleist, Ewald Christian von 137
Kleist, Heinrich von 152-154
Klinger, Friedrich Maximilian von
  138
Klopstock, Anna Maria (geb.
  Schmidt) 26
Klopstock, Gottlieb Heinrich 23,
  26, 29
Klopstock, Johanna Elisabeth (geb.
  Dimpfel, verw. von Winthem)
  24, 32, 34, 67, 165
Klopstock, Margareta (Meta) (geb.
  Moller) 24, 32, 34, 83, 90, 99
Knörrich, Otto 99
Koch, Manfred 40
Kohl, Katrin 5, 50, 60, 63f., 66,
  86, 89, 92-94, 131, 159
Kommerell, Max 19, 99
Kondylis, Panajotis 72
Kozielek, Gerhard 110, 139f.
Kraft, Werner 100, 140
Kranefuss, Annelen 129
Kraus, Karl 160

Kroll, Karin 150
Krolop, Kurt 7, 152, 160
Krummacher, Hans-Henrik 4, 8,
  14, 92

La Fayette, Marie-Adrienne-
  Françoise marquise de 25
Lange, Bernhard 46
Lange, Samuel Gotthold 55, 84,
  89
Langen, August 4, 61, 77, 79, 82,
  88, 124f., 144, 153, 155
Lavater, Johann Kaspar 23, 66
Lee, Meredith 1f., 4f., 7, 63, 77,
  85, 92, 129f., 132f., 138, 140,
  143-145
Leibniz, Gottfried Wilhelm 29,
  42, 45, 72f., 77, 86, 115, 146
Leisewitz, Johann Anton 138
Lenau, Nikolaus 153
Lenz, Jakob Michael Reinhold
  138f., 160
Lerchner, Gotthard 123
Lessing, Gotthold Ephraim 8f., 20,
  23, 26, 34, 47-49, 51, 61, 99,
  101, 124, 130-132, 134f., 139,
  145, 156
Levy, Siegfried 64
Lohmeier, Dieter 5, 67, 73, 132,
  137f., 166
Longin (Pseudo-Longinus) 18, 55-
  57, 59, 87, 140f.
Lorenz, Karl 152
Lovejoy, Arthur O. 72
Lowth, Robert 63
Lübbering, Anton 138
Lüchow, Annette 109, 115f., 131
Lühr, Rosemarie 54
Luehrs, Phoebe M. 33
Lüsebrink, Claire 126
Lukian 10, 20, 126
Luther, Martin IX, 26f., 39f., 60,
  78f., 92, 116, 123, 134f., 166
Lyon, Otto 125, 143

Macpherson, James 33, 95f., 144
Maecenas 38
Magenau, Rudolf 150

Sammlung Metzler

Printed in the United States
By Bookmasters